Michael Moskowitz
Gedanken lesen

Zu diesem Buch

Das Gedankenlesen ist einer der großen Träume der Menschheit. Eigentlich ist uns das nötige Wissen dazu in die Wiege gelegt, doch schon sehr früh kommt es uns abhanden. Michael Moskowitz begibt sich auf die Suche nach der angeborenen Fähigkeit zu erkennen, was andere denken und fühlen, und fragt, wie wir dieses Wissen in unserem Alltag nutzen können. Um unser intuitives Potenzial wieder zu beleben, müssen wir erkennen, wie Ängste und Traumata unsere Wahrnehmung der Wirklichkeit beeinflussen. Michael Moskowitz vermisst die Landkarte unseres Bewusstseins neu und verknüpft dabei profunde Erkenntnisse aus der aktuellen Gehirnforschung mit anschaulichen Beispielen aus seinem Behandlungsalltag. Brillant und gleichzeitig leicht verständlich zeichnet er ein faszinierendes Bild der Vorgänge in unseren Köpfen und ermöglicht damit nicht nur das Verständnis der Gedanken anderer, sondern vor allem das Begreifen der eigenen Handlungen.

Michael Moskowitz ist promovierter Psychoanalytiker und Autor. Er möchte die Psychoanalyse aus der akademischen Isolation befreien und hat klassische und innovative psychologische Theorien daraufhin geprüft, ob sie sich bei den schwer zu lösenden Problemen des Lebens bewähren. Für seine Arbeit wurde er 2002 mit dem Gravida Award ausgezeichnet. Momentan lehrt er als Professor an der New York University School of Social Work und ist in seiner eigenen Praxis sowie als Berater für Schulen, Unternehmen und Organisationen tätig.

Michael Moskowitz

Gedanken lesen

Erkennen, was andere denken und fühlen

Aus dem Amerikanischen von
Gottfried Röckelein

Piper München Zürich

Mehr über unsere Autoren und Bücher:
www.piper.de

Für Sally, John und Peter

Ungekürzte Taschenbuchausgabe
März 2010
© 2008 Michael Moskowitz
© der deutschsprachigen Ausgabe:
2008 Piper Verlag GmbH, München,
erschienen im Verlagsprogramm Pendo
Umschlaggestaltung: semper smile, München
Umschlagabbildung: Veer / Cherry Illustration / Jay Vollmar
Autorenfoto: Gabriel Trujillo
Satz: Fotosatz Reinhard Amann, Aichstetten
Papier: Munken Print von Arctic Paper Munkedals AB, Schweden
Druck und Bindung: CPI – Clausen & Bosse, Leck
Printed in Germany   ISBN 978-3-492-25350-5

INHALT

Vorbemerkung und Dank 7
Erstes Kapitel
»Reading minds« – Bewusstsein lesen 11
Zweites Kapitel
Stein, Papier, Schere
Eine Theorie zu haben zahlt sich aus 39
Drittes Kapitel
Was uns das Gehirn über das Bewusstsein sagt 69
Viertes Kapitel
Trauma:
Wie Erlebnisse Gehirn und Bewusstsein formen 113
Fünftes Kapitel
Wege zum Verstehen 159
Sechstes Kapitel
Ungute Gefühle 185
Siebtes Kapitel
Schaun Sie mir mal ins Auge 215
Achtes Kapitel
Private Beziehungen
Wie man Familie, Freunde und Liebespartner liest 239
Neuntes Kapitel
Das Denken der Anderen 279
Anmerkungen 291

Vorbemerkung und Dank

Ich habe noch nie zuvor ein Buch wie dieses geschrieben, und zu Beginn hatte ich keine Vorstellung davon, wie schwer das sein würde. Als Akademiker hatte ich schon seit langem die künstliche Trennung der wissenschaftlichen Disziplinen und die zu enge Fokussierung allzu vieler Forscher und Kliniker angeprangert. Neurowissenschaftler, Psychoanalytiker, Sozialpsychologen, Entwicklungspsychologen, Lerntheoretiker und Anthropologen scheinen sich so gut wie gar nicht für die Fachgebiete der jeweils anderen zu interessieren. Viele Forscher verbringen ihr Leben in ihren Laboratorien, und ihr berufliches und privates Selbstwertgefühl beruht – wie so oft – darauf, sich Anerkennung zu verschaffen, und nicht darauf, das Richtige zu tun. Die Mehrzahl bekommt nie Patienten zu Gesicht, Menschen, die Schmerzen haben, die unter ihren Lebensbedingungen leiden und die ihnen mit einem heilsamen Schock wieder die Augen öffnen könnten für die Wahrheit, die sie schon einmal kannten. Hinzu kommt, dass Akademiker selten die Arbeiten anderer Wissenschaftler außerhalb ihrer Interessengebiete lesen und gelegentlich bewusst Forschungen ignorieren, die einen direkten Bezug zu ihren eigenen haben und deshalb absolut relevant wären. Als Doktorand fragte ich einmal einen Professor, der die unterschiedlichen Formen der Depression untersuchte, was er von der Arbeit eines anderen Professors halte, der auf dem gleichen Gebiet, aber mit anderen Methoden forschte. Mein Gesprächspartner schüttelte den Kopf und verzog angewidert das Gesicht, als hätte ich ihn gezwungen, etwas Grauenhaftes zu kosten. Offenbar habe ich das tatsächlich getan.

Aufmerksamkeit zu erregen ist wichtiger als das Richtige zu tun. Dieser Widersinn ist in der akademischen Welt inzwischen kodifiziert worden. Für die Besetzung akademischer Stellen, für Promotionen und für die Festanstellung von Professoren spielt der »Citation Index« eine ganz wichtige Rolle. Dieser und der damit verbundene »Impact Factor« sind die Götzen des US-Hochschulbetriebs. Mit diesen Instrumenten misst man, wie oft ein Beitrag in anderen Beiträgen zitiert wird; über dessen Qualität, Originalität oder darüber, ob ein Autor Neuland betritt, sagen die Indices nichts aus. Akademiker unterliegen einem Karrieredruck, der sie zur Veröffentlichung von Studien zwingt, mit denen sie ihre nicht allzu kühnen Theorien stützen. Daten, die nicht passen, werden oft einer neuen statistischen Analyse unterzogen. Stützen sie die Theorie des Wissenschaftlers noch immer nicht, werden sie vielleicht für alle Zeiten irgendwo ad acta gelegt. Das gilt für die Psychologie genauso wie für die pharmazeutische Industrie. Die Behauptung, die eigene Theorie sei stimmig, erhält mehr Aufmerksamkeit als die Anmerkung, es gebe ein paar Probleme.

Sigmund Koch, der Psychologieprofessor war, bevor er Direktor des Ford-Foundation-Programms für die Geisteswissenschaften wurde, galt weithin als der scharfsinnigste Methodiker in der Geschichte der Psychologie und als Experte für Forschungsmethoden und Datenanalysen. Koch wurde 1952 gebeten, eine von der National Science Foundation geförderte umfassende Analyse zum Stand der Psychologie in der Mitte des vorigen Jahrhunderts zu leiten und deren Ergebnisse herauszugeben. Daraus entstand *Psychology: A Study of a Science* (1959–1963)[i], ein sechsbändiges Werk, das damals als »die wahrscheinlich bedeutendste Veröffentlichung auf dem Gebiet der Psychologie« bezeichnet wurde. Auf Grund seiner gründlichen Analysen der psychologischen Forschungen schloss Koch, dass die weitaus größte Mehrzahl davon bedeutungslos sei.[ii] Diese Schlussfolgerung ist bislang noch von niemandem ernstlich in Frage gestellt worden. Zwar wurde sie als zutreffend anerkannt, doch handelte es sich hierbei um eine Erleuchtung, deren Schein schnell verblasste. Leider ist es so, dass der Öffentlichkeit üblicherweise nur die unkritische Begeisterung über einen bestimmten Forscher oder eine spezielle Theorie vermittelt wird, entweder durch den Forscher selbst oder durch einen geschäftigen Journalisten, der eine simple und gefällige Story unterbringen möchte. Journalisten – zu deren Job es ja schließlich gehört, Beachtung zu finden – akzeptieren normalerweise alles, was gelehrte Akademiker ihnen sagen, ohne Fragen zu stellen. Zu kritischer Analyse werden sie nicht ausgebildet.

Als ich selbst als Verleger und Herausgeber tätig war, hatte ich das Glück, mich quer durch die unterschiedlichsten Wissensgebiete zur Bewusstseinsforschung arbeiten zu können, und ich hatte die Zeit, den Beziehungen zwischen ihnen nachzuspüren. Von engagierten Forschern, Theoretikern und Klinikern wird ein solches Ausmaß an bahnbrechender Arbeit geleistet, dass ich die interdisziplinäre Verknüpfung auch nur eines kleinen Teils davon wunderbar aufregend fand. Ich sprach mit meinen Studenten darüber, und sie schienen interessiert zu sein. Dann begann ich vor etwa vier Jahren, das niederzuschreiben, was ich herausfand. Es wurde eine lange Reise des Lesens, Schreibens und Umschreibens, mit Zeiten großen Staunens, großer Unruhe und schlafloser Nächte, mit Phasen, in denen ich ausschließlich mit meinen Überlegungen beschäftigt war, wohl wissend, dass das für die Menschen um mich herum eine Zumutung darstellte.

Ich möchte meinen Freunden und meiner Familie danken – besonders meiner Frau Sally und meinen Söhnen Peter und John – für ihre Hilfe, Unterstützung und Liebe. Ich möchte meinen Lehrern danken, besonders Steven Ellman und Anni Bergman, die mir als Vorbilder für Couragiertheit im Angesicht des Angepassten dienten. Ich möchte meiner Agentin Ellen Levine für ihr Vertrauen und ihr kritisches Urteil danken sowie John Kelly, Tracy Behar, Michael Denneny und Sondra Tuckfelt, die mir von Anfang an bei der Abfassung des Manuskripts sachkundig und mit Rat und Tat zur Seite standen. Und für diese deutsche Ausgabe bedanke ich mich besonders bei meinem Übersetzer Gottfried Röckelein.

Erstes Kapitel
»READING MINDS« – Bewusstsein lesen[1]

Ein Gedankenleser im Exzentrikerlook

Am Montag, dem 21. Juli 1980, nahm der vierundzwanzigjährige Harvard-Abbrecher und Computerfreak Bill Gates in seinem chaotisch vollgestopften neuen Büro in einem Vorort von Seattle einen Anruf entgegen. Ganz offensichtlich hatte er in seinen Klamotten geschlafen. Am Apparat war Jack Sams, mittleren Alters und dem mittleren IBM-Management zugehörig, der aus Boca Raton, Florida, anrief. Er wollte sich mit Bill Gates treffen. Gates bot ihm einen Termin in der darauffolgenden Woche an. Sams drängte und wollte einen am nächsten Tag; Gates war einverstanden. Am Dienstag erschien Sams in Gates' Büro, flankiert von zwei IBM-Aufpassern. Wie sie da in ihren konservativen blauen Anzügen und Budapestern im Vorraum saßen, schienen sie so fehl am Platz zu sein wie Klosterbrüder bei einer Studentenparty.

»Ich wusste, dass Bill jung war«, erinnert sich Jack Sams, »aber ich hatte ihn nie zuvor zu Gesicht bekommen. Als jemand herauskam, um uns zum Büro zu führen, hielt ich den Typen für den Laufburschen. Es war Bill.«

Sams erster Tagesordnungspunkt war, Gates die berüchtigt einseitige IBM-Unterlassungsvereinbarung unterzeichnen zu lassen. Gates erinnert sich: »IBM machte es einem nicht leicht. Man musste diese ganzen komischen Vereinbarungen unterschreiben, in denen mehr oder weniger stand, dass IBM tun und lassen konnte, was sie wollten und wann sie wollten, und dass sie deine Geschäftsgeheimnisse nach eigenem Gutdünken verwerten durften.«[2] IBM wolle sich nur mal einen Eindruck verschaffen, erklärte Sams, und ohne mehr zu verraten, versuchte er gleichzeitig, aus Gates Ideen und Informationen herauszuholen. Gates plauderte ungezwungen drauflos. Sams sagte Gates am Ende des Gesprächs, er möge sich von dem Besuch nichts erwarten, nicht einmal einen Anruf.

Damals steckten Personalcomputer noch in den Kinderschuhen. Kistengroße Mikrorechner waren gerade vom fast unmöglich zu bedienenden Freakspielzeug zum erschwinglichen Heimgerät mutiert. Die Firma Radio Shack machte den Vorreiter, bald gefolgt von Apple; doch es gab noch Dutzende anderer Unternehmen. Die Systeme waren untereinander nicht kompatibel und benötigten jeweils eine eigene Software.

Bill Gates' Fachgebiet waren Programmiersprachen. Das sind jene Codes, mit denen Programmierer die Software für alle von uns benutzten Anwendungen schreiben, von der Textverarbeitung bis zur Tabellenkalkulation. Jeder Code muss an jedes neue Computermodell angepasst werden. Die meisten von uns wissen nicht, auf welcher Programmiersprache unsere Programme beruhen, und es kann uns auch egal sein. Solche Codes werden in einer esoterischen Arena ausgetüftelt, in der sich Mathe-Genies und Puzzle-Freaks tummeln. Bill Gates war beides. Die meiste Zeit seiner beiden Jahre an der Universität hatte er damit verbracht, den Harvard-Großrechner zu plündern und Codes zu schreiben, die er an kleine Unternehmen verkaufen konnte. Microsoft Basic war sein Baby.

Hätte sich Bill Gates weiterhin nur mit Programmiersprachen befasst, hätten wir wahrscheinlich nie etwas von ihm gehört. Vielleicht hätte er, wie einige der Pioniere im Silicon Valley, eine mittelmäßige Stange Geld gemacht, um dann in Rente zu gehen, oder er wäre, wie es vielen anderen erging, von Konkurrenten ausgestochen worden, pleitegegangen und von der Bildfläche verschwunden. Vor dem Deal mit IBM hatte er mehrere Fusionsangebote kleinerer Unternehmen abgelehnt; und auch ein mehrere Millionen Dollar schweres Übernahmeangebot von Ross Perot, dem damaligen Software-König, hatte er ausgeschlagen. Bills Mutter hatte ihren Sohn gedrängt, sich Perots Angebot doch gründlich zu überlegen, aber sie erinnert sich: »Ich glaube, er hat gar nicht ernsthaft darüber nachgedacht.«

Einen Monat nach seinem ersten Besuch war Sams wieder in Seattle, diesmal mit drei Kollegen, darunter einem Rechtsanwalt. IBM wollte nicht vom Spielfeldrand aus zusehen, wie der PC-Markt explodierte. Sams informierte Gates über das höchst geheime IBM-Projekt, einen billigen Personalcomputer herauszubringen, der alle Konkurrenten aus dem Feld schlagen und den Markt beherrschen würde. Er sollte in weniger als einem Jahr auf den Verkaufstischen stehen. Um diesen Termin zu erfüllen, brach Sams, der Leiter dieses Projekts, mit der IBM-Tradition, alles im eigenen Haus zu produzieren, und schloss Verträge mit Hardware- und Software-Zulieferern von außerhalb ab. Sams fragte Gates, ob er ein Betriebssystem liefern könne.

Gates begriff sofort, was Sams' Frage bedeutete: Bei IBM hatten sie ihre Hausaufgaben nicht gemacht. Es war kein Geheimnis, dass Microsofts Nische Programmiersprachen waren, nicht Betriebssysteme. Sams wollte dies vielleicht gar nicht zur Kenntnis nehmen, weil er gegenüber Gates ein gutes Gefühl hatte und unter allen Umständen mit ihm zusammenarbeiten wollte. Gates seinerseits war sich seiner Position so sicher, dass er sich zu einem gewagten Schritt entschloss; er sagte Sams, Gary Kildall habe ein anwendungsbereites Betriebssystem.

Dann rief Gates im Beisein von Sams und den anderen Kildall an: »Gary, ich schicke dir ein paar Leute vorbei ... Sei nett zu ihnen, die sind wichtig.«[3]

Die Programmierlegende Kildall war ein brillanter, bärtiger, langhaariger, kiffender Akademiker. Als die IBM-Abordnung bei ihm zu Hause vorbeischaute, war er nicht da. Misstrauisch gegenüber Autorität und ohne jedes unternehmerisches Interesse, überließ er seiner Frau die Geschäftsführung und alle Verhandlungen. Einer der IBM-

Manager erinnert sich: »Es war eine unangenehme Situation; wir standen in einem winzigen viktorianischen Haus herum, in dem es vor Leuten wimmelte. Chaotisch.« Nach stundenlangen ungemütlichen Diskussionen weigerte sich Kildalls Frau, die Unterlassungsvereinbarung zu unterschreiben. Sams behauptet, anschließend geführte Telefongespräche mit Kildall hätten zu nichts geführt. Kildall behauptet, nie einen Anruf erhalten zu haben. Es war eindeutig, dass Sams nie wieder mit Kildall oder seinen Partnern zu tun haben wollte. Die Ablehnung beruhte auf Gegenseitigkeit.

IBM kehrte zu Microsoft zurück. Sams war verzweifelt. Der Wettbewerb verschärfte sich von Tag zu Tag, und die Entwickler bei IBM würden zu lange brauchen, um ein eigenes Betriebssystem auf die Beine zu stellen. Ob Gates und Microsoft dies nicht übernehmen könnten? Gates sagte ja.

Am 30. September, nur zwei Monate nach der ersten Zusammenkunft, kam ein typisch gammeliger Gates mit zwei Kollegen nach einem Nachtflug aus Seattle in Miami an, wo sie sich in der Herrentoilette des Flughafens umzogen und dann schnell noch eine Krawatte für Bill kauften, ehe sie mit halbstündiger Verspätung zu einer Besprechung mit IBM-Topmanagern in Boca Raton erschienen. Diese Besprechung wurde zu einem Meilenstein der Unternehmensgeschichte. Nach einer überwältigenden technischen Präsentation schlug Gates selbstbewusst eine neue Vereinbarung vor: Einen Verkauf von Software an IBM würde es nicht geben. Stattdessen leistet IBM eine erhebliche Vorauszahlung auf eine nicht exklusive Lizenz. Zusätzlich zahlt IBM Tantiemen und Lizenzgebühren zwischen einem und fünfzehn Dollar für jeden Computer beziehungsweise jedes Softwarepaket, die zukünftig verkauft werden würden.[4] IBM darf weder für Programmiersprachen noch für Betriebssysteme Unterlizenzen vergeben, wohingegen es Microsoft freisteht, nach Belieben vergleichbare Vereinbarungen mit anderen Geschäftspartnern abzuschließen.

Wusste Gates, dass Sams auf den Knien zurückkommen würde? Ich glaube schon. Bill Gates' eigentliches Spezialgebiet ist *reading minds*, in die Köpfe anderer zu schauen, zu wissen, was sie haben wollen, und zu wissen, wie viel für ihn herausspringt, wenn er es ihnen gibt. Es war ihm absolut klar gewesen, dass er die IBM-Vereinbarung unterschreiben musste, um eine Geschäftsbeziehung herzustellen; er wusste auch, dass eine sofortige Unterschrift ohne vorherige Konsultation eines Anwalts ihn wie einen vertrauensseligen, weltfremden Naivling dastehen lassen würde, ein Eindruck, den auch seine verlotterte Erscheinung als zerstreuter und schrulliger Wissenschaftler suggerierte. Sein Äußeres täuschte über seine Herkunft hinweg. Gates' Vater war ein prominenter Industrieanwalt, seine Mutter saß im Vorstand von Unternehmen und wohltätigen Stiftungen. Gates ist mit Leuten wie Sams aufgewachsen. Er wusste, dass Kildall und Sams miteinander auskommen würden wie Hund und Katze. Er wusste, dass Sams ihn mochte und ihn wie einen Sohn behandeln wollte. Gates las Sams' Bewusstsein und nutzte es zu seinem Vorteil. Sams seinerseits las Gates falsch: Völlig blind gegenüber Gates' rücksichtsloser, von Konkurrenzdenken geprägter Seite, verschenkte er schließlich etwas, das IBM selbst hätte besitzen können, nämlich die Vormachtstellung auf dem PC-Softwaremarkt.

Den meisten Außenstehenden wäre Gates' Vorschlag in Boca Raton wohl wie ein aberwitziger, dreister Schachzug vorgekommen. Gates aber begriff die Unternehmenskultur von IBM und die Denk- und Geistesart, die dort zu Hause war. Und er verstand die neue Cyberworld des Silicon Valley mit ihren kreativen Exzentrikern. Ihm war klar, dass IBM nach Sams' Erfahrungen mit Kildall nicht darauf aus war, nach einem anderen Partner Ausschau zu halten.

Bei der Boca Raton-Konferenz wusste IBM nicht, dass Microsoft noch gar kein Betriebssystem hatte – und auch nicht daran dachte, eines zu schreiben. Gates kannte jemanden, der eines hatte, und wusste, dass er es bekommen konnte. Er bezahlte einem ahnungslosen Entwickler namens Tim Paterson 75 000 Dollar für ein Betriebssystem namens Disk Operating System. DOS wurde zum Industriestandard und bildete später die Grundlage für Windows. Seit über fünfundzwanzig Jahren erhält Bill Gates Tantiemen und Lizenzgebühren von jedem verkauften Computer, auf dem sein Betriebssystem vorinstalliert ist. Das sind über 97 Prozent aller jemals gebauten Computer.

Man hat Bill Gates als einen Mann beschrieben, der spät auf einer Party auftaucht und sich dann zum Mittelpunkt macht. Es stimmt. Gates wurde nicht zum reichsten Mann in Amerika auf Grund genialer technischer Innovationen. Die Produkte von Microsoft sind zwar leistungsfähig, aber technisch eher uninspiriert und gelegentlich reichlich fehlerhaft. Gates' Genialität liegt im *mind reading*, im Erkennen von dem, was andere wollen, und darin, ihnen das zu liefern, was ihren Wünschen möglichst nahekommt. Und wenn er nicht zu dem Zeitpunkt liefern kann, zu dem sie es haben wollen, hält er sie mit Versprechungen bei der Stange. Und wenn das, was er liefert, auch nicht das Allertollste ist, überzeugt er sie, dass sie nirgendwo etwas Besseres kriegen können.[5]

Sowohl bei geschäftlichen als auch in privaten Beziehungen testet Gates gern Grenzen aus. Er hat gute Freunde benutzt, doch die meisten sind gute Freunde geblieben. Es geschieht selten, dass er andere falsch liest, und er hat sich mit sorgfältig ausgesuchten Menschen umgeben, die zu den intelligentesten und loyalsten gehören, die man sich überhaupt denken kann. Fairerweise muss man sagen, dass es keine Indizien dafür gibt, dass Gates seine Freunde oder seine Familie so behandelt wie seine Konkurrenten. Ganz im Gegenteil; seine persönlichen Beziehungen sind liebevoll und dauerhaft. Er ist ein hingebungsvoller Familienvater. Umso mehr Grund, so scheint es, über die Flexibilität seines Geistes zu staunen.

Bill Gates wird als Computergenie gefeiert – und das zu Recht, doch seine wahre Genialität liegt in seiner Fähigkeit, schnell und genau zu erfassen, was andere gerade denken. Er ist Gedankenleser (und Übertrager) im Gewand des Exzentrikers – ein Meister des *mind reading*. Wie Bill Gates das so gut macht und wie wir alle lernen können, es besser zu machen, ist Gegenstand dieses Buches.

Das Bewusstsein anderer zu lesen liegt in unserer Natur

Obgleich wir oftmals nicht bewusst darüber nachdenken, lesen wir jeden Tag die Gedanken anderer. Ehe wir ein Auto überholen, lesen wir die Absichten des Fahrers; ehe wir ein Trinkgeld geben, lesen wir die Erwartungen des Kellners; und ehe wir unserer Tochter, die über Unwohlsein klagt, erlauben, zu Hause zu bleiben und nicht in die Schule zu gehen, lesen wir ihre Motive: Ist sie tatsächlich krank, oder will sie sich vor einem Test drücken, auf den sie sich nicht vorbereitet hat?

Echtes Bewusstseinlesen ist kein Partytrick. Es ist eine notwendige Fertigkeit. Es ist wie Sprache eine Form sozialer Kommunikation. Solange dabei nicht etwas offensichtlich schiefgeht und wir ins Stottern kommen oder eine Leseblockade erleben und uns völlig hilflos fühlen, oder unter den Konsequenzen einer offensichtlich falschen Lesart leiden, nehmen wir diese bemerkenswerte Gabe als etwas Selbstverständliches hin.

Andere soziale Lebewesen können einander begrenzt verstehen, aber sie können kein Bewusstsein lesen. Ein Schimpanse kann Mimik und Gestik anderer Schimpansen lesen und so deren Verhalten erahnen: Wenn der andere hungrig ist, wird er nach Nahrung suchen; wenn er wütend ist, fängt er wahrscheinlich Streit an. Menschen schauen einen Mitmenschen an und fragen sich: Warum ist er wütend? Warum ist er hungrig? Was hat er im Sinn? Das rührt daher, weil das Handeln der Menschen von dem bestimmt wird, was sie denken: Vielleicht sieht die Person wütend aus, weil sie eine Prüfung nicht bestanden hat; vielleicht sieht sie hungrig aus, weil sie gerade eine Diät macht. Die Art unserer Reaktion hängt davon ab, was die Person nach unserer Ansicht gerade im Sinn hat. Und der Erfolg aller unserer Beziehungen hängt davon ab, wie zutreffend wir die Gedankengänge anderer nachvollziehen können, wie genau wir ihre Gedanken lesen.

»Soziale Kognition« ist der wissenschaftliche Begriff für die Erforschung unserer Fähigkeit, das Bewusstsein anderer zu lesen. Die damit befassten Forscher haben herausgefunden, dass eine »*Theory of Mind*« den maßgeblichen Anteil beim *mind reading* hat. Der Begriff *Theory of Mind (ToM)* wurde gewählt, weil Menschen einander dadurch zu verstehen suchen, dass sie sich eine Theorie über das bilden, was gerade in anderen Köpfen vor sich geht. *Theories of Mind* haben starke Ähnlichkeit mit wissenschaftlichen Theorien. Bei einer wissenschaftlichen Theorie geht der Wissenschaftler von einer begründeten Annahme aus – im Fachjargon heißt das, er formuliert eine Hypothese –, um ein beobachtetes Phänomen zu erklären. Die Schwerkraft ist die Erklärung dafür, warum ein Gegenstand zu Boden fällt. Die DNS-Struktur erklärt, wie Wesenszüge vererbt werden. Die privaten Gedanken des Menschen, sein mentaler Zustand, erklären sein Verhalten. Eine *ToM* ist eine Erklärung von Verhalten auf der Basis von Gedankengängen, Motivationen und Überzeugungen. Je besser unsere Theorien, desto zutreffender können wir vorhersagen, was andere fühlen, tun oder sagen werden.

Selbst Kleinkinder denken über die Bewusstseinszustände anderer nach. Im Alter von vierzehn Monaten haben sie schon einige grundlegende Vorstellungen von den Bewusstseinszuständen anderer, aber erst im Alter von etwa fünf Jahren beherrschen sie die Grundtechniken des *mind reading,* mit anderen Worten: verfügen sie über eine Theorie, eine *ToM*. Psychologen testen die *ToM* einer Person dadurch, dass sie eine spezielle soziale Situation beschreiben oder veranschaulichen, z. B.: Ein Junge sitzt auf dem Sofa und isst Plätzchen. Bevor er zum Spielen aus dem Haus rennt, versteckt er die Plätzchen unter dem Sofa. Während er draußen spielt, findet seine Mutter die Plätzchen und verstaut sie im Schrank. Frage: Wenn der Junge zurückkommt, wo wird er dann nach ihnen suchen?

Die unter Fünfjährigen werden darauf antworten: »Im Schrank.« Der Grund: Kleinkinder sind nicht in der Lage, sich in andere hineinzuversetzen und deren Perspektive einzunehmen. Wenn man fragt: »Warum denkst du, dass der Junge im Schrank nachschauen wird?«, dann lautet die typische Antwort eines Vierjährigen: »Weil sie dort sind!«

Danach kommt es zu einer grundlegenden Veränderung, zu einer vorprogrammierten Weiterentwicklung.[6] Etwa im Alter von fünf Jahren geht den Kindern ein Licht auf und sie begreifen plötzlich: Andere denken und fühlen anders als ich.

Diese Erkenntnis führt zur Fähigkeit, das Bewusstsein anderer zu lesen, und ist Bestandteil unseres entwicklungsgeschichtlichen Erbes. Alle Primaten sind soziale Wesen, aber beim Menschen ist die soziale Komponente weitaus stärker ausgeprägt als bei anderen. Die Größe einer Schimpansengruppe innerhalb der Horde liegt normalerweise unter zehn. Der typische Schimpanse hat drei enge Schimpansenfreunde. Vergleichen wir diese Zahl mit der Anzahl von Menschen, mit denen *wir* regelmäßig in Kontakt treten – Nachbarn, Arbeitskollegen, Familienmitglieder, Glaubensbrüder und -schwestern, Freunde. Denken wir an all die Menschen, mit denen wir nur gelegentlich zu tun haben oder auch nur ein einziges Mal. Einige dieser gelegentlichen oder einmaligen Sozialkontakte können recht bedeutsam sein: der mit dem Arzt in der Unfallstation, der mit dem Unbekannten auf der dunklen Straße; dergleichen Kontakte finden ausschließlich bei menschlichen sozialen Gruppen statt. Schimpansen pflegen ihre Beziehungen untereinander durch wechselseitige Körperpflege. Sie haben praktisch dauernd körperlichen Kontakt. Menschen unterhalten soziale Beziehungen durch Bewusstseinlesen.

Die Vielschichtigkeit des menschlichen Soziallebens belohnt gutes *mind reading*. Sobald wir uns aus dem eigenen Familienverband hinauswagen, kommt es zu Interaktionen mit Menschen, die wir nicht kennen. Bei wem bin ich sicher, und wer ist gefährlich für mich? Wer möchte helfen, und wie? Das Verstehen der Gedankengänge anderer liefert uns einen großen Vorteil bei der Anpassung an die jeweilige Situation: Es beschert uns Erfahrungen, die uns nützen, und bewahrt uns vor solchen, die schmerzen.

Erklär mir bitte mal
Warum ist der Himmel blau? Warum sterben die Menschen? Warum sind Jungen und Mädchen verschieden? Woher komme ich? Warum muss ich ins Bett? Warum streitet ihr euch? Etwa ab dem dritten Lebensjahr verlangen Kinder Erklärungen. Oft fragen sie ununterbrochen und hören nicht eher auf, bis ihre Wissbegierde befriedigt ist. Einige ihrer Fragen sind leicht zu beantworten, aber auf viele andere – wie beispielsweise solche nach Liebe und Tod – gibt es keine einfachen Antworten, weshalb sie im Verlauf eines Lebens auf unterschiedliche Weise immer wieder neu gestellt und beantwortet werden. Begegnet man den Fragen der Kinder ausweichend oder mit Ausflüchten, legen sie sich mit Hilfe ihrer Fantasie ihre Antworten selbst zurecht.

Dieser Impuls, die Welt zu verstehen, Erklärungen zu verlangen und zu erfinden, ist im Wesen der menschlichen Natur begründet und bereitete den Weg für die größten kulturellen Errungenschaften der Menschheit – für Theorien; Theorien, die uns helfen, uns in der gegenständlichen Welt zurechtzufinden, und die ich »Theorien der Materie« nenne, sowie Theorien, die uns helfen, uns in der sozialen Welt zurechtzufinden, den *Theories of Mind*.

Bewusstsein lesen ist angeboren

Das Epizentrum der neuen Wissenschaft vom Bewusstsein liegt am Queen Square in London. Hier am University College haben Forscher des Institute of Cognitive Neuroscience zum ersten Mal demonstriert, dass *mind reading* kein Zauber- oder Taschenspielertrick ist, sondern eine angeborene Fähigkeit des menschlichen Gehirns.[7] Im Jahr 1999 unterzog sich ein Dutzend Jungakademiker im Alter zwischen zwanzig und dreißig im Institut einem recht ungewöhnlichen Gehirnscan. Die Forscher benutzten die Magnetresonanztomografie nämlich nicht, um nach einem Problem, einer Erkrankung oder einer Störung zu suchen. Sie versuchten vielmehr nichts weniger, als das Zentrum unseres sozialen Wesens zu lokalisieren, jenes Areal des Gehirns, das uns die Fähigkeit verleiht, das zu erkennen, was andere denken und fühlen, also den Ort, wo unser *mind reading* stattfindet.

Bei der Besprechung vor dem Scan sagte man den Freiwilligen, dass während des Experiments auf einem Bildschirm im Innern des Tomografen zwei kurze Geschichten erscheinen würden. Sie sollten sie still für sich lesen und dann die Frage am Schluss jedes Textes beantworten, ebenfalls still für sich. Die erste Geschichte handelte von einem nervösen Einbrecher und war so angelegt, dass der Proband mit dem Versuch, das Bewusstsein des Einbrechers zu lesen, reagieren musste. Um die Frage am Schluss zu beantworten, musste er sich in den Kopf des Einbrechers versetzen, um dessen Handlungsmotivation bei der Episode herauszufinden, die so geschildert wurde:

Ein Einbrecher hat gerade ein Geschäft ausgeraubt und macht sich von dannen. Während er zu seinem Wagen läuft, sieht ein Polizist, der nichts von dem Raub bemerkt hat, dass der Einbrecher einen Handschuh verliert. »He, Sie – halt!«, ruft der Polizist in dem Glauben, einem zerstreuten Passanten helfen zu können. Zu seinem Erstaunen reißt der Einbrecher die Hände hoch und stößt unvermittelt hervor: »Ich ergebe mich!«
– Warum hat sich der Einbrecher gestellt?

Der zweite Text handelte von einer Schlacht zwischen zwei fiktiven Armeen. Die abschließende Frage verlangte eine andere intellektuelle Reaktion: eine Analyse. Die Geschichte lautete:

Zwei feindliche Mächte befinden sich schon seit Langem im Krieg gegeneinander. Die Armee Blau ist bei der Infanterie und bei der Artillerie überlegen, ihr Gegner, die Armee Gelb, bei der Luftwaffe. An dem Tag, an dem beide Armeen zur Entscheidungsschlacht aufeinandertreffen, regnet es heftig.
– Warum hat die Armee Gelb die Schlacht verloren?

Nur der Proband im Innern des Tomografen konnte sehen, welcher Text auf dem Bildschirm war. Doch die Wissenschaftler des Instituts, die einige Meter entfernt vor einer Monitorwand saßen, stellten fest, dass auch sie optische Hinweise darauf erhielten, wer welchen Text las. Immer dann, wenn sich ein Proband in die Gedankengänge des nervösen Einbrechers versetzte und zu verstehen suchte, warum dieser aufgab – oder anders ausgedrückt: Immer dann, wenn ein Proband begann, das Bewusstsein des Einbrechers zu lesen –, leuchtete eine ganz bestimmte Region des Gehirns auf den Scanmonitoren farbig auf, in diesem Fall der mediale präfrontale Cortex, eine Stelle an der vorderen Hirnrinde. Umgekehrt: Wenn ein Proband die Gründe für die Niederlage der Armee Gelb analysierte – und Analysieren ist keine Aufgabe, die unter Bewusstsein lesen fällt –, dann blieb die Region grau, ein Zeichen dafür, dass der mediale Cortex nicht benutzt wurde.

Zum ersten Mal wurde hier der Beweis erbracht, dass Bewusstsein lesen eine angeborene menschliche Fähigkeit ist, die uns die Evolution in unsere Gehirne eingebaut hat. Unser *Mind-reading*-Zentrum stellt tatsächlich den höchsten Grad der menschlichen Entwicklung dar. Diese am weitesten entwickelte biologische Struktur der Spezies Mensch sitzt tief im präfrontalen Cortex, ist mit allen anderen Teilen des Gehirns vernetzt und vereint in sich Myriaden von Fähigkeiten und Möglichkeiten, die uns helfen, unser zunehmend komplexer werdendes soziales Umfeld besser zu verstehen. Rein gefühlsmäßige Bauchentscheidungen, unbewusst ablaufende Anpassungsprozesse, die Wahrnehmung von Mimik und Körpersprache – all dies wird hier im Dienst des *mind reading* zusammengeführt.

Im Jahr 1955 erschloss Noam Chomsky ein neues Feld der Bewusstseinsforschung. Er ging von der Annahme aus, dass das Grundgerüst der Sprache nicht erlernt wird, sondern auf einer einzigartigen biologischen Struktur beruht, die sich nur im menschlichen Gehirn findet. Seiner Ansicht nach gab es keine andere Erklärung einerseits für das universale Vorhandensein von Sprache beim

Menschen und deren Abwesenheit bei allen anderen Lebewesen; andererseits würde dies auch die alltägliche Beobachtung erklären, dass Kinder neue Sprachen mühelos und ohne förmliche Unterweisung erlernen. Ein kleines Kind, das von Schanghai nach Chicago umzieht oder umgekehrt, wird die neue Sprache binnen Monaten lernen. Fünfzig Jahre wissenschaftlicher Forschung haben Chomskys Thesen bestätigt. Dreißig Jahre Forschung haben ebenfalls belegt, dass die Fähigkeit, sich in die Köpfe anderer zu versetzen, genau wie die Sprache ein grundlegendes und einzigartiges Charakteristikum der menschlichen Natur ist.[8] Wir wissen heute, dass die Evolution diese Fähigkeit im menschlichen Gehirn verankert hat.

Navigieren im sozialen Umfeld

Das Bewusstsein anderer zu lesen ist eine grundlegende Fähigkeit, um sich im sozialen Umfeld zurechtzufinden. Bei unseren privaten Beziehungen gehen wir davon aus, dass vieles wortlos verstanden wird. Oft bauen wir darauf, dass die Personen unseres Vertrauens unsere Gedanken lesen. Wir wollen, dass man unsere Wünsche und Ängste versteht, sogar – oder vielleicht gerade – wenn wir Probleme damit haben, unsere Gedanken in Worte zu fassen. Wir alle kennen die Freude, wenn wir uns verstanden fühlen: wenn wir genau das Geschenk bekommen, das wir uns gewünscht haben; wenn man uns ins Kino mitnimmt oder uns ein Buch genau dann in die Hand drückt, wenn uns absolut danach ist; wenn wir in kummervollen Augenblicken die richtigen Worte zu hören bekommen; wenn wir zu einer Verabredung mit jemandem müssen, den wir wirklich mögen. Genauso wichtig ist die Freude, die das Verstehen anderer begleiten: wenn man das Richtige getan hat, beim Geschenk, beim Kinofilm, bei den Trostworten, beim Rendezvous oder bei all den anderen unausgesprochenen Wünschen von Menschen, die uns etwas bedeuten.

Wir kennen auch den Schmerz, wenn wir falsch verstanden werden, wenn ein uns Nahestehender unsere Gedanken gar nicht liest oder sie falsch interpretiert. Warum hat er oder sie bloß nicht gewusst, dass wir ausgehen, Sex haben, allein gelassen werden wollten – auch wenn wir nicht aussprechen konnten, was wir wollten, weil wir vielleicht selbst nicht genau wussten, was wir eigentlich wollten? Auch das Gegenteil trifft zu. Wir fühlen uns unwohl, wenn wir die Gedanken eines Freundes nicht mitbekommen oder falsch lesen.

Andere Menschen zu lesen erfordert eine Beziehung. Das ist die allerwichtigste Regel für das Lesen mentaler Befindlichkeiten. *Reading minds* setzt eine Beziehung zwischen zwei Menschen voraus, zwischen einem, der liest, und einem, der gelesen wird. *Mind reading* funktioniert nicht wie eine Röntgenaufnahme. Es bedeutet Interaktion. Wer das vergisst, hat keine Chance. Selbst wenn man nur etwas über das Bewusstsein einer Person herausfinden will, indem man ihre Kleidung und ihr Auftreten beobachtet, setzt das einen Bezug voraus. Was jemand trägt und wie er sich bewegt, ist eine Mitteilung, ob sich der Betreffende dessen bewusst ist oder nicht. Der Versuch, diese Mitteilung zu verstehen, bedeutet genauso ein Sichbeziehen wie das Zuhören bei einem Gespräch. (Für »Profiler« der Kriminalpolizei ist das Verhalten eines Kriminellen eine Mitteilung an seine Verfolger.) Genau wie verschiedene Arten von Beziehungen unterschiedliche Formen des Zuhörens und Sprechens verlangen, so erfordern verschiedene Kategorien von Beziehungen unterschiedliche Methoden des *mind reading*.

In privaten Beziehungen geschieht es oft, und in anderen Beziehungen fast immer, dass die Menschen nicht wollen, dass man ihr Bewusstsein liest. Dies kann sogar dann der Fall sein, wenn wir uns Nähe wünschen. Leider wird Nähe manchmal mehr gefürchtet als begehrt, weshalb man möglichst versucht zu vermeiden, dass der andere die eigene mentale Verfassung liest. Wenn wir in solchen Situationen spüren, dass uns jemand zu nahe kommt, sagen oder tun wir oft etwas, um ihn abzuweisen. Andere davon abzuhalten, das eigene Bewusstsein zu lesen, wird für manche zu einer eigenen Kunst. Sie werden besonders wachsam gegenüber *Mind-reading*-Versuchen und besonders geschickt darin, sie abzublocken.

Poker bietet das krasseste Beispiel für ein auf den eigenen Vorteil bedachtes *mind reading*, und für viele ist Poker eine hervorragende Möglichkeit, ihre diesbezüglichen Fertigkeiten zu praktizieren und zu trainieren. Erhält der Pokerspieler ein gutes Blatt, versucht er normalerweise, seine Erregung zu verbergen. Enttäuschung zu heucheln funktioniert nicht, weil das ein alter Trick und leicht zu durchschauen ist. Ein Pokerass erzählte mir, er denke immer ans Rasenmähen, sobald er ein gutes Blatt bekommt. Gute Spieler ignorieren zumeist offen gezeigte Gefühlsregungen, weil sie leicht zu simulieren sind; stattdessen halten sie Ausschau nach subtilen Signalen, sogenannten *tells*, die ein Gegenspieler unbewusst aussendet. Spieler A meint entdeckt zu haben, dass Spieler B fast unmerklich mit dem Zeigefinger auf die Tischplatte tippt, wenn er ein schlechtes Blatt hat; es ist ein Zeichen jener Ungeduld, von der B glaubt, sie unterdrückt zu haben. B registriert, dass A zu wissen scheint, wann er (B) ein schlechtes Blatt hat; er blufft und erhöht. Dann beobachtet er, wie A nach jedem Geben kurz auf seine (B's) Hand schielt, und begreift, dass A seinen *tell* entdeckt hat. Bei seinem nächsten guten Blatt tippt B mit seinem Finger und setzt massiv. A denkt, dass B blufft, erhöht seinerseits und verliert. Das Gegenteil von dem zu signalisieren, was man empfindet, ist eine Taktik, die sich nicht auf Poker beschränkt. Manche tun bei einem guten Angebot enttäuscht, um ein besseres zu bekommen. Andere spielen ihrem Liebespartner Erregung vor, um ihre Langeweile und die Aufdeckung einer heimlichen Affäre zu vertuschen.

Hindernisse

Obwohl uns die Evolution alle zu geborenen Bewusstseinlesern gemacht hat, zeigt die Forschung, dass die meisten von uns gar nicht so gut darin sind. Wir vertrauen Menschen, denen wir misstrauen sollten; wir verlieben uns in solche, die wir besser mieden; wir glauben, man hasst uns, wenn man uns liebt, und dass man uns missversteht, wenn man uns versteht; dass wir hinters Licht geführt werden, wenn man uns die Wahrheit sagt; dass man uns zurückweist, wenn wir akzeptiert werden. Wir lesen die Absichten und Motive unserer Kinder, Ehepartner, Liebespartner, Freunde und Arbeitskollegen falsch.

Diese Lesefehler und Fehlinterpretationen können unser Urteilsvermögen untergraben, uns wichtige Informationen vorenthalten und uns zu unangemessenem Verhalten verleiten. Ein gängiges Beispiel für Letzteres wäre jener Mann, der beim Rendezvous die Gemütsverfassung der mit ihm verabredeten Dame falsch interpretiert und einen unerwünschten Annäherungsversuch startet. Ein weiteres wäre die Mutter, die die Gedankengänge des eigenen Kindes falsch liest und deshalb ungerechtfertigte Anschuldigungen vorbringt. Fehlerhaftes *mind reading* steckt hinter vielen der unangenehmsten Überraschungen im Leben. Man denke nur an all die Ehemänner, die von der Ankündigung geschockt wurden: »Ich will die Scheidung!«, oder an alle diejenigen, die vom typischen Donald-Trump-Spruch überrascht wurden: »Sie sind gefeuert!«

Mangelhafte Theorien. Das häufigste Problem besteht darin, dass eine unzutreffende *ToM* erstellt wurde. Wissenschaftler überprüfen ihre Theorien, indem sie Voraussagen machen. Erweisen sich diese als falsch, sollten sie ihre Theorie verwerfen und nach einer besseren suchen. Manchmal allerdings halten die Wissenschaftler, aus den verschiedensten Gründen, an einer wackeligen Theorie fest: vielleicht, weil diese zu ihren individuellen oder religiösen Überzeugungen passt, oder weil sie sich schämen, falsch zu liegen; oder manchmal vielleicht auch nur, weil es keine bessere gibt. Es dauerte lange, bis die Theorie aufgegeben wurde, die Sonne drehe sich um die Erde, obwohl es massenweise Indizien dagegen gab; schließlich war das ein zentraler Glaubenssatz der Religion. Und es dauerte lange, bis man sich von der Vorstellung verabschiedete, dass scharfe Gewürze oder Stress zu Magengeschwüren führen würden, weil noch keiner die Theorie aufgestellt hatte, dass Bakterien der wahre Grund sein könnten.

Beschränkte Informationsmenge. »Für einen ersten Eindruck gibt es keine zweite Chance«, lautet eine Volksweisheit, die zeigt, wie schnell der weitere Verlauf einer Beziehung durch ein anfängliches Missverstehen, auf Grund einer beschränkten Informationsmenge, vorgegeben werden kann. Manche lassen sich so durch Prestige, Geld und gutes Aussehen vereinnahmen, dass sie nicht genauer hinsehen oder das übersehen, was sie sehen. Ein peinlicher oder selbstherrlicher erster Eindruck ist manchmal schwer wiedergutzumachen. So viele Karriereratgeber aus dem Lebenshilferegal enthalten detaillierte Beschreibungen für den guten ersten Eindruck, dass erfahrene Personalchefs heutzutage die üblichen Signale – offenes Lächeln, sympathischer Blickkontakt, leicht vorgeneigte Haltung und dergleichen – unter den Tisch fallen lassen. Diese Signale nicht als das zu nehmen, was sie einmal bedeuteten, ist übrigens ein gutes Beispiel für ein Bewusstseinlesen auf kognitiver Basis.

Vorgefasste Meinungen. »Normale Menschen« geben, genau wie Wissenschaftler, eine einmal aufgestellte Theorie nur ungern wieder auf. Rassische und ethnische Klischees sind das offenkundigste Beispiel. Den Menschen fällt es sehr schwer, ihre vorgefassten Meinungen zu ändern. Oftmals streiten sie ab, in Klischees zu denken; oder sie tun es unbewusst, halten sich aber für objektiv. Psychiater sind sich beispielsweise im Allgemeinen nicht darüber im Klaren, dass sie schwarzen Männern oft gravierendere psychiatrische Diagnosen stellen und sie als aggressiver und paranoider einstufen als weiße, die genau die gleichen Symptome aufweisen. Noch weniger sind sich die Menschen einiger nicht rassistischer Klischees bewusst, weil diese nicht so häufig diskutiert werden; so hält man beispielsweise Dicke für weniger fleißig und Frauen für weniger systematisch. Solche Verzerrungen sind oft subtil, aber dennoch bedeutsam. In dem virtuellen Labor »Project Implicit« arbeiten Forscher aus der ganzen Welt zusammen, um unbewusste Vorurteile zu untersuchen. Sie fanden heraus, dass so gut wie alle Menschen, die Wissenschaftler eingeschlossen, gegenüber verschiedenen sozialen Gruppen negative Reaktionen zeigen, auch wenn sie aufrichtig glauben, nicht voreingenommen zu sein. Wer die Website von »Project Implicit«

besucht, kann – privat und vertraulich – seine eigenen Vorurteile untersuchen.[9]

Übertragungen. Bis vor kurzem glaubten Psychologen, dass Übertragungen – der unbewusste Zwang, neue Beziehungen in die vertrauten Schemata von alten zu pressen – auf Patienten in psychotherapeutischer Behandlung beschränkt seien. Heute wissen wir aber, dass es generell bei neuen Beziehungen zu Übertragungen kommt, ohne dass wir uns dessen bewusst sind.[10] Beispielsweise kann es geschehen, dass wir einen neuen Bekannten spontan mögen und uns bei ihm sicher fühlen, weil er uns an einen liebevollen Elternteil erinnert. Andererseits kann man gleich beim ersten Kontakt einem Menschen mit Misstrauen begegnen, weil man sich an nörglerische ältere Geschwister erinnert fühlt. Übertragungen können dazu führen, dass wir – auf Grund eines ersten, kurzen Kontakts – das sichere Gefühl verspüren, jemanden zu verstehen. Gelegentlich erweisen sich solche auf dem ersten Eindruck beruhenden Theorien als zutreffend, wie es in Malcolm Gladwells Buch *Blink!*[11] ausführlich dargelegt wird. Aber oft erweisen sie sich als falsch.

Der erste Eindruck kann eine Übertragung auslösen. Bill Gates' verlottertes Auftreten signalisierte jungenhafte Sorglosigkeit und nicht gnadenloses Konkurrenzdenken. Möglicherweise hatte sich Gates nicht vorsätzlich so angezogen, doch war ihm bewusst, wie er wahrgenommen wurde. Ein geschulter Bewusstseinleser wird versuchen sich vorzustellen, wie er bei einem neuen Kontakt gelesen wird, und er wird entweder ein Missverständnis zu korrigieren trachten oder es zum eigenen Vorteil nutzen. Jack Sams erlebte mit Bill Gates eine Übertragungsreaktion. Gates erinnerte Sams an seinen eigenen Sohn. Gates wusste das und nutzte es aus.

Die meisten Menschen kümmern sich wenig um die Übertragungen, die ihr Äußeres auslöst; einige wählen ihre Kleidung sorgfältig entsprechend der Rolle, die sie im Bewusstsein anderer spielen möchten. Frank Abagnale jr., der von Leonardo DiCaprio in *Catch Me if You Can – Mein Leben auf der Flucht* gespielt wurde, hatte sein Schlüsselerlebnis als erfolgreicher Hochstapler mit sechzehn, als ihm auffiel, dass man Piloten mit ehrfürchtiger Bewunderung begegnete und dass das Personal an den Bankschaltern, das damals zumeist aus jungen Frauen bestand, beim Lächeln eines attraktiven Mannes in Uniform schwach wurde.[12] In seiner Pilotenkluft wurde Abagnale selten nach einem Ausweis gefragt, wenn er einen Scheck einlöste. Nicht nur, dass seine ungedeckten Schecks – im Wert von zweieinhalb Millionen Dollar – akzeptiert wurden, viele Frauen verliebten sich auch in ihn. Andererseits wusste Frank, dass er vorsichtig sein musste, sobald Kassiererinnen oder deren Vorgesetzte nicht in der üblichen Weise reagierten, auch wenn sie sich nur unbeeindruckt oder unfreundlich gaben. Wenn man gut einschätzen kann, wie man bei anderen ankommt, kann man sich besonders auf diejenigen konzentrieren, die abweichend reagieren. Nicht immer muss man sich darüber Sorgen machen, doch ist die Frage meist einiges Nachdenken wert: Was geht im Kopf eines Menschen vor, der mich anders wahrnimmt als der Rest?

Liebe macht blind. Unterschiedliche Arten von Liebe machen auf unterschiedliche Weise blind. Im Banne der Leidenschaft ist es schwer, gegenüber jemandem objektiv zu bleiben, den man als sexuell attraktiv empfindet. Unsere *Theories of Mind* beugen sich der Begierde, und uns fallen alle möglichen verstandesmäßigen Erklärungen und nachträglichen Rechtfertigungen für das egoistische und gleichgültige Verhalten der Person ein, der unser Verlangen gilt. Selbst dann, wenn Freunde die Wahrheit erkennen und sie uns sagen, lesen wir deren Motive oft falsch – neidisch seien sie und oberflächlich –, damit wir weiterhin leugnen können, was sie sehen.

Sexuelles Verlangen beeinträchtigt nicht nur die Theoriebildung, sondern auch die Wahrnehmung. Die in dem Song *Don't the Girls All Get Prettier at Closing Time* (etwa: »Kurz vor der Sperrstunde sind die Mädels am schönsten«) unsterblich gewordene Binsenweisheit wurde von Sozialpsychologen bestätigt.[13] Je geringer die Auswahlmöglichkeiten, desto attraktiver erscheinen sie. Der erste Lichtstrahl am Morgen danach verändert oftmals diese Ansicht.

In unseren engsten Liebesbeziehungen geschieht es leicht, dass wir das Bewusstsein unseres geliebten Partners mit unserem eigenen verwechseln. Im Zustand der Verliebtheit wünschen wir uns so sehr das Gefühl, mit dem geliebten Menschen eins zu sein und die gleichen Gedanken zu haben, dass uns die Erkenntnis zu schaffen macht, dass dies nicht der Fall ist. Bei unseren Kindern wünschen wir uns so sehr, sie mögen doch bitte sein, wie wir sie gern hätten, dass uns die Erkenntnis zu schaffen macht, dass sie eigene Wünsche haben.

Gruppenzwang. Seit mehr als fünfzig Jahren legen Sozialpsychologen dar, wie Gruppenzwang die Gedankengänge und Urteile des Einzelnen beeinflussen kann. Den meisten Menschen fällt es schwer, sich den Voreingenommenheiten und Vorurteilen ihrer Gruppe nicht anzuschließen. Heute können Neurowissenschaftler aufzeigen, dass sich nicht nur Denken und Fühlen dem Gruppenwillen beugen, sondern dass auch die Wahrnehmung eines Individuums im Gehirn verändert werden kann [14]; selbst der Gedanke, sich der Gruppenmeinung widersetzen zu wollen, aktiviert die Amygdala, jenen Teil des Gehirns, der uns sagt, wann wir Angst haben sollten.

Täuschungen und Lügen. Auf Lügen aufgebaute Theorien müssen uns zwangsläufig in die Irre führen. Wir sind jedoch nicht gut darauf programmiert, Täuschungen und Lügen zu erkennen. Die Menschen entwickelten sich in kleinen Gemeinschaften, in denen gegenseitige Anteilnahme und Fürsorge vorausgesetzt wurden und Übeltäter keinen Ort hatten, wo sie sich verstecken konnten. Lügen wurden hauptsächlich in einer der Gemeinschaft dienlichen Weise eingesetzt: um Konfrontationen zu vermeiden und andere vor Ängsten abzuschirmen. Unsere Gehirne haben sich noch nicht auf die Komplexität einer sozialen Umgebung eingestellt, in der Täuschung eine Waffe ist und manche Menschen ihre Mitmenschen wie eine Beute behandeln.

Falls überhaupt, so machen wir uns offenbar kaum Gedanken über Lügen. Das Lügen gehört zum Alltag, und es gibt Myriaden von Arten der Täuschung. Die meisten Lügen scheinen gutartig zu sein – Notlügen, die als soziales Schmiermittel dienen. Doch selbst diese kleinen Lügen können in engen Beziehungen Distanz schaffen, weil sie ein unbestimmtes Gefühl von Misstrauen entstehen lassen, das die Menschen entzweit. Wir kennen natürlich alle das Leid, das aus massiven Lügen und Täuschungen hervorgeht. Die Schlagzeilen liefern uns täglich Nachrichten von privater Untreue, Betrügereien in der Wirtschaft und Korruption in der Politik – alles Lügen, die erst aufgedeckt wurden, nachdem ein Übermaß an Schaden angerichtet wurde. Obwohl es nicht in unserer Natur liegt, ist es nicht schwer zu erlernen, wie man eine gewisse Art von Lügen erkennt, was wir im siebten Kapitel behandeln werden.

Hemmungen. Zwar ist unsere Fähigkeit, das Bewusstsein anderer zu lesen, Teil unserer Natur, doch kann sie, wie alle natürlichen Fähigkeiten, gesteigert oder gehemmt werden. Darin ähnelt sie unseren anderen Fähigkeiten wie beispielsweise zu sprechen, zu zeichnen, zu laufen, zu singen, zu tanzen, zu spielen. Solange keine schweren Behinderungen vorliegen, kann jeder diese Dinge bis zu einem gewissen Grad tun. Nicht nur, dass wir sie tun können, wir haben auch ein Bedürfnis, sie zu tun. Solange man es ihm nicht verwehrt, wird jedes Kind spontan sprechen, zeichnen, laufen, singen, tanzen und spielen. Je nach Temperament werden einige das überschwänglich tun, andere eher zurückhaltend. Diese Fähigkeiten sind so sehr Teil unserer Natur, dass die Menschen alternative Möglichkeiten des Selbstausdrucks entwickeln, wenn die normalen blockiert sind. Menschen sprechen mit den Händen, zeichnen mit dem Stift im Mund und machen bei Marathonläufen im Rollstuhl mit. Manche üben sich beständig darin und verwandeln so natürliche Fähigkeiten in außergewöhnliche Fertigkeiten. Manche werden durch schmerzliche Angst- und Schamgefühle gehemmt und hören auf zu zeichnen, zu singen oder zu tanzen. Andere bekommen Angst davor zu sprechen.

Mit dem Lesen fremden Bewusstseins ist es das Gleiche. Die Art und Weise, wie jemand diese Fähigkeit umsetzt, wird vom angeborenen Temperament des Einzelnen beeinflusst, das von kontaktfreudig bis scheu reichen kann. Kontaktfreudige Kinder verkehren voller Begeisterung mit anderen, und ihre *Theories of Mind* von anderen beruhen zumeist auf emotionalen Interaktionen. Scheue Kinder interagieren vorsichtig, und ihre *Theories of Mind* beruhen meist auf Nachdenken. Die Mehrheit der Kinder liegt irgendwo dazwischen, und gegenseitiges Verstehen geschieht sowohl über das Gefühl als auch über den Verstand. Wie auch immer ihr Temperament beschaffen sein mag: Einige werden ihre Fähigkeit bis zur Meisterschaft schulen, andere werden Hemmungen entwickeln.

Hemmungen haben ihre Ursachen hauptsächlich in Angst, Scham oder anderen komplizierten Gefühlen. Starke Angstgefühle erschweren geradliniges Denken; in gravierenden Fällen setzt der Verstand ganz aus. Selbst leichte Angst ist ein Störfaktor beim Bewusstseinlesen. Angst kann als Furcht oder Erregung erlebt werden und kann andere Emotionen verstärken. Angst kann aus einer leichten Beunruhigung brennende Sorgen machen. Sie kann eine gelinde erotische Anziehung in blinde Leidenschaft verwandeln. In Angst erzeugenden Organisationen, besonders in solchen mit jungem Personal, wie auf Unfallstationen, in Existenzgründerfirmen und beim Militär, interpretieren die Menschen oft ihre eigenen Ängste und die der anderen falsch als sexuelle Erregung, und das häufig mit peinlichen Ergebnissen. Gelegentlich auch mit katastrophalen Konsequenzen wie im irakischen Gefängnis von Abu Ghraib, wo Ängste spätpubertäre Erregung verstärkten und unbeaufsichtigte Soldaten in sadistische Pornografen verwandelten.

Angst kann auch andere Gefühle verstärken wie beispielsweise Schuld. Erinnern wir uns an die Reaktion des nervösen Einbrechers in dem *Mind-reading*-Text am Anfang des Kapitels. Was den Einbrecher aufgeben ließ, war nicht das »Halt!« des Polizisten. Hätte der Täter den mentalen Zustand des Beamten richtig gelesen, hätte er erkannt, dass es dessen Absicht gewesen war, behilflich zu sein. Doch Angst und Schuldgefühle bewirkten, dass er angebotene Hilfe fälschlicherweise als Beschuldigung auslegte. Menschen, die von Schuldkomplexen geplagt werden, begehen diesen Fehler regelmäßig. Für sie ist jeder andere ein potenzieller Ankläger, und selbst wohlmeinende Bemerkungen werden als Kritik wahrgenommen.

Angst kann Menschen auch die Sicht versperren auf Dinge, die Furcht einflößend sein könnten. Wie viele Ehemänner und Ehefrauen ignorieren offensichtliche Indizien für die Untreue des Partners, nur weil sie den Schmerz des Hintergangenwerdens nicht durchleiden oder nicht über die Konsequenzen einer Scheidung nachdenken möchten? Selbst wenn die Realität nicht länger geleugnet werden kann, unterdrücken Menschen oft ihre Gefühle und tun so, als wäre das Ganze nicht so schlimm. Eine massive Unterdrückung von Gedanken und Gefühlen kann dazu führen, dass man das Leben als sinnlos, leer oder gar unwirklich empfindet.

Scham kann das Lesen fremden Bewusstseins hemmen. Scham ist das schmerzhafte Gefühl, als unfähig oder moralisch schlecht an den Pranger gestellt zu werden. Kinder werden oft dazu gebracht, sich zu schämen, wenn sie nach privaten Dingen fragen, über die Erwachsene nicht reden wollen. Auf gleiche Weise können sich Erwachsene beschämt fühlen, wenn sie über die geheimen Gedanken von Menschen spekulieren, die ihnen wichtig sind. »Wie kannst du mir so was unterstellen? Du solltest dich schämen!«, ist der gängige Trick, mit dem der Beschuldigte den Ankläger davon abhält, weiter in seinen Gedanken zu lesen.

Tipps für besseres Mind Reading

Meister des *mind reading* finden sich in allen Bereichen des täglichen Lebens. Einige, wie verdeckte Ermittler und Verhandlungsführer bei Geiselnahmen, benutzen ihre Fähigkeiten, um schwierige Situationen zu bewältigen; andere, wie Bill Gates, für den unternehmerischen und beruflichen Erfolg; und wieder andere, weil sie ihr Leben abwechslungsreich und befriedigend gestalten wollen. Meister des *mind reading* bringen ihr intensives Bauchgefühl mit der verstandesmäßig nüchternen Beurteilung verfügbarer Informationen in Einklang. Diese Balance zwischen Emotion und Kognition, zwischen Fühlen und Denken, befähigt sie,

– die Perspektive anderer zu einzunehmen;

– starke Gefühle wie Angst und Furcht, Liebe und Erregung zu verspüren, ohne ihr kritisches Urteilsvermögen zu verlieren (Liebe macht die Meister des *mind reading* fröhlich, aber nicht blind);

– eigene Gefühle von den Emotionen anderer zu trennen;

– Stimmungen und Launen zu erkennen und zu kontrollieren;

– zu wissen, wann sie einer Intuition trauen können und wann sie diese durch eine Auswertung der Fakten überprüfen müssen. Wenn die Meister des *mind reading* Zweifel haben, diskutieren sie ihre Wahrnehmung einer Person oder Situation oft mit einem Freund oder vertrauten Kollegen.

Ein paar wenige Glückliche können es zur Meisterschaft bringen, wenn durch Zufall Veranlagung und ein begünstigendes Umfeld zusammentreffen; doch beinahe jeder trägt in sich das Potenzial zu überdurchschnittlichen Leistungen. Wissenschaftler haben Meister ihres Fachs auf den unterschiedlichsten Gebieten studiert, darunter Sportler, Musiker, Schachspieler, Naturwissenschaftler und Schriftsteller; sie haben herausgefunden, dass der bei Weitem wichtigste Faktor, um auf einem beliebigen Gebiet zum Experten zu werden, die zum Üben aufgewandte Zeit ist.[15] Im Vergleich dazu zählen Talent und angeborene Fähigkeiten wenig. Manche Forscher glauben, sie zählten überhaupt nicht und jeder könne es mit genügend Praxis zur Meisterschaft bringen.

Bill Gates schulte sich im Lesen fremden Bewusstseins. In seiner Kindheit spielte er höchst anspruchsvolle strategische Brettspiele, und auf dem College pokerte er um hohe Einsätze. Außerdem war er, was offenbar nicht sehr viele wissen, im Alter von elf Jahren achtzehn

Monate lang in psychotherapeutischer Behandlung gewesen. Man wird wohl nicht so ohne Weiteres vermuten, dass im Mittelpunkt der Therapie die Behebung seiner Lesefehler beim *mind reading* stand. Seine schulischen Leistungen waren damals hinter den Erwartungen zurückgeblieben. Er hatte geglaubt, sich in einem Machtkampf mit seinen Eltern zu befinden, einem Kampf, den er nur dadurch zu gewinnen meinte, dass er Leistung verweigerte. Während der Therapie erkannte er: »Das ist ein Scheingefecht. Das Ganze ist lächerlich ... Sie lieben dich und du bist ihr Kind. Du bist auf der Gewinnerseite.«[16] Von da an stürzte er sich darauf, alles zu lernen, was ihm in die Finger kam. Er entwickelte ein Talent dafür, Leute zu finden, denen er vertrauen konnte, und er suchte sich seine Kampfarenen umsichtig aus und stellte sich einer Konkurrenz nur dann, wenn er seine Gegner genauestens studieren konnte.

Bill Gates ist ein hervorragender Bewusstseinleser. Er ist auch ein hervorragender Computerprogrammierer und Pokerspieler. Dabei handelt es sich ausschließlich um erlernte Fertigkeiten und nicht um magische Fähigkeiten oder eine genetische Ausstattung. Vielleicht ist es nicht jedem möglich, ein so geschickter Bewusstseinleser wie Bill Gates zu werden, doch die meisten könnten es auf achtzig bis neunzig Prozent davon bringen. Ich habe erlebt, wie aus Studenten ohne Sozialkompetenz einfühlsame Kliniker wurden. Ich habe Menschen getroffen, die keine Ahnung von Kindern hatten und später feinfühlige Eltern wurden. Ich war dabei, als sich Ehepartner zum allerersten Mal verstanden. In allen Fällen ist die Bereitschaft erforderlich, die eigenen Anlagen so zu schulen, dass man erkennt, was man selbst falsch macht, um es dann korrigieren zu können. Die Wissenschaftler nennen das *deliberate practice*, das bewusste und zielgerichtete Praktizieren zur Verbesserung der eigenen Leistung vor allem in jenen Bereichen, die noch nicht beherrscht werden; der Volksmund spricht vom Lernen aus Fehlern.

Jedes kleine bisschen Training ist besser als gar keines. Untersuchungen haben ergeben, dass es zwar eines großen Übungsaufwands bedarf, um zum Experten zu werden, dass es aber weitaus weniger braucht, um ganz gut zu sein. Und: Fertigkeiten lassen sich in ganz kurzer Zeit entscheidend verbessern. Wiederholung und Erfahrung sind nicht das Gleiche wie Üben. Es bringt nichts, immer wieder das Gleiche zu tun, besonders wenn man es falsch macht. Ich bin ein leidenschaftlicher Golfspieler. Vor zwölf Jahren habe ich angefangen und bin jetzt ein ganz ordentlicher Spieler (Handikap 9). Ich habe jede Menge Zeit auf Golfbahnen verbracht und viele gesehen, die sich stundenlang abmühten, wochenlang schwitzten und es nie zu echten Fortschritten brachten. Einige von ihnen spielen einfach schicksalsergeben weiter und machen sich über die eigene Ungeschicklichkeit lustig, aber die meisten hören irgendwann ganz auf. Aus irgendeinem Grund bilden sie sich ein, sie müssten eigentlich wissen, wie es richtig geht, ohne Unterweisung, ohne je eine Anleitung für die richtige Technik gelesen zu haben. Viele haben überhaupt keine Ahnung, was es beim Schwung zu berücksichtigen gibt. Hätten sie nur ein bisschen was über die Elemente von Ansprechposition und Schwung gelernt und – ein von vielen Trainern übersehener Punkt – darüber, wie sie das Gelernte mit ihrer individuellen Statur und ihrem Tempo umsetzen können, hätten sie hervorragende Golfspieler werden können.

Das Gleiche gilt für das Bewusstseinlesen. In den nachfolgenden Kapiteln werden wir lernen, was es beim *mind reading* zu berücksichtigen gilt. Wir werden uns mit der aufregenden Forschung auf dem neuen Gebiet der kognitiven Neurowissenschaft befassen, die uns zeigen wird, wie sowohl Veranlagung als auch Erfahrungen bestimmen, wie sich der Einzelne zu seiner individuellen Umwelt in Beziehung setzt. Wir werden etwas über die Elemente lernen, die beim Lesen mit dem Verstand beziehungsweise beim Lesen mit Herz und Bauch eine Rolle spielen. Und wir werden lernen, wie man bessere *Theories of Mind* bildet.

Bill Gates wurde in diesem Kapitel als Beispiel für einen ausbalancierten Interpreten herangezogen, der es meisterhaft versteht, gleichzeitig seine Gefühle *und* seine Gedanken bei der Beurteilung anderer einzusetzen. In Kürze werden wir diskutieren, warum die meisten von uns der einen oder der anderen Vorgehensweise stärker zuneigen, warum emotionale Interpreten ihre Einschätzungen vorzugsweise auf Grund ihrer Bauchreaktionen vornehmen und warum kognitive Interpreten lieber über Fakten nachsinnen. Wir werden erkennen, dass es nicht den *einen* richtigen Weg der Informationsverarbeitung gibt – wie das bei jeder Fertigkeit der Fall ist, die die einen dazu benutzen, um ihre Stärken auszubauen, und die anderen, um ihre Schwächen zu korrigieren. Und wie beim Erlernen jeder Fertigkeit ist das Wichtigste, seine Stärken und Schwächen zu kennen.

Zweites Kapitel
STEIN, PAPIER, SCHERE:
EINE THEORIE ZU HABEN ZAHLT SICH AUS

Takashi Hashiyama, der Generaldirektor einer großen japanischen Elektronikfirma, konnte sich nicht entscheiden: Sollte er Christie's oder Sotheby's damit beauftragen, die Kunstsammlung seines Unternehmens im Wert von zwanzig Millionen Dollar versteigern zu lassen? »Da beide Häuser gleich gut waren, brachte ich es nicht fertig, mich für eines zu entscheiden. Also bat ich sie beide, sie möchten das doch bitte untereinander ausmachen, und schlug ... Stein, Papier, Schere vor.«

Bei diesem auf der ganzen Welt verbreiteten Knobelspiel sucht sich jeder Teilnehmer eine der drei genannten »Waffen« aus und schleudert die seine mit einer symbolischen Geste in Richtung des Gegenspielers. Stein macht die Schere stumpf, die Schere schneidet Papier, Papier umwickelt den Stein. Wenn Kinder es spielen, benutzen sie Handzeichen: Faust für Stein, offene Hand für Papier, ein V aus Zeige- und Mittelfinger für Schere. In Hashiyamas Vorstandszimmer wurden die entsprechenden Wörter auf Zettel geschrieben.

»Da es der Kunde mit seinem Vorschlag absolut ernst meinte, nahmen auch wir ihn absolut ernst«, sagte Jonathan Rendell, stellvertretender Vorsitzender von Christie's America. Wie die *New York Times* berichtete[1], stellte Kanae Ishibashi, Direktor von Christie's Japan, zwar Recherchen zur Psychologie des Spiels an, doch es waren Alice und Flora, die elfjährigen Zwillinge von Nicholas Maclean, dem internationalen Direktor für Impressionismus und moderne Kunst bei Christie's, der die Strategie vorschlug. Seine Töchter spielten das Spiel in der Schule »praktisch jeden Tag«.

»Weiß doch jeder, dass du immer mit der Schere anfängst«, sagte Alice.

»Stein ist viel zu offensichtlich, und Schere schlägt Papier«, krähte Flora. »Seit wir damit angefangen haben, war Schere immer das sicherste«, ergänzte sie.

Falls die erste Runde unentschieden ausgeht, solle man trotzdem bei Schere bleiben, denn »jeder erwartet doch, dass du Stein nimmst«, erklärte Alice.

Sotheby's ging das Problem anders an. Blake Koh, Experte für impressionistische und moderne Kunst bei Sotheby's in Los Angeles, erzählte Reportern: »Das ist ein Glücksspiel, und deswegen haben wir nicht groß darüber nachgedacht. Wir hatten uns keine Taktik überlegt.«

Stein, Papier, Schere – schnick, schnack, schnuck! Christie's: Schere, Sotheby's: Papier. Christie's gewinnt.

Wenn man bei diesem Spiel Erfolg haben will, muss man die Absichten seines Gegners lesen können und versuchen, ihn gleichzeitig dahingehend zu beeinflussen, dass er unsere eigenen Absichten falsch liest. Tritt man gegen einen Computer an, der nach dem Zufallsprinzip spielt, dann ist das Ganze eine Lotterie, pures Glücksspiel. Hätte er gegen einen Computer gespielt, wäre Blake Kohs Konzept »keine Taktik« so gut gewesen wie jedes x-beliebige. Aber Blake spielte nicht gegen einen Computer. Er spielte gegen zwei elfjährige Mädchen.

Flora und Alice hatten sich Folgendes überlegt:

1. Sie stellten sich vor, dass sie gegen einen kritischen, rational denkenden Erwachsenen vom Schlag ihres Vaters spielten.

2. »Jeder erwartet, dass du Stein nimmst«, bedeutet: Wenn man nicht darüber nachdenkt, ist klar, dass Stein ganz offensichtlich die erste Wahl ist. Stein ist stark und unnachgiebig; er wird aus der Faust geworfen und steht an erster Stelle der Aufzählung. In der Tat wird

Stein im Durchschnitt in mehr als 40 Prozent der Fälle gewählt. Hätten sich Flora und Alice vorgestellt, gegen ein unerfahrenes Kind zu spielen, hätten sie Papier gewählt. Stattdessen nahmen sie an, dass der Gegner ihres Vaters bei Sotheby's kritisch genug sei, um Stein zu erwarten, und außerdem glauben würde, gegen einen Neuling zu spielen, weshalb er Papier wählen würde, um Stein zu neutralisieren.

3. Wahrscheinlich wussten Flora und Alice auch, wenngleich vielleicht nur instinktiv, dass ihr Vater und andere Akademiker und Intellektuelle dazu neigen, Papier zu bevorzugen.

4. »Weiß doch jeder, dass du immer mit der Schere anfängst«, ist Floras Kurzformel hierfür: Erfahrene Knobler wie sie glauben, dass Schere der beste erste Schritt sei, wenn man gegen unerfahrene, jedoch kritische Spieler spielt.

Mit anderen Worten: Flora und Alice bildeten sich eine Theorie von der mentalen Verfassung ihres Gegners, die vorhersagte, er werde Papier wählen, und sie lagen damit richtig. Ihre Theorie ging davon aus, dass auch ihr Gegner eine *ToM* haben werde, das heißt, dass er sich überlegte, was in den Köpfen seiner Gegner vorging, und auch damit lagen sie richtig.

Blake Kohs Aussage, er habe keine Taktik gehabt, kann nicht stimmen. Es ist Menschen einfach nicht möglich, zufällig zu wählen.[2] In jeder Entscheidung, die wir treffen, spiegeln sich unsere Vorlieben und unser Verständnis der Welt wider. Takashi Hashiyama hatte dies begriffen, als er befand, er könne die Wahl nicht treffen, weil eine Auswahl eine Vorliebe offengelegt hätte und er nicht wollte, dass sich einer der beiden Konkurrenten übergangen fühlte.

Koh hätte für seine willkürliche Vorgehensweise statt den menschlichen Verstand zu bemühen auch würfeln oder Lotterie spielen können. Doch er tat es eben nicht. »Wir haben wirklich nicht groß darüber nachgedacht«, sagte er. Aber in dem Augenblick, in dem er darüber nachdachte, stellte er eine *ToM* auf, ob ihm das nun klar war oder nicht. Koh wusste augenscheinlich selbst nicht, was ihm durch den Kopf ging, aber Alice und Flora wussten es. Ihre Vorstellung von seinen Gedankengängen war präziser als seine eigene.

Alice und Flora hätten sich irren können. Keine Theorie ist vollkommen. Blake Koh hätte impulsiv handeln und Stein wählen können; er hätte wie die Mädchen denken und Schere wählen können; er hätte eine Theorie zu den Überlegungen der Mädchen aufstellen und mit Stein reagieren können. Was wir mit Sicherheit wissen, ist: Diejenigen, die sich fragen, was andere denken, und sich dann ganz bewusst eine *ToM* bilden, verstehen ihre Gegenüber besser als jene, die das nicht tun. Das Aufstellen einer Theorie ermöglicht es, diese zu testen, die Ergebnisse zu überprüfen und aus dieser Erfahrung zu lernen. Es ist zwar ein gängiges Klischee, aber dennoch ein zutreffendes: Nur allzu oft lernen Menschen nichts aus ihren Fehlern. Sie betrachten ihre falschen Einschätzungen als individuelle Fehlleistungen oder tun sie, wie Blake Koh, als Laune des Schicksals ab, statt sie als gewonnene Daten zu betrachten, die man zur Überprüfung und Anpassung der eigenen Theorien auswerten könnte. Hätte Blake Koh die Daten analysiert, wäre er vielleicht zu dem Schluss gekommen, dass »nicht groß darüber nachdenken« in einer Wettbewerbssituation nicht die allerbeste Taktik ist.

Viele Spiele wie Stein, Papier, Schere erfordern die Fähigkeit, sich in den Konkurrenten hineinzuversetzen und ihn strategisch zu lesen, so zum Beispiel Schach und andere Brettspiele, Poker und andere Kartenspiele. Bei manchen, wie beim Schach, spielt der Zufall keine Rolle; hier geht es nur darum, gewitzter als der Gegner zu sein. Bei anderen, wie beim Poker, hängt zwar viel vom Glück ab, doch bei all diesen Spielen sind die besten Spieler auch die Meister des *mind reading*.

Die Absichtsvermutung (intentional stance)

»It don't mean nothing« (sinngemäß: »Das hat schon was zu bedeuten«) war eine der am häufigsten gebrauchten Redewendungen von Vietnamveteranen, die ich kurz nach dem Krieges behandelte. Sie brachten damit ihr Gefühl auf den Punkt, dass die gleichgültige und manchmal herzlose Behandlung, die ihnen nach ihrer Heimkehr widerfuhr, kein bloßer Zufall war, sondern sehr wohl etwas zu bedeuten hatte und »nicht nichts«. Über das, was dahintersteckte, gab es bei den Veteranen verschiedene Theorien. Einige führten sie auf die Gehirnwäsche der Öffentlichkeit durch »liberale« Medien zurück, bei denen die Kriegsheimkehrer allesamt als Drogensüchtige und Mörder galten. Andere sahen darin den Ausdruck eines nationalen Schuldgefühls und kollektiver Scham. Doch alle waren der Meinung, dass etwas dahintersteckte, dass es sich um vorsätzliches und zielgerichtetes Verhalten handelte, also »intentional« war.

Wenn man sieht, wie ein Ball quer durchs Zimmer rollt und hinter dem Sessel in der Ecke liegen bleibt, vermutet man vielleicht, dass die Katze mit ihm gespielt und ihn weggeschubst oder dass ihn jemand beim Vorübergehen aus dem Weg gekickt hat. Man fragt sich nicht, warum sich der Ball von sich aus dorthin begeben hat. Sieht man andererseits die Katze quer durchs Zimmer rennen und hinter dem Sessel verschwinden, könnte man sich vorstellen, dass sie vor dem Hund Reißaus nimmt; und wenn man sieht, wie die fünfjährige Tochter das Gleiche tut, dann unterstellt man ihr mit ziemlicher Sicherheit, dass sie sich aus einem bestimmten Grund versteckt.

Wir gehen davon aus, dass Menschen und Tiere bei ihren Aktivitäten eine Zielvorstellung oder eine Absicht verfolgen und dass die Art und Weise, wie sie das tun, bedeutsam ist. Der Darwinforscher Daniel Dennett nannte diese Annahme *intentional stance* (»Absichtsvermutung«, »intentionale Einstellung«, »grundlegende Gerichtetheit«). Er stellte die These auf, dass es ein wichtiger Teil der menschlichen Natur geworden sei, das Handeln anderer als vorsätzlichen, zweckbestimmten und sinnvollen Akt zu begreifen. Diese Einstellung habe uns einen enormen evolutionären Vorteil beschert und neue Sichtweisen für das Verständnis der sozialen Umgebung eröffnet. Die Absichtsvermutung stellt das Fundament für die Aufstellung einer *ToM* dar, und die Evolution hat sie uns ins Gehirn eingebaut.

Stein, Papier, Schere im Gehirn

Im Jahr 2002 haben Wissenschaftler am University College London Freiwillige beobachtet, die Stein, Papier, Schere in einem Positronen-Emissions-Tomografen (PET) spielten.[3] Ziel war es, die Absichtsvermutung im Gehirn zu lokalisieren. Moderne bildgebende Verfahren wie die funktionelle Kernspintomografie (*functional magnetic resonance imaging* / f-MRI) und PET haben der Hirnforschung neue Einblicke ermöglicht. Die Technik der MRI ist inzwischen so weit verbessert worden, dass sie detaillierte dreidimensionale Bilder des ganzen Körpers liefern kann, und – was für die Untersuchung des *mind reading* von allergrößter Bedeutung ist – in Verbindung mit der Computertechnologie kann sie abbilden, wie das Blut im Gehirn fließt, also wo und wie das Gehirn tätig ist, »funktioniert«.

Wenn Blut in ein bestimmtes Areal strömt, dann bedeutet das, dass dieser Bereich stärker beansprucht wird. Vor Erfindung der Kernspintomografie gewannen wir hauptsächlich über die Untersuchung von Läsionen Kenntnis von der Funktionsweise des Gehirns. Wissenschaftler konnten die Funktion eines Teils des Gehirns erst dann studieren, wenn es geschädigt, also durch Krankheit, Unfall oder chirurgischen Eingriff verletzt worden war. Geschosse, Motorradunfälle, lebenslanges schweres Trinken und auch die Chirurgie können große Areale des Gehirns schädigen. Vor der Entwicklung der f-MRI waren wir in der Lage zu erkennen, dass jemand, der ein großes Stück des Stirnlappens verloren hatte, in seinem Urteilsvermögen beeinträchtigt war und weniger rigide Moralvorstellungen hatte als zuvor; oder dass der tatterige alte Alkoholiker, der sich weder an unseren Namen erinnern konnte noch wusste, welchen Tag wir gerade hatten, und ausführlich erfundene Geschichten aus seiner Biografie erzählte, unter einer Schädigung seines Hypothalamus litt. Doch die Verortung von etwas so Subtilem wie einem Gedanken oder dem Ablauf einer Überlegung war bislang jenseits unserer Möglichkeiten.

Genau wie die f-MRI kann der PET den Blutfluss im Gehirn messen. Allerdings ist ein PET-Scan invasiver, da er die Injektion eines radioaktiven Markierungselements erfordert. Zwar handelt es sich nur um eine geringfügige Radioaktivität, doch haben Ethikbeiräte die Anzahl der Scans für den einzelnen Probanden zu Forschungszwecken begrenzt. Aufnahmen mit dem Kernspintomografen haben in der Gehirnforschung größtenteils die PET-Scans ersetzt, aber Letztere weisen einige Vorzüge auf. Anders als bei der Magnetresonanztomografie muss der Proband nicht absolut ruhig liegen, weshalb die PET gut geeignet ist, wenn eine spielerische Aktivität auf dem Bildschirm überwacht werden soll.

Immer dann, wenn im University College London das teure Gerät nicht für medizinische Diagnosen benötigt wurde, spielten die Freiwilligen »Stein, Papier, Schere«. Die Probanden fanden im Innern der Apparatur einen Computerbildschirm und eine Tastatur vor, mit der sie ihre »Waffen« wählen konnten. Auf ein Signal hin trafen der Proband und sein Gegenspieler ihre Wahl. Der Gewinner wurde auf dem Bildschirm angezeigt. Den Probanden hatte man gesagt, sie würden gegen drei verschiedene Gegner spielen: 1. gegen einen ganz normalen Menschen, einen der Experimentatoren, der mit eigenem Monitor und eigener Tastatur in einem Nebenraum sitze; 2. gegen einen nicht allzu raffinierten Computer, der nach einer sehr simplen Taktik spiele, wie z. B.: Mein nächster Zug entspricht dem letzten Zug des Gegenspielers; 3. gegen einen Zufallsgenerator. Den Spielern wurde gesagt, ihnen werde angezeigt, gegen welchen Gegner sie gerade spielten. Man beachte – und das war auch der Kern des Experiments –, dass der Proband nur bei Gegner 1 mit der Absichtsvermutung operieren musste. Nur Gegner 1 war Agierender mit eigenen Überzeugungen, Wünschen und Absichten; 2 und 3 waren Apparate. Und nur wenn die Probanden gegen Nummer 1 spielten und ihre Absichtsvermutung einsetzten, leuchtete eine bestimmte Hirnregion auf wie ein Leuchtfeuer: Der anteriore paracinguläre Cortex (APC) wurde durch einen plötzlichen Zufluss von sauerstoffreichem Blut aktiviert.

Immer dann, wenn wir denken, dass ein anderer gerade etwas denkt, tritt dieser Teil des Gehirns in Aktion. Wenn wir es auf dem Schulhof oder am Pokertisch mit einem Gegenüber zu tun haben, sagt uns der APC, dass wir unsere Absichtsvermutung bemühen und über das nachdenken sollten, worüber unser Gegenüber gerade nachdenkt. Er sagt uns nicht, was er oder sie gerade denkt, aber er gibt uns einen wichtigen Anstoß. Sogar einjährige Babys können schon eine Absichtsvermutung haben.

Babys und hüpfende Bälle

Im Kleinkind-Laboratorium der ungarischen Akademie der Wissenschaften im Zentrum von Budapest beobachtet ein einjähriges Kind konzentriert ein Zeichentrickgeschehen auf einem Bildschirm. Ein kleiner Ball und ein großer Ball sehen einander sehnsuchtsvoll über eine freie Fläche hinweg an. Die Fläche wird von einer niedrigen Mauer durchschnitten, die die beiden daran hindert, zueinander zu gelangen. Großer Ball pumpt sich auf und schrumpft dann wieder, als gäbe er einen Seufzer von sich. Kleiner Ball reagiert darauf ebenfalls mit einem Seufzer. Dann rollt Kleiner Ball zur Mauer, hält inne und seufzt erneut. Auch Großer Ball seufzt. Kleiner Ball macht kehrt und rollt langsam davon. Abrupt kehrt er um, rollt nun schneller auf die Mauer zu und hüpft hinüber. Kleiner Ball rollt zutraulich zu Großer Ball hin. Schließlich berühren sie sich und seufzen gemeinsam.

Einjährige Babys betrachten diesen schlichten Zeichentrickfilm zunächst aufgeregt und sind glücklich, wenn die beiden Bälle zueinanderkommen. Aber Babys sind schnell gelangweilt, und wenn sie den Film ein paar Mal gesehen haben, verlieren sie das Interesse. Wird die Mauer entfernt und Kleiner Ball rollt freudestrahlend zu Großer Ball hin, schenken die Babys dem Geschehen kaum Beachtung. Wird die Mauer aber entfernt und Kleiner Ball hüpft dennoch, als wäre die Mauer noch da, werden sie plötzlich aufmerksam und schauen angestrengt hin, als wollten sie ausdrücken: Warum macht er das? Im Alter von einem Jahr versuchen Babys bereits, mentale Befindlichkeiten zu lesen.[4] Sie nehmen an, dass andere, auch Zeichentrickbälle, zweckgerichtet agieren, dass sie ein Ziel verfolgen und dass sich in ihren Aktionen die Absicht widerspiegelt, dieses Ziel zu erreichen: Der kleine Ball hüpft über die Mauer, um zum Ziel zu kommen: Kontakt mit dem großen Ball herzustellen.

Die Absichtsvermutung ist der erste Schritt eines Babys zum *mind reading*, doch bei diesem kann es nicht bleiben. Für Babys verfolgt alles eine Absicht, sogar einfache Zeichentrickbälle. Kinder müssen lernen, dass nur Menschen und vielleicht einige Tiere Absichten hegen. Bälle und andere Objekte, Apparate, Computer und das Schicksal tun dies nicht.

Das Gespür dafür, dass wir aus einem bestimmten Grund heraus handeln, ist ein grundlegender Baustein für ein eigenes Bewusstsein. Babys werden sich ihrer Handlungen bewusst, wenn sie begründet handeln. Babys drehen sich zur Mutterbrust, um gefüttert zu werden; sie heben die Arme, um im Arm gehalten zu werden; sie lächeln, damit man sie anlächelt; sie schreien, damit man sie beruhigt. Verhaltensweisen, die eine Reaktion erzielen und zu den beabsichtigten Ergebnissen führen, bilden letztlich den Kern unserer Selbstwahrnehmung als eigenständige Individuen. Unbeabsichtigte und unbewusste Handlungen empfinden wir nicht im gleichen Maß als Teil unseres Selbst.

Als Erwachsene glauben wir nicht mehr, dass Objekte ein Bewusstsein haben, doch wird unsere Selbstwahrnehmung weiterhin von unseren Absichten bestimmt. Unsere unbeabsichtigten Handlungen, unsere Macken, unser merkwürdiges Benehmen, unsere Eigenheiten beachten wir nicht sonderlich. Werden wir auf sie hingewiesen, kann das zu Peinlichkeiten führen. Jene unbeabsichtigten Aktivitäten, die wir am intensivsten wahrnehmen und die unsere Aufmerksamkeit fordern (z. B. körperliche Bedürfnisse und Erregungszustände), können – während wir uns anstrengen, sie unseren Intentionen zu unterwerfen – zum Hauptaugenmerk unseres Strebens nach Selbstkontrolle und unserer Angst vor Kontrollverlust werden.

Vor nicht allzu langer Zeit dachten Erwachsene eher wie Babys. Sie nahmen an, dass Dinge Absichten verfolgen würden, dass so gut wie alles ein Bewusstsein habe oder von einem solchen kontrolliert werde. Es gab Gemeinschaften, die glaubten, dass Bäume Geister seien und auf diejenigen stürzen konnten, denen sie Schaden zufügen wollten. Andere glaubten, dass die Sonne von Göttern in einem Wagen übers Firmament gezogen wird, um den Himmel zu erhellen. In fast jeder Kultur gibt es eine Legende, wonach mächtige Wesen aus einem bestimmten Grund das Leben erschufen.

Die Absichtsvermutung ist so fundamental und fest verankert, dass es sogar für Erwachsene manchmal schwierig ist zu akzeptieren, dass manche Dinge eben nicht aus einem bestimmten Grund passieren. Wir alle kennen die Klagen von Menschen, denen vom Schicksal übel mitgespielt wurde: »Wo soll da der Sinn sein?«, oder: »Das ist einfach nicht fair.« Nur absichtsvoll handelnde Wesen können Sinn verleihen oder fair oder unfair sein. Die Natur und das Schicksal kennen keine Motive. Doch trauernde Hinterbliebene und andere, die einen großen Verlust erlitten haben, können sich völlig in ihrem Bedürfnis verrennen, dem Verlust einen Sinn zu verleihen und in der willkürlichen Grausamkeit der Natur nach Gerechtigkeit zu suchen. Die anderen hingegen, die – als erleichterte Zuschauer mit ausgeprägt schlechtem Gewissen – der Tragödie entkommen sind, konstruieren Gründe für das Unglück der Betroffenen, indem sie manchmal dem Opfer die Schuld zuschreiben, manchmal den Willen Gottes bemühen.

Die Absichtsvermutung liegt im Kern unserer Natur begründet und bildet das Fundament, um eine *ToM* aufzustellen. So wie wir Menschen einzigartig sind, weil wir Sprachen von grenzenloser Variabilität entwickelt haben, so sind wir auch einzigartig in der Erstellung von unbegrenzt vielen Varianten bei der Theoriebildung. Menschen sind sprechende, theoretisierende Primaten mit dem Trieb, zu verstehen und das Verstandene zu artikulieren. Die Absichtsvermutung ist unsere erste Theorie: Kleiner Ball hüpft über die Mauer, um zu Großer Ball zu gelangen. Der Sonnengott Helios fährt in einem Feuerwagen nach Westen, damit er in einer goldenen Schale auf dem nach Osten fließenden Strom Okeanos wieder heimschwimmen kann. Die Sonne hört bei einer Sonnenfinsternis auf zu scheinen, weil sich der Sonnengott von der Erde abwendet. Solcherlei Erklärungen beruhen auf unseren *Theories of Mind*.

Theorien über Materie und Geist

Will man Naturphänomene dadurch erklären, dass unsichtbare Wesen absichtsvoll handeln, dann haben wir es mit Theoriebildungen zu tun, die unwissenschaftlich sind, weil sie nicht überprüft werden können. Wie soll man herausfinden, ob ein Gott die Sonne übers Firmament zieht? Was macht einen Gott so zornig, dass er einen Sturm loslässt? Welcher Zauber bringt einen Geist dazu, eine Krankheit zu heilen? Weil sie ihre Antworten darauf gründeten, ein imaginäres Bewusstsein lesen zu können, kamen Priester und Schamanen zu unterschiedlichen und unweigerlich falschen Schlüssen. Zu irgendeinem Zeitpunkt müssen sie erkannt haben, dass ihre Auslegungen einem Pfeifen im Dunkeln glichen, denn nahezu alle Mythologien bemühen sich, eine Überprüfung ihrer Erklärungen zu verhindern. Im alten Griechenland galt es als Akt der Hybris, von exzessiver Anmaßung, die Macht eines Gottes in Frage zu stellen, was zur Vernichtung führte. In den meisten Religionen ziehen Zweifel an der Macht Gottes entweder eine Tragödie zu Lebzeiten oder eine Strafe im Jenseits nach sich. Das menschliche Bedürfnis, hinter allem einen Sinn zu suchen, ist so groß, dass wir uns während des größten Teils unserer Geschichte an unhaltbare Erklärungen klammerten und oft einen hohen Preis dafür zahlten. Welch deprimierender Gedanke sich vorzustellen, wie viele Menschen geopfert wurden, um zornige Götter zu versöhnen.

Vorwissenschaftliche Erklärungen sind Versuche, mentale Bewusstseinslagen dort zu ergründen, wo es kein Bewusstsein gibt. Sie stellen insofern vernünftige Versuche dar, als für ein kleines Kind das Allerwichtigste zunächst darin besteht, sein eigenes Bewusstsein und das seiner primären Bezugspersonen zu verstehen. Was für ein größeres Entzücken kann es geben als herauszufinden, wie man die Mami zum Lächeln bringt? Und welche Angst ist größer als zu sehen, dass sie sich abwendet und weggeht? Und welche Erleichterung und Freude, wenn man entdeckt hat, wie man sie wieder zurückholt! Ein großer Teil der Kindheit wird damit verbracht, über das nachzudenken, was andere denken, auch über die Frage, was gut und was schlecht ist und welche Fragen man stellen darf und welche man für alle Zeiten besser für sich behält. Um in unserer komplexen sozialen Umwelt zu überleben, ist es unabdingbar, die mentale Verfassung anderer verstehen zu können. Sich in Gegenwart von Menschen zu bewegen, deren Bewusstsein uns verschlossen bleibt und deren Gedankengänge uns völlig fremd sind, ist beängstigend. So ist es nicht überraschend, dass wir unsere *Theories of Mind* auf Dinge anwenden, die wir nicht verstehen.

Praktische Theorien
»Nichts ist so praktisch wie eine gute Theorie«, war das Motto von Kurt Lewin, dem Vater der Sozialpsychologie. Vielen Menschen, und Amerikanern ganz besonders, sind Theorien suspekt. Amerikaner sehen sich selbst als praktisch und Theorien als theoretisch, doch hat bei ihnen »theoretisch« lediglich den Sinn von »Meinung«, wie etwa in der Frage: »Was ist denn Ihre Theorie zum Aktienmarkt? Mein Börsenmakler scheint seine Theorie jeden Tag zu ändern.« Oder aber sie verbinden mit »Theorie« – vor allem, wenn sie schlechte Kurse über Postmodernismus besucht haben – geisttötende akademische und im Original auf Französisch abgefasste Diskurse. Das ist es nicht, was Wissenschaftler wie Lewin mit »Theorie« meinen, und es ist auch nicht das, was ich meine, wenn ich über die *Theory of Mind*

spreche. Eine Theorie ist nichts weiter als eine vorgeschlagene Sinndeutung, die überprüft werden kann.[5] »Nach jeder Wahl gehen die Kurse runter« oder »Mary kriegt immer drei Tage vor ihrer Periode Weinanfälle« sind beides Theorien, Letztere sogar eine ToM. Beide können überprüft werden. Nehmen wir an, Sie leben mit Mary zusammen. Sechs Monate lang führen Sie Aufzeichnungen über Mary und ihre Periode und finden heraus, dass sie vier von sechs Malen drei Tage vor ihrer Periode anfing zu weinen. Das bedeutet nicht, dass Ihre Theorie falsch ist. Wenn es um Psychologie geht – und um andere Wissenschaften, die sich mit komplexen Systemen befassen, wie Meteorologie und Ökonomie –, dann ist eine Theorie, die zwei von drei Malen funktioniert, nicht schlecht. Ein Pharmaunternehmen jubelt, wenn ein neues Antidepressivum bei zwei von drei Patienten wirkt; ein Pokerspieler gerät in freudige Erregung, wenn er zwei Drittel der Bluffs seines Gegenspielers durchschaut.

Das heißt jedoch nicht, dass man sich mit dem Wissen zufriedengeben muss, dass Mary drei Tage vor ihrer Periode anfängt weinerlich zu werden – in zwei Dritteln aller Fälle. Es gibt einen zweiten Teil von Lewins Motto, nämlich: »Nichts trägt mehr zu einer guten Theorie bei als die Praxis«, was heißen soll, dass Theorien auf Grund wiederholter Interaktionen und Beobachtungen entwickelt werden. Hätten Sie genau beobachtet, wäre Ihnen vielleicht aufgefallen, dass das eine Mal, als Mary nicht weinte, während Ihres gemeinsamen Urlaubs war. Sie waren sich wegen des anderen Mals nicht sicher, doch Sie wissen, dass Sie nicht im Urlaub waren; folglich könnte es sein, dass was immer da geschah, auch während des Urlaubs geschehen ist. In einem Geistesblitz gelingt Ihnen die Verknüpfung: »Mary fängt vor ihrer Periode dann nicht an zu weinen, wenn ich Zeit für sie habe und wir uns einander nahe fühlen« – so Ihre Theorie. Während der nächsten paar Monate überprüfen Sie Ihre Theorie, und sie funktioniert, was vielleicht eine weitere Maxime Lewins veranschaulicht: »Wenn wir etwas wirklich verstehen wollen, sollten wir versuchen, es zu verändern.« Jetzt könnten Sie zum Beispiel Ihre Theorie über

Marys Bewusstsein abändern in: »Mary wird drei Tage vor ihrer Periode weinerlich, wenn sie sich einsam und vernachlässigt fühlt.« Und dann könnten Sie weitere Überlegungen über jene Momente anstellen, in denen sich Mary scheinbar ohne jeden Grund aufregt. Nun wissen Sie ja, dass Menschen nichts ohne Grund tun. Also: Was ist Ihre Theorie, warum Mary sich aufregt?

Wären Sie Sozialwissenschaftler, würden Sie vielleicht anfangen, in einem größeren Zusammenhang darüber nachzudenken, wie psychologische Faktoren prämenstruelle Stimmungstiefs beeinflussen. Sie wissen, dass Empfindungen von Einsamkeit und Vernachlässigung Anzeichen für eine Depression sind; also theoretisieren Sie: »Depression verstärkt ein prämenstruelles Stimmungstief.« Wenn das Ihr Gedankengang ist, liegen Sie richtig. In der einschlägigen Fachliteratur lässt sich nachlesen, dass andere Wissenschaftler Ihre Theorie überprüft haben. Damit könnten Sie sich zufriedengeben, oder aber Sie können sie erneut oder auf andere Weise überprüfen. Der Sinn dieses Beispiels war es klarzumachen, dass Durchschnittsmenschen und Wissenschaftler weitgehend auf die gleiche Weise theoretisieren.

Unsere *Mind-reading*-Fertigkeiten hängen von unseren Theorien über die mentale Verfassung anderer ab. Wissenschaftler verbessern ihre Theorien dadurch, dass sie sie klar definieren und mit Hilfe von Beweisen überprüfen. Wenn wir unsere *Mind-reading*-Fertigkeiten verbessern wollen, sollten wir das genauso machen. Bill Gates' Theorie besagte, dass Jack Sams mit ihm zusammenarbeiten wollte, und zwar um jeden Preis. Flora und Alice hatten die Theorie, dass ein rational denkender Neuling wie Blake Koh Papier wählen würde. Sie alle hatten recht. Es ist wichtig, daran zu denken, dass irgendeine Theorie besser ist als gar keine. Bekommen Sie es mit jemandem zu tun, der ein rätselhaftes Verhalten an den Tag legt, oder wollen Sie vorhersagen, was jemand tun wird, dann stellen Sie eine Theorie über die mentale Verfassung desjenigen auf. Vielleicht liegen Sie richtig. Wenn Sie falsch liegen, können Sie Ihre Theorie nachbessern und haben so beim nächsten Mal eine größere Chance, richtig zu liegen. Im Verlauf dieser Abhandlung werden wir auch lernen, wonach wir Ausschau halten müssen, um die Chancen zu verbessern, gleich beim ersten Mal die richtige *ToM* zu formulieren.

Man könnte jetzt einwerfen, dass meisterliche *mind readers* dies von Natur aus können, ohne nachdenken zu müssen. Das stimmt teilweise. Manche Menschen entwickeln ihre Fertigkeiten mehr oder weniger unbewusst in der Kindheit. Doch wenn wir unsere Fertigkeit auf irgendeinem Gebiet verbessern wollen – ob auf sportlichem, kreativem oder sozialem –, müssen wir uns bewusst machen, was wir tun, müssen erkennen, wo wir falsch handeln, und müssen zielgerichtet das praktizieren, was wir noch nicht beherrschen. Menschen, die ihr Geld mit dem Lesen fremden Bewusstseins verdienen – z. B. Pokerspieler, Geheimagenten oder Psychotherapeuten –, verbessern ihre Fertigkeiten durch Nachdenken über das, was sie tun, und durch permanente Übung. Ständig trainierte Techniken fühlen sich irgendwann ganz natürlich an, und werden es schließlich auch.

Einige Theorien sozialer kognitiver Wahrnehmung wie »Liebe macht blind« oder »Der erste Eindruck ist der wichtigste« hören sich wie Allerweltserkenntnisse an, was sie auch sind. Aber sie sind Teile einer überlieferten Alltagserfahrung, die immer wieder klar definiert und rigoros getestet wurden. Andere Allerweltsweisheiten wie »Frauen verfügen über eine überlegene Intuition« oder »die Menschen ändern sich eigentlich nie« wurden überprüft und haben sich als nicht zutreffend erwiesen. Über Tausende von Jahren hinweg haben die Menschen beobachtet, wie Obst vom Baum fällt und Vögel fliegen, und haben das, was sie sahen, in erklärende Volksweisheiten gekleidet, von denen viele falsch sind. Isaac Newtons nachprüfbare Theorien über Gravitation und Mechanik befähigten die Menschen, Gerätschaften zur Zähmung von Naturkräften herzustellen – die Maschinen der modernen Welt. Der nachfolgende Abschnitt zeigt, wie Theorien – sowohl über den Geist als auch über die Materie – unser Denken verwandelt und den Verlauf der Menschheitsgeschichte verändert haben. Ich persönlich finde das inspirierend, aber mir ist klar, dass andere es vielleicht als allzu akademisch empfinden. Sie können also den nächsten Abschnitt überspringen, ohne praktische Informationen zum Bewusstseinlesen zu verpassen.

Revolutionäre Theorien
Wissenschaft und Kommerz sind beide praktisch orientierte Tätigkeiten und befassen sich mit Beobachtungen und Vorhersagen. Thales von Milet, ein Grieche, lebte im sechsten Jahrhundert vor Christus; er war ein praktischer Mensch und ein guter Beobachter. In einem bestimmten Winter sah er anhand der jahreszeitlichen Zyklen voraus, dass es im nachfolgenden Herbst zu einer Rekordernte bei Oliven kommen würde. Er behielt sein Wissen für sich, lieh sich aber Geld, um alle Olivenpressen aufzukaufen, derer er habhaft werden konnte. Als es zu der vorhergesehenen Ernte kam, verlieh Thales seine Pressen mit großem Gewinn und wurde so der vermutlich erste kapitalistische Ölmagnat. Auf diese Weise reich geworden, konnte er sich nunmehr ausschließlich der Wissenschaft widmen.

Dann machte er eine öffentliche Vorhersage: Im folgenden Jahr werde es eine totale Sonnenfinsternis geben. Herodot berichtet, dass sie 585 v. Chr. wie prophezeit eintrat und damit zufällig eine gerade bevorstehende Schlacht zwischen zwei Krieg führenden Städten verhinderte, weil die Heere vor Schreck in ihrem Tun innehielten, da sie das Phänomen für das Zeichen eines zornigen Gottes hielten. Thales erklärte allerdings, dass das Ereignis nichts mit irgendwelchen Göttern zu tun habe; es gehöre zu einem natürlichen Kreislauf und könne mathematisch vorhergesagt werden. Dies war die Geburtsstunde der Naturwissenschaften, und Thales wird allgemein als ihr Vater anerkannt.

Der Beginn der Naturwissenschaften wird dadurch markiert, dass die Menschen begannen, die Erkenntnis der kalten Absichtslosigkeit des Universums zu verarbeiten. Die Sonne und die Planeten verhalten sich auf ihre jeweilige Weise nicht, weil irgendjemand es so will, sondern ihre Bewegungen werden von nicht denkenden Kräften der Natur verursacht. Auf der Grundlage eines naturwissenschaftlichen Denkansatzes gelangen Griechen und Römern große Fortschritte, besonders in der Astronomie und im Bau- und Ingenieurwesen. Mit dem Untergang des Römischen Imperiums beginnt das Mittelalter, was fast tausend Jahre lang das Aussetzen wissenschaftlichen Fortschritts im Abendland zur Folge hatte. Ohne stabile Regierung brach die Infrastruktur von Erziehungswesen, Schulen und Bibliotheken zusammen. Zwar förderte die Kirche in ihren Klöstern und Universitäten Bildung und Gelehrsamkeit, doch bis zum vierzehnten Jahrhundert stand die Theologie im Mittelpunkt aller Studien, und nur wenige Erkenntnisse wurden gewonnen, die man als »naturwissenschaftlich« bezeichnen könnte. Gestützt durch die Kirchenorganisation, konnte der Klerus wieder sich selbst als den Quell aller Weisheit etablieren und Gott als den Urgrund aller Dinge. Sogar der Besitz der Bibel durch Laien wurde zur Ketzerei erklärt[6], weil man Zweifel an der kirchlichen Bibelauslegung befürchtete.

Im vierzehnten Jahrhundert entvölkerte der Schwarze Tod Europa, dezimierte die Klöster und brachte selbst deren begrenzten Wissenschaftsbetrieb zum Stillstand. Doch war es derselbe Schwarze Tod, der auch die Autorität jener Kirche untergrub[7], deren Priester genauso dahinstarben wie alle anderen Menschen. Tatsächlich schien die Pest die Wahrheit der wissenschaftlichen Erkenntnis des Thales zu bestätigen: Dort draußen gibt es keinen Ansprechpartner. Die Natur kennt weder Absichten noch Mitleid.

Relativ unbehelligt durch die Religion und befördert durch den Handel, erfuhren die Wissenschaften in der Renaissance erneut eine kraftvolle Blütezeit. Die Schönheit der Renaissancekunst war wissenschaftlich inspiriert. Filippo Brunelleschi, Architekt und Baumeister aus Florenz, führte Experimente durch, die zu einer mathematischen Theorie der Perspektivität führten. Künstler studierten Optik und Anatomie, um die natürliche Welt genauer abbilden zu können. Kopernikus, Galileo und Kepler zeigten auf, dass die Erde nicht das Zentrum des Universums darstellte, und veränderten damit für immer unsere Sicht der Welt. Da Vinci, und später Vesal, sezierten den menschlichen Körper, und ihre detaillierten Zeichnungen unserer inneren Anatomie veränderten unser Bild von uns selbst.

Der vielleicht größte Naturwissenschaftler aller Zeiten war Isaac Newton. Die von ihm 1687 veröffentlichte Theorie erklärt die Bewegung aller Dinge, von zusammenstoßenden Billardkugeln bis zum Raketenflug und den Umlaufbahnen der Planeten um die Sonne. Seine Theorie lieferte das Fundament für die Physik und ihre Anwendungen in Mechanik und Ingenieurwesen; sie bestimmte unsere Vorstellung vom Universum, bis sie im zwanzigsten Jahrhundert von Einsteins Relativitätstheorie abgelöst wurde. Newtons Universum hat den Maschinencharakter eines Uhrwerks. Wenn man die Konstellation des Universums zum momentanen Zeitpunkt kennt, kann man auch seine Konstellation in der Zukunft vorhersagen. In der Praxis heißt das, man kann die Flugbahn eines Geschosses, die Tragfähigkeit einer Brücke, die Höchstgeschwindigkeit eines Autos vorhersagen.

Was das mit *mind reading* zu tun hat? Es hat in zweifacher Hinsicht damit zu tun. Erstens erfahren wir etwas Wichtiges über Theorien: Theorien sind nie vollkommen; sie können in einigen Fällen gut funktionieren, in anderen nicht. Newton sprach bei seinen Vorstellungen nicht von Theorien, sondern von »Gesetzen«, was keine sehr glückliche Bezeichnung war und bis heute zu großer Verwirrung führt. So glauben beispielsweise viele, Darwins Evolutionstheorie sei weniger »wahr« als Newtons Bewegungsgesetze – was nicht stimmt. Newton glaubte, Gottes Gesetze entdeckt zu haben, die von Ihm festgelegten Regeln, nach denen Er das Universum zusammengebaut hat, etwa so, wie ein Uhrmacher eine Uhr zusammensetzt. Danach hat Er das Uhrwerk-Universum aufgezogen, und von da an tickte es los und bedurfte Seiner Einmischung nicht mehr. Weil dies, wie

Newton glaubte, göttliche Gesetze waren, hielt er sie für fehlerfrei und für die Ewigkeit bestimmt.

Newtons Annahme war falsch. An dem Institut, aus dem die heutige Case Western Reserve University in Cleveland, Ohio, hervorgegangen ist, fanden 1887 Albert Michelson und Edward Morley überraschend heraus, dass das Licht den Gesetzen Newtons nicht folgte. Bald darauf stieß man auch auf andere Probleme. 1905 wurden Newtons Gesetze von Einsteins Theorie abgelöst. Wir wissen heute, dass uns die Naturwissenschaften keine Naturgesetze liefern können; aber sie können uns Theorien liefern, von denen einige recht gut funktionieren. Theorien sind Möglichkeiten, etwas zu verstehen, und Vorhersagen zu machen, um sie zu überprüfen. Newton lieferte eine wunderbare Theorie. Mehr als zweihundert Jahre lang erwiesen sich alle seine Vorhersagen als richtig. Noch heute stützen wir uns beim Bau einer Brücke oder beim Abschuss einer Mondrakete auf seine Theorie.[8] Um einen atomaren Sprengkörper zu bauen, eine Rakete zum nächsten Stern zu schießen oder um nach Wurmlöchern zu einem anderen Universum zu suchen, braucht man die von Einstein. Für das Lesen von Bewusstsein brauchen wir Theorien, die überprüfbare Vorhersagen ermöglichen und einigermaßen funktionieren. Perfekt müssen sie nicht sein. Die aktuellen Forschungen in Psychologie und Neurowissenschaften liefern uns eine gute Ausgangsposition.

Der zweite Bezug zwischen Newtons Ansatz und Bewusstseinlesen besteht darin: Obwohl fürs *mind reading* letztlich ungeeignet, führte der Versuch, Newtons Theorien auf die Psychologie anzuwenden, doch zu einem größeren Verständnis davon, wie kompliziert eben das Bewusstsein ist. Darüber hinaus gibt es Einsichten, die zu einer Verbesserung von Fertigkeiten beitragen können, wenn man weiß, auf welche Weise wissenschaftliche Erkenntnisse oft interpretiert werden. Die Physik Newtons stellte den Kulminationspunkt jenes Projekts dar, das 585 v. Chr. von Thales von Milet begonnen worden war: die Absichtsvermutung aus naturwissenschaftlichen Erklärungen zu entfernen. Jegliche Bewegung im Universum wurde von da an mit unpersönlichen Kräften erklärt, die auf unpersönliche Objekte einwirkten. Nachdem Gott das Uhrwerk des Universums einmal aufgezogen hatte, lief es eigenständig weiter. Die Physik, die Königin der Naturwissenschaften, war so erfolgreich, dass ihr seit Beginn des neunzehnten Jahrhunderts eine Vorbildfunktion für die Psychologie zugewiesen wurde. Tatsächlich gab man 1860 der neuen Wissenschaft den Namen »Psychophysik«, die auch heute noch ein Teilgebiet der Psychologie ist. Sie befasst sich mit der exakten Beschreibung des Verhältnisses zwischen einem Reiz, der draußen in der Realität stattfindet, und der Reaktion, die er im Bewusstsein auslöst. Beispiele: Welche Wellenlängen werden als »rot« wahrgenommen? Wie laut muss ein Geräusch sein, damit man es hören kann? Die Untersuchungsmethoden und -ergebnisse der Psychophysik erwiesen sich als nützlich auf solchen Gebieten wie militärischem Tarndesign oder der Sicherheit von Armaturenbrettern. Doch Umfang und Reichweite ihrer Theorien blieben begrenzt und waren auf die vertrackteren Beziehungen zwischen Realität und Bewusstsein nicht anwendbar, wie z. B. auf solche Fragen: Was macht aus einem Ereignis ein Trauma? Oder: Wie viel liebevollen Körperkontakt braucht ein Baby?

Auch die Verhaltensforschung war ein Versuch, das Modell »Physik« auf die Psychologie anzuwenden. Sie versuchte klare Beziehungen zwischen Ereignissen (Reizen) und Verhalten (Reaktionen) zu finden. Warum bekommt ein Kind Angst vor einem Kaninchen? Wie kann Geldverlust zu einer Spielsucht führen? Das Bewusstsein ließ man dabei komplett außen vor, weil es so schwierig zu analysieren war. So kam der Behaviorismus zwar zu beeindruckenden Ergebnissen in Laborversuchen, insbesondere mit Ratten und Tauben, aber deren praktische Anwendbarkeit auf Therapie und Unterrichtsmethodik erwies sich als enttäuschend beschränkt. So sehr die Behavioristen es auch zu ignorieren versuchten, kam ihnen das menschliche Bewusstsein doch ständig in die Quere, indem es die Beziehung zwischen Reiz und Reaktion veränderte.

Der Behaviorismus ging an seiner eigenen Überheblichkeit zugrunde. Er definierte die Psychologie als die Wissenschaft vom menschlichen Verhalten. Da man ihn nach der Physik Newtons modelliert hatte, behauptete er, Gesetze aufstellen zu können, nach denen man menschliches Verhalten vorhersagen und kontrollieren könne, ohne ein absichtsvoll planendes Bewusstsein in Betracht ziehen zu müssen. Viele Verhaltensforscher, darunter auch der berühmteste von allen, B. F. Skinner von Harvard, waren sogar der Ansicht, dass das Gehirn für die wissenschaftliche Psychologie ohne Bedeutung sei.[9] Skinner besaß die Chuzpe, 1957 ein Buch über den Spracherwerb von Kindern zu veröffentlichen, mit dem er bewies, dass er entweder kaum etwas von Kindern oder wenig von Sprache verstand. Noam Chomskys gründlicher Verriss von Skinners Buch bildet den Markstein für jene kognitive Revolution, die die US-Psychologie von Grund auf veränderte.[10] Für Chomsky war die Definition der Psychologie als Wissenschaft vom Verhalten so, als würde man die Physik als Wissenschaft vom Zählerablesen bezeichnen.[11] Bei einem elektrischen Messgerät werden die Zahlen von unsichtbarer Materie erzeugt; Verhalten von Menschen wird von einem unsichtbaren Bewusstsein erzeugt. Die Physik ist die Wissenschaft, die Theorien zur Materie aufstellt und überprüft; die Psychologie ist die Wissenschaft, die Theorien zum Bewusstsein aufstellt und überprüft.

Sigmund Freud versuchte zunächst, die psychoanalytische Theorie entsprechend dem Modell der Physik Newtons zu konstruieren. Er wollte das menschliche Bewusstsein auf die gleiche Weise erklären, wie Newton das Universum erklärt hatte, nämlich mit Hilfe des Begriffs der Energie, die mit unterschiedlicher Stärke Strukturen von unterschiedlicher Stabilität beeinflusst. Bei Freud taucht Energie in Form von Sexualität und Aggression auf; seine Strukturen sind Es, Ich und Über-Ich. Obgleich dieses Denkmodell brillant war und noch immer eine gewisse Nützlichkeit hat, erkannte Freud schon bald, dass eine Psychologie vom Menschen ein absichtsvoll handelndes Agens voraussetzte. Freud wurde der Arzt der unerfüllten Wünsche, der den Hindernissen und Konflikten nachspürte, die die Menschen vom Erreichen ihrer Ziele abhalten. Freud sah, dass sich die Menschen oft über ihre wahren Absichten nicht im Klaren sind und sich deshalb vorkommen, als wären nicht sie die Urheber ihres Handelns oder die Autoren ihrer Lebensdrehbücher. So schreiben sie auf der Suche nach Erklärungen ihre jeweilige Befindlichkeit dem Einfluss von etwas anderem zu; zuweilen sind das antike imaginäre Kräfte (Götter, Geister, das Schicksal), gelegentlich aber auch moderne (genetische Veranlagung, unstimmige Chemie und Drogen). Das soll nicht bedeuten, dass Drogen, Gene oder andere Menschen keinen Einfluss auf unser Leben hätten. Den haben sie mit Sicherheit; doch können zwei Personen die gleiche Droge nehmen und völlig verschiedene Erfahrungen machen; und zwei Menschen mit den gleichen Genen, wie eineiige Zwillinge, können ganz verschiedene Leben führen.

Die Macht von Ideen. Unsere Gedanken, unsere Worte, unsere Kultur, alle unsere Schöpfungen und Errungenschaften verändern die Umgebung, in der wir uns entwickeln und der wir uns anpassen. Alle Lebewesen beeinflussen die Umgebung ihrer Familie und Nachbarn. Eine evolutionäre Veränderung bei einer Spezies kann enorme Konsequenzen für den ganzen Planeten haben. Zum Beispiel entwickelte vor mehr als drei Milliarden Jahren eine im Wasser lebende Bakterienart die Photosynthese, also die Fähigkeit, aus Wasser und Sonnenlicht Nahrung und Energie zu produzieren. Für diese Bakterienart (die Blaugrünalge, die Mutter aller Pflanzen, die auch heute noch gedeiht) bedeutete das einen großen Sprung nach vorn, doch der führte zum Verschwinden der meisten anderen damals lebenden Arten. Es wurde nämlich ein Nebenprodukt der Photosynthese, der Sauerstoff, aus dem Wasser freigesetzt und erstmals in die Atmosphäre entlassen. Beim Sauerstoff handelt es sich um ein hochreaktives, korrosives Molekül, das Metall rosten und Pigmente ausbleichen lässt. In konzentrierter Form, z. B. in Desinfektionsmitteln wie Haushaltsreinigern oder Peroxid, tötet Sauerstoff Mikroorganismen.

Bei der Reaktion mit anderen Elementen erzeugt er große Mengen an Energie. Sauerstoff in Verbindung mit Kohlenstoff liefert uns in der Nahrung jene Energie, von der unser Körper lebt; Sauerstoff in Verbindung mit dem Kohlenstoff der Kohle oder des Erdöls liefert die Energie, die weltweit den Treibstoff für die Industrie abgibt.

Sauerstoff tötete die meisten Geschöpfe, die mit ihm in Berührung kamen; doch gleichzeitig erzeugte er eine gedeihliche Atmosphäre, in der sich komplexe, Energie verzehrende Lebewesen entwickeln konnten. Hätten jene urtümlichen Einzeller nie die Photosynthese hervorgebracht, dann hätte sich das Leben nicht über träge, einzellige Bakterien hinaus entwickelt und das gesamte Ökosystem der Erde würde dem alleruntersten Bodensatz eines Sumpfes gleichen.

Als die Menschen die Fähigkeit zu sprechen und zu theoretisieren ausbildeten, schufen sie damit eine neue Atmosphäre, nämlich eine der Kultur und Fantasie, in der wir uns heute alle weiterentwickeln. Wie der Sauerstoff haben die Nebenprodukte dieser Metamorphose das vielschichtige Potenzial und die Macht jener ungeheuer gesteigert, die sie zu nutzen wussten, während die meisten anderen Geschöpfe ihnen schutzlos ausgeliefert waren.

Ein Beispiel mag das veranschaulichen: Über den größten Zeitraum der menschlichen Evolution waren wir Beute. Sechs bis zehn Prozent der Frühmenschen wurden von Raubtieren getötet, was in etwa der Quote bei Antilopen und Schimpansen entspricht.[12] Menschliche Fossilien weisen Kerben an den Knochen und Löcher in den Schädeln auf, die sehr gut zu den Fängen des Säbelzahntigers und den Zähnen der Hyäne passen. Dann aber haben wir Waffen und Jagdtaktiken erfunden und wurden so für alle anderen zum Raubtier. Zwar benutzen auch einige Affenarten Werkzeuge, doch sind diese in ihren Anwendungen beschränkt und werden auch nicht weiterentwickelt. Kein Affe könnte sich ausdenken, dass man mit Hilfe eines über einen Stecken gespannten getrockneten Stück Darms einen Speer schleudern kann, geschweige denn könnte er das Resultat theoretisch vorhersagen. Sobald hingegen Menschen eine Idee haben, kann diese unbegrenzt verändert werden durch die Vorstellungskraft und den Druck der Umsetzung. Wie beim Gipfel des Mount Everest, wird die Grenzlinie zwischen Fantasie und Wirklichkeit ständig aufs Neue attackiert. Für alles, was vorstellbar ist, findet sich jemand, der es zu verwirklichen sucht. Man denke sich irgendeine Waffe aus und wird wahrscheinlich feststellen, dass sie schon gebaut wurde. Man denke sich einen Sexualakt aus und findet ihn wahrscheinlich im Internet. Das Bedürfnis nach praktischer Umsetzung triumphiert oft genug über ein ernsthaftes Nachdenken hinsichtlich der Konsequenzen der Verwirklichung eines Traums. Aus dieser Erkenntnis hat jede Kultur der Vorstellungskraft ihre eigenen Grenzen gesetzt. Lebhaftes Fantasieren kann gefährlich sein, und die Strukturen des menschlichen Geistes werden – wie Freud vermutete – oft dazu aktiviert, um Gedanken eher zu unterdrücken als sie aufkommen zu lassen.

Als die Bakterien mit der Produktion von Sauerstoff begannen, breitete sich dieser nicht sofort in der ganzen Atmosphäre aus. Seine Konzentration nahm allmählich zu. Nach seiner Freisetzung verband er sich zunächst mit Metallen, vor allem mit Eisen. Erst als das gesamte Eisen auf der Erde oxidiert und in Eisenerz (im Wesentlichen Rost) umgewandelt war, stieg – vor etwa 500 Millionen Jahren – der Sauerstoffgehalt der Luft dramatisch an bis auf seinen heutigen Anteil von etwa 20 Prozent. Sauerstoff dehnte sich bis weit in die Atmosphäre aus, bildete die Ozonschicht, blockierte schädliche Sonneneinstrahlung und verursachte damit einen weiteren großen evolutionären Schub. Erst jetzt konnte sich das Leben, geschützt vor der Sonne, vom Wasser ans Land wagen. Rasch breiteten sich neue Arten aus.

Seit damals ist der Sauerstoffanteil ungefähr gleich geblieben, und das ist gut so. Hätte er stärker zugenommen, würden Blitze die Atmosphäre entzünden, würde die Luft andauernd brennen, und alles Leben an Land und dicht unter der Oberfläche des Meeres wäre ausgelöscht. Der von Menschen geschaffene neue Lebensraum mit

Theorien, Sprache und Kultur wächst noch immer in seiner Vielfalt und Dichte. Wir wissen weder, wohin uns das führt und welche weiteren evolutionären Sprünge auf uns zukommen werden, noch ob wir jene Explosivkräfte im Zaum halten können, die anscheinend von der überwältigenden Vielschichtigkeit der von uns geschaffenen Kultur ausgelöst werden können.

Auf zwischenmenschlicher Ebene kann uns die Bildung immer komplexerer und akkuraterer Theorien vom Bewusstsein anderer Menschen tiefe Einblicke in psychische Realitäten bescheren, die grundverschieden von unseren eigenen sind. Das hat einerseits einen praktischen Nutzen, andererseits kann es zu aufwühlenden und gelegentlich beängstigenden und überwältigenden Erlebnissen führen. Für mich sind das Reisen, die sich lohnen; man weiß nie, wohin sie führen.

Zum Umgang mit psychologischen Forschungsergebnissen
Angeregt von den Theorien Darwins, Freuds und vielen anderen, wie denen des berühmten Schweizer Kinderpsychologen Jean Piaget, haben Wissenschaftler zunehmend ausgefeilte Methoden zur Bewusstseinserforschung erarbeitet. Einige, wie die Entwicklungspsychologen des Budapester Kleinkind-Laboratoriums, dringen mit raffinierten Experimenten ins Bewusstsein von Babys und ins Unbewusste von Erwachsenen ein. Andere, wie die Neuropsychologen im Labor für bildgebende Verfahren am University College London, entwickeln Techniken, die die Entstehung von Gedanken im Gehirn sichtbar machen.

Die Wissenschaft ist noch weit davon entfernt, die Inhalte menschlicher Gedanken direkt lesen zu können. Manche gehen davon aus, dass es nie dazu kommen wird. Der menschliche Geist ist so vielschichtig und die auf ihn einwirkenden Kräfte sind so mannigfach, dass sich jede Theorie, die auf der Basis von Biografie und aktueller Situation vorherzusagen versucht, wie sich jemand verhält, oft als falsch erweisen wird. Psychologen sind schon froh, wenn eine theoretische Vorhersage genauer zutrifft, als wenn man eine Münze wirft. Deshalb sprechen empirisch forschende Psychologen auch nicht von Individuen, sondern von Gruppen. Psychologische Studien liefern Durchschnittswerte aus vielen Einzelbefragungen. Wenn wir uns also z. B. eine Untersuchung ansehen, die aufzeigt, dass eine schlimme Kindheit zu Depressionen beim Erwachsenen führen kann, dann ist es wichtig zu wissen, dass dieser Befund zwar im Allgemeinen richtig ist, aber nicht in jedem Einzelfall richtig sein muss. In den nachfolgenden Kapiteln werde ich mich mit dem Forschungsstand zum angeborenen Temperament, zur Sicherheit von Bindungen, zu Traumen und anderen Erfahrungen befassen, die das Bewusstsein des Einzelnen beeinflussen können. Die Vertrautheit mit relevanten Forschungsergebnissen kann uns sowohl beim Verstehen unseres individuellen Stils des *mind reading* helfen als auch bei der Erstellung von *Theories of Mind*, die gleich beim ersten Mal höhere Trefferquoten aufweisen. Allerdings kann uns die Forschung auch in die Irre führen, wenn allgemein formulierte Wahrheiten unsere Erfahrungen mit dem Einzelfall unnötig komplizieren. Hier gilt es, die Forschungsergebnisse auszusortieren, die für die Steigerung der Fähigkeit zum Bewusstseinlesen von Nutzen sind.

Um zu erkennen, wie sich jemand verhalten wird, müssen wir wissen, wie es um das Bewusstsein der Person bestellt ist, welches ihre Ziele und Konflikte sind, wie sie die Welt versteht. Freud wusste zunächst nicht, was er mit der Tatsache anfangen sollte, dass ihm Patienten von Erinnerungen an Ereignisse berichteten, die wahrscheinlich nie stattgefunden hatten, sich aber an vieles nicht erinnern konnten, was tatsächlich geschehen war; dass Kindheitstraumen manche Patienten fürs Leben gezeichnet hatten, während sie bei anderen mit der Zeit verschwanden. Freud kam schließlich zu der Erkenntnis, dass sich jeder sein Bewusstsein selbst konstruiert, indem er das Rohmaterial der Realität bearbeitet und dafür die eigenen Talente und Absichten als Werkzeuge benutzt. Das Resultat bezeichnete er als »psychische Realität«. Unsere Methode zum Verständnis der psychischen Realität eines anderen ist unsere Theorie von seinem Bewusstsein, unsere *ToM*.

Das Lesen eines fremden Bewusstseins bedeutet, dass man den Mittelweg finden muss zwischen dem, was man über die Person weiß, und dem, was man aus dem direkten Kontakt mit ihr erfährt. Die Kenntnis von familiärem Hintergrund oder psychiatrischer Diagnose kann genauso zu Lesefehlern führen wie rassische oder geschlechtsspezifische Klischees. In meinem klinischen Alltag möchte ich die Diagnose eines Patienten nicht wissen, bevor ich ihn gesehen habe. Ich möchte so wenige Informationen wie möglich haben. Ich möchte nicht, dass mein Eindruck durch vorgefasste Meinungen gefiltert wird. Ich besorge mir die betreffenden Informationen später, um sie mit meinen Eindrücken zu vergleichen. Dann interessieren mich ganz besonders die Widersprüche zwischen meinen Erkenntnissen und den vorherigen Einschätzungen: Gibt es etwas, das mich in die falsche Richtung führt, oder bin ich im Bewusstsein des Patienten auf etwas gestoßen, das andere nicht gesehen haben?

Mr. B., zum Beispiel, wurde mir von einem sehr geschätzten Kollegen mit dem Hinweis überwiesen, er selbst habe keinen Termin mehr frei. Mr. B. war ein älterer Buchhalter, der Hilfe suchte, um seinen Jähzorn zu kontrollieren. Man hatte ihm mit Entlassung gedroht, sollte er sein Temperament nicht in den Griff bekommen. Er wollte aber unter allen Umständen seinen Arbeitsplatz noch ein weiteres Jahr behalten, bis er in Rente gehen konnte. Doch er geriet immer wieder in kleinliche Auseinandersetzungen mit seiner Chefin, die ihn, seiner Ansicht nach, arbeitsmäßig überlastete und ausbeutete. Ihretwegen hatte er gewalttätige Fantasien. Darüber sprach er bei unserer ersten Sitzung recht wenig, sondern unterhielt mich stattdessen mit Erzählungen von seinen Abenteuern als Alleinreisender zu exotischen Orten. Er beeindruckte mich mit seinem umfangreichen Wissen über Literatur und Geschichte. Ich sah in ihm einen einsamen, liebenswerten Exzentriker, der die Hoffnung, jemals Liebe oder Freundschaft zu finden, resigniert aufgegeben hatte. Von mir fühlte er sich verstanden und angenommen, und so arbeiteten wir beide durchaus erfolgreich über einen Zeitraum von zwei Jahren zusammen. Nach einigen Sitzungen rief ich meinen Kollegen an, der ihn überwiesen hatte. Dieser bekannte, dass er Mr. B. aggressiv und streitsüchtig fand und sich von dessen Fettleibigkeit und ungepflegter Erscheinung abgestoßen fühlte. Ich bekannte, dass ich sein Äußeres eigentlich nicht richtig wahrgenommen hatte. Ich erfuhr außerdem, dass ein Psychiater, der Mr. B. begutachtet hatte, bei ihm eine Borderline-Persönlichkeitsstörung diagnostiziert hatte und nicht der Ansicht war, man könne ihm durch eine »einsichtsorientierte« *(insight-oriented)* Psychotherapie helfen.

Die Tatsache, dass sich meine Wahrnehmung von Mr. B. so klar von der eines anderen Experten unterschied, mag seltsam erscheinen, doch ist dies keine ungewöhnliche Erfahrung. Es ist ja auch nicht ungewöhnlich, dass jemand einen engen Freund hat, den die Freundinnen nicht ausstehen können. Und es ist nicht ungewöhnlich, dass ein und derselbe Lehrer von einigen Schülern geliebt und von anderen gehasst wird. Ich habe herausgefunden, dass ich bei Patienten oft Schmerz und Einsamkeit sehe, wo andere Wut und Verachtung gesehen haben; und es gibt Patienten, die ich schwierig finde, aber andere Therapeuten nicht.

Weder mein Kollege noch ich hatten Mr. B. unzutreffend gelesen; jeder von uns beiden sah Mr. B.'s Bewusstsein in Relation zum eigenen. Lange Zeit fiel es mir schwer einzusehen, dass ich als arrogant und distanziert wahrgenommen werden konnte, obwohl mir einige gute Freunde dies sagten. Als ich mich dann während meines Praktikums selbst in einer Videoaufzeichnung sah, gab es kaum mehr etwas zu leugnen. Allerdings haben mich nicht alle so gesehen. Menschen wie Mr. B. beispielsweise sahen jemanden, der, wie sie selbst, direkt unter der Oberfläche reserviert und scheu war – ein Verwandter im Geiste. Mr. B. fand mich ausreichend sympathisch, um mir einen Teil seines Bewusstseins zu zeigen, den er normalerweise nicht enthüllte. Hätte ich zu viel von ihm gewusst, bevor wir uns persönlich kennenlernten, wäre ich vielleicht nicht offen genug gewesen, um diesen Teil von ihm zu sehen; oder er hätte Zurückhaltung und Misstrauen gespürt und den Kontakt abgebrochen. Um eine Beziehung herzustellen war es wichtig gewesen, dass ich ihn mochte und er sich bei mir gut aufgehoben fühlte; ich wusste allerdings, dass ich die Wahrnehmung meines Kollegen ernst nehmen musste, um Mr. B. beim jähzornigen und provozierenden Teil seines Wesens helfen zu können. Um das Bewusstsein anderer gut zu lesen, muss man sich nicht nur über seine eigenen vorgefassten Meinungen und Hemmungen im Klaren sein; man muss auch in Erfahrung bringen, was man bei anderen auslöst und wann es hilfreich ist, eine andere Ansicht einzuholen. *Mind reading* ist nicht einfach nur eine Beziehung; es ist manchmal auch eine Beziehung, in der das, was wir im Bewusstsein des anderen sehen, von dem abhängt, was der andere in uns sieht.

Drittes Kapitel
WAS UNS DAS GEHIRN ÜBER DAS BEWUSSTSEIN SAGT

Wissenschaftler sammeln methodisch Daten, um die Theorien ihres Fachgebiets zu überprüfen. Wissenschaftlicher Fortschritt stellt sich in kleinen Schritten ein. Daten, welche die aktuelle Theorie nicht stützen, werden zunächst kaum beachtet; wissenschaftliche Zeitschriften veröffentlichen so gut wie keine Studien, die eine Theorie nicht stützen. So fallen unweigerlich große Datenmengen an, die nicht zu den existierenden Theorien passen, die keinen Sinn ergeben, die nicht erklärt werden können. Dann – völlig unvorhersehbar – verändern sich wissenschaftliche Theorie und Methode so dramatisch, dass sie das scheinbar Unerklärliche erklären, wodurch ursprüngliche Konzepte plötzlich absonderlich und veraltet wirken.[1] In der Generation meiner Eltern waren es Einsteins neue Vorstellungen von Raum, Zeit und Materie, die Newtons »Naturgesetze« über den Haufen warfen und die Physik und die Geschichte der Menschheit von Grund auf veränderten. In meiner Generation waren es Watson und Crick, die das DNS-Molekül entschlüsselten, damit die Biologie revolutionierten und die Tür zu neuen Formen der Reproduktion und zu genetischen Veränderungen aufstießen, wie es sie zuvor nur in der Science-Fiction gegeben hatte. Obwohl Bedeutung und Reichweite dieser Entdeckungen sofort auf der Hand lagen, dauerte es noch Jahrzehnte, bis sie praktisch angewendet werden konnten. Einstein veröffentlichte seine ersten wichtigen Aufsätze 1905, doch die erste kontrollierte nukleare Kettenreaktion fand erst 1942 statt. Das

Zwei-Seiten-Papier von Watson und Crick erschien schon 1953 in der Zeitschrift *Nature*, aber erst 1982 ergaben sich durch rekombinante DNS nutzbringende Anwendungen im Bereich der Medizin, und erst 1996 kam das geklonte Schaf Dolly auf die Welt. Das volle Ausmaß dieser umwälzenden Erkenntnisse beschäftigt noch immer unsere Fantasie.

Einige dieser Umwälzungen gehen langsamer vonstatten, vielleicht vor allem jene, die unsere Sichtweise von unserem Platz in der Welt verändern. Darwins erstes Hauptwerk wurde 1859 veröffentlicht und Freuds 1895. Beider Theorien wurden augenblicklich angegriffen und werden auch heute noch attackiert. Beider Theorien kann man so lesen, dass sie den Menschen weiter von Gott weg- und näher zur Natur hinführen. Viele Menschen mit ausgeprägten religiösen Überzeugungen nehmen bis heute daran Anstoß, obgleich viele andere, ebenfalls religiöse Menschen, sich bereitwillig und problemlos sowohl mit der evolutionären als auch mit der psychoanalytischen Sichtweise anfreunden konnten. Manche Teile dieser beiden Theorien haben nie funktioniert, und beide zogen Anhänger an, die ihre Ideen missbrauchten. Darwins und Freuds Kerntheorien jedoch erfahren heute eine so massive Unterstützung wie noch nie zuvor. Darwin erklärte, dass sich alle artenspezifischen Merkmale, psychische wie physische, in einer speziellen Umgebung herausbildeten. Hat sich eines auf Dauer durchgesetzt, dann deshalb, weil es sich als fürs Überleben wichtig erwiesen hat. Da sich Umgebungen aber verändern, können ursprünglich zur Anpassung notwendige Eigenschaften zu einer Belastung und scheinbar unnütze zu lebensrettenden Eigenschaften werden. Freud zeigte uns, dass wir sehr viel mehr sind als das, was wir bewusst erkennen können; dass unser Geist ein dynamisches, sich ständig weiterentwickelndes System ist, das fortwährend individuelle Biografie und gemachte Erfahrungen integriert. Die individuelle Biografie beginnt zu dem Zeitpunkt, an dem sich ein siegreiches Spermium mit einem empfängnisbereiten Ei vereinigt. Die individuellen Erfahrungen beginnen zum selben Zeitpunkt. Die im Mutterleib ins Leben gerufene psychische Realität ist bei jedem Menschen einzigartig und verändert sich ständig.

Gegenwärtig wird unsere Auffassung vom menschlichen Bewusstsein von einer Revolution in den kognitiven Neurowissenschaften umgekrempelt. Brächte man Darwins Theorie von der Evolution der Arten mit Freuds Theorie von der Entwicklung des Bewusstseins zusammen, dann würden die daraus abgeleiteten Daten und Thesen keinen der beiden Theoretiker überraschen. Als gemeinsamen Kern haben beide Theorien die Erkenntnis von Vielfalt und Veränderung sowie das Verständnis von einem beständigen Zusammenhang zwischen Kultur und Natur. Laut Darwin gilt: Je größer die genetische Vielfalt einer Art, desto größer die Chance für einige ihrer Exemplare, sich an außergewöhnliche Umstände anzupassen und so der Spezies das Überleben zu sichern. Nach und nach kommen zufallsbedingte Veränderungen, unerwartete Entwicklungen oder von der Umgebung belohnte Mutationen hinzu, bis schließlich eine neue Lebensform Gestalt annimmt: ein Fisch geht auf Beinen, ein Affe spricht.

»Gehen wir doch von der Annahme aus, dass wir mehr Menschliches in und an uns haben als anderes«[2], lautet die krasse Zusammenfassung einer der Kernprämissen der Freudschen Theorie durch den amerikanischen Psychiater Harry Stack Sullivan. Freud war skeptisch gegenüber strikten Trennlinien – zwischen menschlicher und tierischer Natur, zwischen moralisch und unmoralisch, Traum und Wirklichkeit, Erinnerung und Ausgedachtem, Mann und Frau, verrückt und normal. Es gibt keinen Gedanken, keine Ängste oder Wünsche, die nicht in der Fantasie durchgespielt werden können. Es ist möglich, mit jedem beliebigen Menschen mitzufühlen, und wir alle können uns in das Bewusstsein eines Serienmörders und eines Heiligen hineinversetzen. Doch vieles von dem, was wir herausfinden könnten, ist problematisch, weshalb wir es oftmals gar nicht wissen wollen. Wir versuchen uns die Dinge gar nicht erst vorzustellen, von denen wir befürchten, dass wir sie unter anders gearteten

Umständen tun könnten, in Gefängnissen und Konzentrationslagern, bei Hungersnöten und in Kriegszeiten. Wenn wir nicht akzeptieren, was uns an uns selbst beunruhigt, engen wir unser Verständnisses für andere ein und setzen unserer Fähigkeit zu Mitgefühl und Liebe Grenzen. Eine der bedeutsamsten Leistungen Freuds war die Erkenntnis der Formbarkeit der psychischen Realität des Einzelnen. Die Menschen sind viel flexibler, als sie selbst wissen, wenn es darum geht, wen sie lieben, umsorgen oder hassen können. Das individuelle Bewusstsein ist leicht zu beeinflussen, und schon bloße Worte, ob aus dem Mund eines Politikers oder Propheten, eines Predigers oder Psychotherapeuten, können das Bewusstsein eines Menschen und die Struktur seines Gehirns verändern.

Diese Formbarkeit, obgleich oft im Konflikt mit dem Gewissen, erhöht die Überlebenschancen. Vielfalt und Formbarkeit sind die Garanten menschlicher Anpassung und ermöglichen es uns, Fähigkeiten und Techniken in unbegrenzten Varianten zu entwickeln, mit denen wir uns auf einzigartige Weise in extrem unterschiedlichen Lebensbedingungen gut zurechtfinden können. In nur 60 000 Jahren, seit er aus Afrika aufgebrochen ist, hat der moderne Mensch den Planeten besiedelt und erschlossen.

So wie Einsteins Theorie die strikten Trennlinien zwischen Energie und Materie durchbrach, indem sie zeigte, wie jeweils das eine ins andere umgewandelt werden kann, durchbrachen Darwin und Freud die Trennlinien zwischen Geist und Materie, zwischen Denken und biologischer Struktur. Joseph E. LeDoux, Direktor des multiuniversitären Center for the Neuroscience of Fear and Anxiety der New York University, schreibt: »Einer der bislang wichtigsten Beiträge der modernen Neurowissenschaften ist der Hinweis, dass sich die Anlage-Umweltdiskussion um eine falsche Gegensätzlichkeit herum bewegt, nämlich um die Annahme, dass uns die Biologie einerseits und gemachte Erfahrungen andererseits auf grundlegend verschiedene Weise beeinflussen würden. Forschungen haben ergeben, dass sowohl Veranlagung als auch Umwelteinflüsse nicht nur (in noch strittigen Ausmaßen) dazu beitragen, dass wir sind, wer wir sind, sondern dass sie auch die gleiche Sprache sprechen. Beide erzielen ihre Wirkungen, indem sie die synaptische Organisation des Gehirns verändern.«[3]

Diese Revolution der kognitiven Neurowissenschaften, dieses verspätete Geistesprodukt von Darwin und Freud, bietet eine Antwort auf die uralte Frage: Ist etwas angeboren *(nature)* oder erworben *(nurture)*, genetische Disposition oder Einfluss der Umwelt? Mit den neuen Technologien können Wissenschaftler zum ersten Mal Gehirnstrukturen in Aktion beobachten, können mitverfolgen, was geschieht, wenn wir denken und fühlen, und wie sich das Gehirn in dem Maß verändert, wie wir wachsen und uns verändern. Neuartige Versuchsanordnungen haben Einblicke in das Bewusstsein von Babys und unseren primaten Verwandten ermöglicht. Wir wissen jetzt, dass jedes Individuum das Produkt einer einzigartigen und ständigem Wandel unterworfenen Wechselbeziehung zwischen Biologie und Erfahrung ist. Das individuelle Gehirn, mit dem jeder von uns auf die Welt kommt, beeinflusst unser Denken und unser Verständnis der Welt; umgekehrt beeinflussen unser Denken und unsere Erfahrungen die biologische Struktur unseres Gehirns.

Potenziell mehr Verbindungen als Atome im Universum

Das gerade befruchtete Ei besteht aus einer undifferenzierten Zelle. Noch vor Ablauf eines Monats besitzt der Fetus ein erkennbares Gehirn. Im Verlauf von neun Monaten im Mutterleib werden im Durchschnitt 250 000 neue Gehirnzellen (Neuronen) pro Minute produziert, in wichtigen Arealen manchmal bis zu einer halben Million/Minute. Bei der Geburt sind im Babygehirn 99,9 Prozent von den etwa 100 Milliarden Neuronen vorhanden, die es je haben wird; dabei wiegt es jedoch weniger als ein Pfund.[4] Das Erwachsenengehirn wiegt ca. drei Pfund. Diese Verdreifachung des Gewichts ist das Ergebnis einer quantitativen und qualitativen Zunahme von Verbindungen zwischen den Neuronen. Diese Verbindungen werden von Axonen bewerkstelligt, langen, kabelähnlichen Nervenzellenfortsätzen, die wachsen und sich verzweigen. Während die zentrale Struktur eines Neurons, der Zellkörper, in Tausendstelmillimetern gemessen wird, sind einige Axone bis zu einem Meter lang. Würde man alle Gehirnneuronen und ihre Verbindungen hintereinander anordnen, würde dies eine Strecke von mehr als drei Millionen Kilometer ergeben.

Das neugeborene Gehirn ist vergleichsweise wenig verschaltet, und die Neuronen sind relativ wenig miteinander verknüpft; das Potenzial für ihre Verknüpfungen ist jedoch riesig. Synapsen (Umschaltstellen) sind winzige Zwischenräume zwischen den Zellen; die Zellen kommen einander zwar sehr nahe, doch sie berühren sich nicht. Zellen kommunizieren miteinander, indem sie Neurotransmitter ausschütten, komplexe Chemikalien, welche die Zwischenräume überbrücken und andere Zellen beeinflussen. Bis jetzt hat man mehr als fünfundzwanzig verschiedene Neurotransmitter identifiziert, und es werden immer mehr entdeckt. Einige bringen die Zellen dazu, zu feuern und mit anderen Zellen zu kommunizieren, andere hemmen die Kommunikation. Die Wirkung von Koffein, Alkohol und diversen Freizeitdrogen beruht darauf, dass sie die synaptische Übertragung beeinflussen, ebenso wie Antidepressiva und andere psychiatrische Medikamente. Und genau wie Alkohol, der uns in manchen Situationen aufputscht und in anderen beruhigt, können bestimmte Neurotransmitter die Kommunikation zwischen den Neuronen sowohl intensivieren als auch hemmen.

Etwa 20 Prozent der Nervenverbindungen des Gehirns wirken inhibitorisch, hemmend: Ein Neuron hindert ein anderes daran, ein Signal auszusenden. LSD und andere Halluzinogene können die inhibitorischen Gehirnzentren abschalten, die unermüdlich damit beschäftigt sind, Erinnerungen in der Vergangenheit zu belassen, Träume auf die Nacht zu beschränken und Fantasien daran zu hindern, sich allzu wirklich anzufühlen. Denken Sie an Ihren lebhaftesten Traum: Sind Sie nicht schon einmal aufgewacht und haben geglaubt, der Traum sei Wirklichkeit gewesen? Haben Sie nicht schon einmal überlegt, ob Sie am Vortag tatsächlich etwas zu jemandem gesagt hatten oder ob das in der Nacht im Traum gewesen ist? Inhibitorische Neuronen tragen dazu bei, dass wir sicher in der Realität verankert bleiben. Können Sie sich vorstellen, wie es wäre, wenn sich bildhaftes, symbolisches Traumgeschehen lebhaft in den Tagesablauf erstrecken würde? Oder wenn Ihre Muskelaktivität während des Träumens nicht gehemmt wäre? Wenn das Träumen oft unterbrochen wird, kann es sich tatsächlich am Tag fortsetzen und unsere Aufmerksamkeit nach innen lenken.[5] Manchmal werden während des Träumens unsere Bewegungen nicht ausreichend gehemmt, und dann sprechen wir, wälzen uns herum oder schlafwandeln. Eine übermäßige Unterdrückung von Fantasien und Emotionen kann die Hauptursache für bestimmte Arten von Depression sein, und Antidepressiva entfalten dadurch ihre Wirkung, dass sie diese Hemmungen verringern können.[6]

Durch Wachstum und Verzweigung seiner Axone knüpft jedes Neuron Verbindungen zu durchschnittlich 10 000 anderen Neuronen, manche zu mehr als 100 000. Im Gehirn gibt es weitaus mehr potenzielle Verknüpfungen als Atome im Universum. (Eine Zehn mit einer Million Nullen gegenüber einer Zehn mit nur neunundsiebzig Nullen). Würde man pro Sekunde eine Synapse zählen, brauchte man über zweiunddreißig Millionen Jahre.[7] Wir können uns jedes einzelne Neuron wie einen gerade gekauften Computer vorstellen. Zwar ist er fürs Internet eingerichtet, aber um im Web zu surfen, muss er vernetzt werden. Um Informationen zu beschaffen, muss ein Computer mit anderen Computern kommunizieren. Es gibt Milliarden potenzieller Verbindungen; bei einigen landet man auf einer Website, andere verschicken E-Mails, wieder andere Würmer und Viren. Um herauszufinden, welche Informationen ein anderer Computer liefern kann, braucht unser Computer eine Verbindung zu ihm oder zu einem andern, der dies weiß. Einige Websites liefern Informationen über andere Sites und sagen uns, zu welchen wir eine Verbindung herstellen und welche wir meiden sollen.

Viele der Neuronen im Babygehirn sind noch nicht an das Verbindungsnetz des Gehirns angeschlossen. Der Neocortex des Neugeborenen, jener Teil des Gehirns, der später für Absichterkennung, Theoriebildung, Urteilsvermögen und Einfühlung in fremdes Bewusstsein zuständig sein wird, ist noch vollständig »offline«, noch nicht mit dem restlichen Gehirn verbunden. Das *Cognitive-Emotional Network* (CEN)[8] ist das »Web« der Verbindungen, das sich zwischen den *Mind-reading*-Zentren des Neocortex und dem restlichen Gehirn entwickelt. Fortschritte im sozialen Bewusstsein und die Verbesserung der *Mind-reading*-Fertigkeiten gehen Hand in Hand mit wachsender Kapazität und Effizienz des CEN beim Sammeln und Weiterleiten von Informationen, genau wie sich unsere Zugriffsmöglichkeiten auf nützliche Informationen im Internet mit Anzahl und Effizienz der Verbindungen steigern, die unser Computer zu anderen herstellt.

Während das Baby heranwächst, werden ununterbrochen neuronale Verbindungen geknüpft und wieder gelöst, werden blockiert und wieder freigegeben. Keine dieser Veränderungen vollzieht sich in einem Vakuum. Alle unterliegen dem Hin und Her von Wörtern und Gedanken: den eigenen Ängsten und Wünschen des Kindes, den Absichten der erziehenden Erwachsenen und Myriaden von anderen gezielten oder zufälligen Einflüssen. Subtile neuronale Reorganisationen gehen kontinuierlich vor sich; massive Reorganisationen gehen mit erkennbaren Veränderungen der geistigen Fähigkeiten einher und markieren das, was Psychologen als neue Entwicklungsphasen bezeichnen, z.B. das Denken in Begriffen, das Nachdenken über fremdes Bewusstsein, logisches Denken, abstraktes Denken.

Während zweier Entwicklungsstadien (Kindheit und Vorpubertät) knüpft das Gehirn Verbindungen im Übermaß und schafft damit eine Rückversicherung gegen Gehirnverletzungen, für die Kinder und Pubertierende anfällig sind. Dieses übermäßig vernetzte Gehirn kann auch die Ursache sein für einige Verhaltensweisen, wie sie für

Kleinkinder und Heranwachsende typisch sind: Schwierigkeiten sich zu konzentrieren und rasche Stimmungswechsel. Das Aussortieren oder Abschalten überschüssiger, manchmal verwirrender neuronaler Verbindungen ist ein für Kindheit und Pubertät normaler Vorgang. Dies sind die Phasen, in denen die Beziehungen zu Eltern, Erziehern und Gleichaltrigen die tiefgreifendsten Auswirkungen auf die Umformung des Gehirns und der Persönlichkeit eines Individuums haben können. Neuronale Verbindungen scheinen nach der Regel zu funktionieren: Was rastet, das rostet. Kinder und Heranwachsende experimentieren mit verschiedenen Identitäten und Beziehungsformen. Von diesen werden zwar die meisten verworfen, doch die während dieser kritischen Entwicklungsphasen am häufigsten praktizierten verankern sich tief im Charakter einer Person.

Das Babygehirn wächst sehr schnell, und binnen eines Jahres ist es halb so groß wie das eines Erwachsenen. Im Alter zwischen sechs Monaten und einem Jahr geht der Neocortex spektakulär »online«, was eine rasche Entwicklung beim Sozialverhalten und bei der sozialen Wahrnehmung bewirkt. Obwohl Babys schon im zweiten Monat ein soziales Lächeln zeigen können, so ist dies doch nur eine automatische Reaktion auf Gesichter, ähnlich dem Schwanzwedeln eines Hundes. Etwa ab dem achten Monat beginnen Babys ihr Lächeln für die Menschen zu reservieren, die sie gut kennen, während sie gleichzeitig verängstigt reagieren, wenn sich ihnen ein Fremder nähert. Noch vor ihrem ersten Geburtstag haben Babys eine Absichtsvermutung entwickelt und gehen davon aus, dass alles aus einem bestimmten Grund geschieht. Während der Pubertät hält das rasche Wachstum des Gehirns an. Die neuronale Reorganisation kann auch noch im hohen Alter fortdauern.

Ein Nerv ist ein Bündel von Neuronen. Schneidet man sich in den Finger und trifft einen Nerv, sterben einige Neuronen ab, und es kann zu einem zeitweiligen Funktions- oder Gefühlsverlust kommen. Doch andere Neuronen werden wachsen, der Nerv wird sich regenerieren und das Verlorengegangene wiederherstellen. In manchen

Lehrbüchern ist zu lesen, dass im Zentralnervensystem nach der Geburt keine neuen Neuronen mehr produziert werden könnten. Diese »Tatsache« diente als Erklärung, warum Verletzungen von Gehirn und Rückenmark nicht so verheilen, wie sie das im restlichen Körper tun. Forscher haben jedoch kürzlich entdeckt, dass im Erwachsenengehirn weiterhin neue Neuronen gebildet werden, insbesondere im Hippocampus, einem für das Gedächtnis zuständigen Areal.[9] Einige Substanzen, darunter Marihuana, können diese Produktion steigern, und einige Aktivitäten, insbesondere soziale, helfen vielleicht älteren Menschen, nicht nur die Neuronen funktionsfähig zu erhalten, sondern auch neue hervorzubringen. Hier handelt es sich um noch unbekanntes Terrain, doch wahrscheinlich werden Wissenschaftler schon bald Medikamente und Techniken entwickeln, um im Zentralnervensystem die Bildung neuer Neuronen anzuregen und so die potenzielle Heilung von derzeit noch nicht heilbaren Verletzungen des Rückenmarks und des Gehirns zu ermöglichen.

Was den Menschen einzigartig macht

Der *Neocortex* (»Neuhirn«) ist der Sitz des kognitiven Stils der Verarbeitung und Interpretation von Informationen. Dort finden unsere Erinnerungen, Berechnungen, Argumentationen und Einschätzungen statt. Er ist der Ausgangspunkt der grandiosesten Leistungen der Menschheit; Newtons Apfel wäre unbemerkt zu Boden gefallen, hätte es der Neocortex nicht registriert und den Fall in die Gesetze der Schwerkraft umgewandelt. Der Neocortex ist auch das Instrument, das ein Kriminalist benutzt, um aus Indizien den nächsten Schritt eines Straftäters herauszulesen, und das ein Marketingchef einsetzt, um aus der Analyse von Daten die Reaktion eines Konkurrenten abzuleiten.

Der Neocortex des Gehirns der Säugetiere besteht aus sechs gefalteten Schichten dicht gepackter Neuronen und macht es damit viel größer und komplexer als das Gehirn anderer Lebewesen. Als Ergebnis dessen sind Vielfalt und Flexibilität bei Säugetieren größer als bei anderen. Wie jeder Haustierhalter weiß, haben Tiere mit Fell einen eigenen Charakter, sogar die Wüstenspringmaus. Im Vergleich zu ihnen scheinen Fische und Reptilien eindimensional strukturiert zu sein. Bei Vögeln ist das etwas anderes. Da die Evolution sie zum Fliegen befähigt hat, haben sie ein leichtes Gehirn und sind insgesamt völlig andersartig organisiert. Was soziale Organisation und Flexibilität angeht, gleichen sie wahrscheinlich eher den Säugern als den Reptilien.

Wie auch immer: Der Neocortex hat sich als so erfolgreich erwiesen, dass er seine Größe seit dem Auftauchen der ersten Säugetiere vor etwa 265 Millionen Jahren um das 125-fache gesteigert hat. Gehirnzellen verbrauchen riesige Mengen an Energie, und Säugetiere mit großen Gehirnen müssen findige Jäger und Sammler sein. Tiere, die sich von leicht verfügbarer und kalorienarmer Pflanzennahrung ernähren, haben meist kleinere Gehirne und längere Därme; so erklärt sich die Grundregel: kleines Hirn, großer Bauch (Beispiel: die Kuh). Bei den Landsäugetieren haben die Primaten die bei weitem größten Gehirne im Vergleich zum Körper. Der Zuwachs findet sich hauptsächlich im Neocortex, der mehr als 80 Prozent des menschlichen Gehirns ausmacht.

Große, komplexe Gehirne brauchen länger, um sich zu entwickeln, und große Köpfe passieren den Geburtskanal nur unter Schwierigkeiten. Infolgedessen kommen höher entwickelte Primaten, vor allem die Menschen, mit Gehirnen zur Welt, die noch lange nach der Geburt weiterwachsen und sich fortentwickeln. Diese unfertigen Gehirne sind ganz besonders flexibel und empfänglich für kulturelle und erzieherische Einflüsse, und diese Exponiertheit steigert Vielfalt und Anpassungsfähigkeit der Art noch weiter.

Der Neocortex der Primaten ist nicht nur größer als bei anderen Säugetieren, er hat auch eine Wölbung für dicht gepackte Neuronen an der Vorderseite ausgebildet, den präfrontalen Cortex, auch Frontal- oder Stirnlappen genannt. Seit vor ca. zwei Millionen Jahren die ersten Menschen auftauchten, ist der präfrontale Cortex um mehr als 50 Prozent gewachsen. Dieses rasche Wachstum erzwang eine veränderte Schädelform; vor etwa 200 000 Jahren wurde die stark nach hinten abgeschrägte Stirn unserer Vorfahren in ihre heutige, vertikale Form gedrückt. Unser Gehirn wächst noch immer in dem Maß, wie wir uns weiterentwickeln. Eines Tages haben wir vielleicht nach vorn ausladende Stirnpartien wie die außerirdischen Intelligenzen der Science-Fiction.

Moral, Motivation und soziale Anbindung
Lange Zeit konnte die Wissenschaft die Funktion des präfrontalen Cortex nicht bestimmen. Er ist, im Gegensatz zu anderen Teilen des Neocortex, nicht direkt mit der Verarbeitung von Wahrnehmungen oder mit motorischer Aktivität verbunden. Eine Schädigung des visuellen Cortex, zum Beispiel durch einen Schlaganfall, führt zu gestörter Sehfähigkeit. Ein Schlaganfall im rechten Scheitellappen oder motorischen Cortex bewirkt eine Schwächung oder Lähmung auf der linken Seite. Was in den vorderen Gehirnlappen vor sich geht, blieb bis Mitte des neunzehnten Jahrhunderts ziemlich unklar. Dann hatte Phineas Gage, der fünfundzwanzigjährige Vorarbeiter einer Gleisbaumannschaft aus Vermont, einen schrecklichen Unfall. Am 13. September 1848 stopfte Gage mit einer Eisenstange eine Sprengladung tief ins Gestein, wie er dies schon Hunderte Male zuvor getan hatte. Er wurde abgelenkt und beging aus Unaufmerksamkeit einen Fehler. Die Ladung detonierte vorzeitig, und die dreizehn Pfund schwere Eisenstange, einen Meter siebzehn lang mit einem Durchmesser von über drei Zentimetern am dicksten Ende, fuhr wie ein Geschoss aus dem Bohrloch, drang unter dem linken Wangenknochen in Gages Gesicht ein, verließ seinen Schädel durch die obere Stirnpartie und fiel acht Meter hinter ihm zu Boden. Erstaunlicherweise verlor Gage nie das Bewusstsein, und nach ein paar Monaten ging er wieder zur Arbeit. Allerdings berichteten seine Freunde: »Gage war nicht mehr Gage.«

Vor dem Unfall galt Gage bei seinem Chef als bester Arbeiter der ganzen Firma: gewissenhaft, fleißig, bei allen beliebt. Nach dem Unfall waren Gedächtnis und Intelligenz anscheinend weiter intakt, doch Gage fing an, grund- und bedenkenlos zu lügen und dubiose Projekte auszubrüten, die er nie zu Ende führte. Der ehemals anständige und korrekte Mitbürger begann, pausenlos zu fluchen und die gesellschaftlichen Gepflogenheiten zu missachten. Sein Arzt diagnostizierte, er habe »sozusagen sein Gleichgewicht beziehungsweise die Balance zwischen seinen intellektuellen Fähigkeiten und seinen animalischen Neigungen verloren«. Beinahe einhundertfünfzig Jahre später setzten Dr. Hanna Damasio und ihre Kollegen die modernen bildgebenden Techniken der Neurowissenschaften ein, um Gages Schädel zu untersuchen, dem man an der Harvard Medical School einen ehrenvollen Ruheplatz gewährt hatte. Sie befanden, dass die Eisenstange direkt durch die Mitte der Frontallappen geschossen sein musste und das restliche Gehirn völlig unversehrt gelassen hatte.

Gages unglückseliger Unfall zeigte die zentrale Bedeutung des präfrontalen Cortex für die Sozialkompetenz. Doch fiel es den zeitgenössischen Wissenschaftlern schwer zu akzeptieren, dass ein Klumpen Hirn derartig erhabene Funktionen kontrollieren sollte: Motivation, Urteilsvermögen, moralisches Verhalten. Wie wir aus dem Experiment mit dem schuldbewussten Einbrecher aus dem ersten Kapitel wissen, haben Neurowissenschaftler herausgefunden, dass das Zentrum unserer *Mind-reading*-Fähigkeiten tief in den vorderen Stirnlappen liegt. Heute sind viele Forscher der Meinung, dass sich alles, was den Menschen einzigartig macht, einschließlich der Sprache, aus der primären Funktion des Neocortex entwickelt hat – der sozialen Anbindung.

Alle Primaten sind soziale Wesen, doch einige bilden komplexere Gemeinschaften als andere. Robin Dunbar, Evolutionsanthropologe am University College London, fand heraus: je größer der Neocortex, desto größer und komplexer das soziale Netzwerk.[10] Bei anderen Primaten werden Beziehungen durch gegenseitige Körperpflege aufrechterhalten. Schimpansen verbringen etwa 15 Prozent ihrer Zeit damit, die fünfzig oder mehr Schimpansen in ihrer Horde zu pflegen. Auf der Grundlage der Größe unseres Neocortex stellte Dunbar[11] die Theorie auf, dass die »natürliche« Größe einer Menschengruppe etwa 150 betrage; und tatsächlich erweist sich die Zahl 150 als bedeutsam in vielerlei Hinsicht. So war die durchschnittliche Größe von Jäger-, Sammler- und primitiven Bauernsippen oder Dorfgemeinschaften 148,4. Die Huter'schen Brüder, eine sektiererische urchristliche Gütergemeinschaft, beschränken ihre einzelnen Kolonien auf je 150 Mitglieder, weil sie glauben, dies sei die größtmögliche Gruppe, die sich ausschließlich über den Gruppendruck kontrollieren lasse; eine Polizei brauchen sie nicht. Etwa 150 Mann ist standardmäßig die Kompaniestärke in allen Armeen von den alten Römern bis heute, mehr oder weniger aus dem gleichen Grund. Allerdings: Würden wir Menschen bei einer Gruppenstärke von 150 Mitgliedern genauso viel Zeit für gegenseitige Körperpflege aufwenden wie die Schimpansen, würden wir damit 42 Prozent unserer Zeit zubringen, womit nur wenig Zeit für Arbeit und andere Tätigkeiten übrig bliebe.

Sprache und Theory of Mind
Dunbar und andere glauben, die Sprache habe sich als eine Methode entwickelt, um in größeren Gruppen den Kontakt aufrechtzuerhalten. Tatsächlich sind 62 Prozent unserer Unterhaltungen Klatsch, Tratsch und privaten Angelegenheiten gewidmet. Doch Reden kostet weniger Zeit als Körperpflege, und wir können mit mehr als nur einer Person gleichzeitig sprechen. In diesem Zusammenhang stellten Noam Chomsky und zwei Harvard-Psychologen vor wenigen Jahren eine sensationelle These auf: Sprache habe sich nicht aus primitiven Formen der Kommunikation entwickelt; Sprache und Kommunikation seien grundlegend verschieden.[12] Selbst Tiere mit winzigen Gehirnen wie Insekten können komplexe Informationen aufnehmen und weitergeben. Eine Biene kann der anderen mitteilen, wo geöffnete Blüten zu finden sind. Doch die tierische Kommunikation ist un-

flexibel; ihre »Satzbaumuster« sind starr und verändern sich nicht von Mal zu Mal oder von Ort zu Ort.

Die menschliche Sprache ist unbegrenzt flexibel; die Anzahl möglicher Satzkonstruktionen ist unendlich. In gewisser Weise sind Sätze wie Theorien: Man probiert einen aus, und wenn er nicht funktioniert, wenn er nicht das transportiert, was man sagen will, dann verwirft man ihn und versucht es mit dem nächsten. Es scheint, als hätten sich die Sprache und das Aufstellen von Theorien zusammen entwickelt, um unseren Vorfahren zu helfen, mit ihrer immer größer und komplexer werdenden sozialen Umwelt zurechtzukommen. Es ist interessant, darüber zu sinnieren, dass wir heutzutage zwar die Sprache als Kommunikationsmittel einsetzen, dass wir aber nicht mehr in der reinen und präzisen Form der Bienen kommunizieren können. Wörter haben viele Bedeutungen, und alle Sätze können missverstanden werden. Wir haben es mit der paradoxen Situation zu tun, dass die Sprache beides ermöglicht: Verständigung und Missverstehen. Eine *ToM* ermöglicht beides: Verstehen und Täuschung.

Der Neocortex ist inzwischen enorm effizient bei der Verarbeitung von Sprache geworden, doch läuft ein Großteil dieser Verarbeitung, vielleicht wegen des schieren Umfangs an Informationen, außerhalb des Bewusstseins ab. In einer Studie[13] von 2004 haben Wissenschaftler der University of Washington Französischstudenten des ersten Semesters aufgefordert zu entscheiden, ob bestimmte Wörter tatsächlich französische Vokabeln oder erfundene Nonsenswörter waren. Nach durchschnittlich vierzehn Stunden Französischunterricht sagten die meisten Studenten, sie hätten keine Ahnung gehabt, welche Wörter was gewesen seien, und ihre bewussten Entscheidungen seien kaum mehr als Zufallsergebnisse gewesen. Tatsächlich aber hatten die Studenten weitaus mehr gelernt, als sie selbst glaubten. Messungen ihrer Gehirnwellen ergaben, dass der Cortex eindeutig erkannte, welche Wörter echt waren und welche nicht. Lee Osterhout, einer der Projektleiter, sagte: »Zuerst dachte ich, so ein Ergebnis sei unmöglich. Es erschien mir unglaublich, dass das Gehirn etwas mit solcher Leichtigkeit bewerkstelligen konnte, was die Probanden mit bewusster Konzentration nicht schafften. Als die Studenten gefragt wurden, wie sie ihrer Ansicht nach bei der Aufgabe abgeschnitten hatten, lachten viele von ihnen und sagten, sie hätten einfach bloß geraten.«[14] Nach nur vierzehn Stunden Unterricht hatten die Studenten grundlegende und wichtige Strukturprinzipien des Französischen gelernt. Aber sie wussten nicht, was sie wussten. Bei diesem Experiment sprang kein für eine situative Anpassung wichtiger Vorteil für die Studenten heraus, der ihnen bewusst gemacht hätte, was sie gelernt hatten. Sie konnten noch nicht genügend Französisch, um es in sozialen Interaktionen einzusetzen. Sollten sie die Sprache bis zu dem Punkt erlernen, an dem sie aus ihrem Können Nutzen ziehen, wird ihnen auch bewusst werden, was sie können.

So wie in einem Computer die Software den Fluss der Informationen steuert, ohne die Hardware zu verändern, so erzeuge Lernen funktionale, aber keine strukturellen Veränderungen im Gehirn – haben Neurowissenschaftler bisher zumindest angenommen. Mit Hilfe der neuen bildgebenden Techniken konnte man inzwischen stichhaltig aufzeigen, dass Erfahrungen die Struktur des Gehirns doch verändern. Beispiel: Beim Erlernen einer neuen Sprache wächst die graue Substanz in der unteren Scheitelregion des Neocortex durch neue Verknüpfungen.[15] Bei sportlichen Leistungssteigerungen wird das isolierende Nervenmark, das sich um die immer wieder beanspruchten Neuronen legt, dichter und erhöht so deren Effektivität.[16]

Sprache und Theoriebildung befähigten den Menschen, Kommunikationstechniken zu entwickeln, mit deren Hilfe soziale Netzwerke immer größer werden konnten: Trommeln, Rauchzeichen, die Schrift, die Druckerpresse, Telegraf, Telefon, Funk, Radio, Fernsehen, das Internet. Heutzutage fühlen sich viele von Informationen überschwemmt. Im Allgemeinen versuchen die Menschen, mit Hilfe des effizientesten verfügbaren Mediums zu kommunizieren, und geben dabei die alten Techniken zugunsten neuer auf. Zwar verändert sich der Inhalt ihrer Mitteilungen nicht drastisch, doch deren Umfang explodiert. Gleichgültig, um welches Medium es sich handelt: Es wird immer Menschen geben, die es dazu benutzen wollen, andere zu überzeugen, zu beschwatzen, um etwas zu verkaufen, um zu manipulieren; und solche, die damit ihr soziales Netzwerk zugunsten gemeinsamer Interessen und persönlicher Übereinstimmungen ausdehnen wollen; und noch andere, die Geschichten erzählen und unterhalten möchten. Auf die gleiche Weise, wie breitere Autobahnen mehr Autos anziehen, die größere Staus auslösen können, ziehen effizientere Kommunikationstechniken mehr Informationen an, in denen ihre Benutzer schließlich ersticken. Das menschliche Gehirn entwickelt sich noch immer weiter und wird größer und komplexer.[17] Vielleicht ist es eine Reaktion auf den Stress, mit der überwältigenden Fülle von Information und fortwährender sozialer Stimulation fertig werden zu müssen.

Angst und Furcht gibt es seit Urzeiten

Eine kleine, mandelförmige Struktur an der Hirnbasis, die Amygdala (»Mandelkern«), macht uns Angst, weil Angst uns vor Gefahren zurückschrecken lässt. Aus entwicklungsgeschichtlicher Sicht ist dies eine der wichtigsten Funktionen des Gehirns. Ein Organismus, der Gefahren meidet, verschafft sich damit einen enormen adaptiven Vorteil. Ein Lebewesen kann bei seiner Suche nach Nahrung oder Sex planlos vorgehen und dennoch überleben. Ein Lebewesen, das die Gefahr nicht meidet, geht bald zugrunde. Auch wenn man eine Mahlzeit auslässt oder eine Gelegenheit zur Fortpflanzung verpasst, bleiben noch immer viele Möglichkeiten, zu essen und die eigenen Gene weiterzugeben; doch sobald man selbst aufgefressen wird, ist Schluss. Die Amygdala ist uralt und allgegenwärtig. Vom ersten Fisch bis zu den Menschen haben alle Lebewesen mit Wirbelsäulen eine Amygdala. Obwohl Menschen mit beschädigten Frontallappen wie Gage keine sozialen Beziehungen handhaben können, geben sie dennoch acht, dass sie weder sich selbst noch andere in Gefahr bringen. Menschen mit einer beschädigten Amygdala haben kein Gefahrenbewusstsein und riskieren andauernd, sich selbst und anderen Schaden zuzufügen.[18]

Megan Halavais war gerade beim Surfen nahe Bodega Bay in Nordkalifornien, als sie ein unbehagliches Gefühl überkam: »Das Wasser war absolut glasklar und total ruhig. Man konnte bis hinunter auf den Grund sehen ... Ich spürte, das riecht nach Hai ... Es war einfach so ein unheimliches Gefühl. Nicht, dass ich hinunter auf den Grund geschaut und Schatten gesehen hätte und dann ausgeflippt wäre; aber irgendwas stimmte nicht mit dem Wasser ... Manchmal kriegst du einfach so ein Gefühl, als ob da was im Wasser ist. Normalerweise ignoriere ich das, denn du willst dich ja nicht selbst in eine Panik reinsteigern; aber dieses Mal lag ich wohl richtig.«[19]

Megan ist deswegen noch am Leben, weil sie die Gefahr spürte und sich auf einen Kampf einstellte. Sie hat nie bewusst wahrgenommen, wie der über fünf Meter lange weiße Hai auf sie zuschwamm, doch als er sie am Bein packte, kletterte sie auf seinen Rücken und vertrieb ihn. Megan ist am Leben, weil ihre Amygdala, einer der urtümlichsten Teile des Gehirns, etwas fühlte und ihren Körper in einen Alarmzustand versetzte, und zwar lange, bevor ihr denkendes Gehirn wusste, was vor sich ging. Megan registrierte erst, als sie zurück zum Strand paddelte, dass die Haizähne bis zu den Knochen ihres Beins durchgedrungen waren.

Mit seinem riesigen Aufgebot an Verknüpfungen kann der Neocortex wahre Meisterleistungen vollbringen auf Gebieten wie Einschätzung, Kommunikation, Intellekt und Fantasie; doch abgekoppelt von der Amygdala ist er lahmgelegt. Die Amygdala schickt impulsive, unverfälschte Empfindungen an den Neocortex, wo sie bewertet, integriert, reguliert und in Emotionen übersetzt werden. Ohne den Input der Amygdala wäre unser Geist nebulöses Brachland, in dem Liebe und Hass, Leben und Tod keine Bedeutung hätten.

Die Amygdala ist so wichtig und spielt eine so zentrale Rolle fürs

Überleben, dass es zwei Kommunikationswege von den Wahrnehmungsorganen (Augen, Ohren, Körperempfindungen) zu ihr gibt.[20] Der eine ist der gut ausgebaute kortikale Boulevard der Gedanken und Gefühle; der andere ist die schnelle, gedankenfreie Abkürzungsroute. Die Abkürzung ist doppelt so schnell wie die reflektierte Route, zwölf Millisekunden schneller bei der Reaktion auf ein Geräusch. Das kann den Unterschied zwischen Leben und Tod ausmachen, zwischen fressen und gefressen werden. In diesem Zwölftausendstel einer Sekunde geschieht Folgendes: Die Amygdala wägt ab, in welche emotionale Kategorie das Geräusch einzuordnen ist, und wartet darauf, dass der Cortex seine Gedanken dazu liefert; gleichzeitig versetzt sie den Körper in Alarmzustand. Für den Menschen und die meisten anderen Lebewesen bedeutet dies, dass das eigene Verhalten auf das Geräusch ausgerichtet wird; Muskeln werden angespannt, der Puls rast, der Atem geht flach, die Pupillen weiten sich – Vorbereitungen zu Flucht oder Kampf. Diese Vorbereitungsphase wird Angststarre genannt, und das Erstarren für den Bruchteil einer Sekunde ist eine Anpassungsreaktion. Sie verhindert, dass man irgendetwas Dummes tut, und ermöglicht es dem Cortex, während einer Phase angespannter Bereitschaft die Situation einzuschätzen. Ein längeres Erstarren kann ebenfalls eine situative Anpassung sein, beispielsweise wenn sich ein Raubtier anpirscht. Doch eine längere Erstarrung signalisiert zumeist Hilflosigkeit, weil kein Wissen über das gebotene Handeln verfügbar ist oder weil es an Möglichkeiten zu wirksamem Handeln fehlt. Für junge Lebewesen ist das Erstarren in Hilflosigkeit vielleicht die beste Wahl, weil es sie am selben Ort festhält, wo ihnen eventuell Hilfe zuteil wird. Bei ausgewachsenen ist eine anhaltende Erstarrung in einem Zustand der Erregung gleichbedeutend mit einer Mit-dem-Rücken-zur-Wand-Reaktion, am häufigsten zu beobachten bei jener qualvollen, unerbittlichen, unentrinnbaren Angst im Krieg und bei großen Katastrophen.

Die Reaktionen auf ganz bestimmte Reize scheinen angeboren zu sein. Ratten bekommen von Natur aus Angst beim Geruch von

Katzen. Menschen scheinen sich von Natur aus vor Schlangen und Spinnen zu fürchten. Stellen wir uns vor, wir spazieren durch den Wald und hören plötzlich ein feines Rascheln. Wenn wir uns nach kurzem Erstarren umdrehen und eine Schlange oder einen schlangenähnlichen Ast sehen, schrecken wir zurück, noch ehe der Cortex seinen Kommentar dazu abgeben konnte. Ist es ein Häschen oder eine Kröte, dann entspannen wir uns und lachen vielleicht. Stellt es sich als Schlange heraus, werden unser Cortex und unsere Amygdala in ein paar weiteren Millisekunden über das CEN zusammenarbeiten, um die beste Handlungsstrategie zu bestimmen: töten oder davonrennen? Vielleicht wirkt unser Gedächtnis mit, um herauszufinden, ob es eine Giftschlange ist. Stellt sie sich als Ast heraus, schickt der Cortex ein entsprechendes Signal an die Amygdala, und wir seufzen erleichtert auf und wischen uns den Schweiß von der Stirn. Wie auch immer: Es wird einige Zeit dauern, bis sich unser Puls verlangsamt, die Muskeln sich entspannen und der Atem wieder ruhiger geht.

Naturgemäß ändern sich Emotionen langsamer als Überlegungen. *Das ist eine Schlange! – Nein, es ist ein Ast!*, läuft sehr schnell ab. Das Gefühl angstvoller Beklemmung und Anspannung hält Minuten oder noch länger an. Das Gleiche gilt für positive Gefühle. Ein herzhaftes Lachen hilft uns oft über den ganzen Tag hinweg. Zum Teil ist das dadurch bedingt, dass bestimmte Botenstoffe auch weiterhin im Blut zirkulieren und noch auf den Körper einwirken, nachdem die Amygdala ihre Freisetzung bereits eingestellt hat; zum Teil auch deshalb, weil das Gehirn so konstruiert ist, dass es Gefühlen Priorität einräumt; die neuronalen Verbindungswege von der Amygdala zum Cortex sind viel breiter als die vom Cortex zur Amygdala.

Der Schlüssel zu emotionalem Wissen
Die Amygdala eröffnet uns einen wichtigen Pfad für das *mind reading*: die emotionale Informationsverarbeitung. Über die Amygdala können wir Dinge gefühlsmäßig aufnehmen und erinnern, ohne uns

dessen bewusst zu sein. Man hat Testpersonen eine Reihe von Bildern mit zornigen, einschüchternden oder fremdartigen Gesichtern auf einem Bildschirm gezeigt, und zwar in so rascher Abfolge, dass die Versuchspersonen sie gar nicht bewusst wahrnehmen konnten. Sie haben sie schlicht nicht »gesehen«. Doch wie das Hirnscanning zeigte, war die Amygdala aktiviert worden, und die gefühlsmäßigen Reaktionen der Probanden – beschleunigter Puls, Schweißausbrüche – bewiesen, dass der jeweilige Gesichtsausdruck unbewusst wahrgenommen wurde. Diese für eine bewusste Wahrnehmung zu schnelle Abfolge von Gesichtern wurde über die gedankenfreie Abkürzungsroute verarbeitet, nicht über die reflektierte kortikale Route. Die Probanden in dem Experiment waren eingeschüchtert worden, ohne zu wissen, warum. Auf ähnliche Weise können Menschen sexuell erregt oder ruhig und entspannt werden, ohne bewusst zu erkennen, was die Empfindungen verursacht. Diese direkt zur Amygdala gehenden Wahrnehmungen sind der Grund für viele jener schwer zu beschreibenden »komischen« und unheimlichen Gefühle; Beispiele hierfür sind: das Gefühl, jemand hinter uns starrt uns an; das Gefühl eines unerklärlichen Unbehagens oder Behagens; Déjà-vu-Erlebnisse; scheinbar grundlose Sympathie für oder Antipathie gegen jemanden; Liebe auf den ersten Blick. Manche der direkten Amygdala-Wahrnehmungen werden nie bewusst verarbeitet, aber zusammen mit den Empfindungen, die sie auslösen, als unbewusste Erinnerungen gespeichert. Ein Sinneseindruck, ein Geräusch, ein Geruch, eine Körperhaltung, die mit der ursprünglichen Wahrnehmung verknüpft werden, bewirken, dass die Amygdala sie neu verarbeitet und uns alte Emotionen zurückbringt, ohne dass wir den Grund kennen.

Die menschliche Amygdala ist zwar klein, aber komplex. Obgleich ihre ureigenste Funktion das Aufspüren potenzieller Gefahrensituationen ist, ist sie an der Verarbeitung aller Emotionen beteiligt. Sie weist den Wahrnehmungen Gefühle zu. Was auch immer wir sehen, hören und berühren, wird emotional aufgeladen durch die

Amygdala, die der Sitz emotionalen Wissens ist. Wenn wir bei einer Sache oder einer Person einfach ein gutes oder schlechtes Gefühl haben; wenn uns ein sechster Sinn rät, eine bestimmte Person zu meiden, nach links zu gehen statt nach rechts, ein Geschäftsangebot abzulehnen, auf der Hut oder ängstlich zu sein; wenn wir etwas aus dem Gefühl oder dem Instinkt oder dem Bauch heraus wissen, dann wissen wir das über die Amygdala. Emotionales Wissen war ursprünglich ein Überlebensmechanismus. Für den prähistorischen Menschen stellte die Fähigkeit zur sofortigen Reaktion – erstarren, kämpfen oder fliehen – einen wichtigen Anpassungsvorteil dar, und das gilt auch heute noch. Wenn wir mitten in der Nacht einen seltsamen Laut hören, dann rufen wir die Polizei nicht wegen des Lauts, eines bedeutungslosen Geräuschs, sondern weil die Amygdala eine Gefahr wittert und einen Stachel der Angst produziert. Emotionales Wissen vermittelt uns auch ein Gefühl von den Emotionen anderer, ohne dass diese sie uns mitteilen müssen. Manchmal schießt die Amygdala übers Ziel hinaus und wittert Gefahren überall.

Die Verknüpfung von Kognition und Emotion

Der Neocortex und die Amygdala kommunizieren ständig über das kognitiv-emotionale Netzwerk (CEN) miteinander. Die Amygdala verleiht den Gedanken eine emotionale Bedeutung; der Neocortex entscheidet, ob die Reaktion der Amygdala auf ein Geschehen einen Sinn ergibt. Wie wir soeben am Beispiel des schlangenähnlichen Asts gesehen haben, erhalten emotionale Reaktionen Priorität. Es ist besser, furchtsam vor dem Ast zurückzuschrecken und später festzustellen, dass man sich getäuscht hat, als sich dem »Ast« furchtlos zu nähern und dann gebissen zu werden. Das funktioniert nicht nur bei Angst und Furcht so. Die Amygdala reagiert ständig emotional auf Wahrnehmungen, bevor der Neocortex zu Wort kommt; oft kommt dieser gar nicht dazu, eine Beurteilung vorzunehmen, weil die Amygdala so vieles aufnimmt, was außerhalb der bewussten

Wahrnehmung liegt. Darin liegt ein Grund, warum Emotionen oft so scheinbar grundlos auftreten: ein verärgerter Blick, ein verführerisches Zwinkern oder ein flüchtiges Stirnrunzeln können bei unserer Amygdala eine Reaktion auslösen, die unsere Stimmung verändert, und wir finden vielleicht nie heraus, warum.

Solche Situationen eignen sich gut, um Bewusstsein lesen zu trainieren. Nehmen wir an, Sie verspüren plötzlich ein Gefühl der Beunruhigung, ohne ersichtlichen Grund. Befinden Sie sich dabei gerade in Gesellschaft, könnten Sie sich fragen, ob die emotionale Verfassung Ihres Gegenübers die Ihrige auslöste. Erkennen Sie irgendwelche Anzeichen, dass er verärgert oder aufgebracht sein könnte? Ist Ihnen die Person bekannt, könnten Sie nachfragen, ob vielleicht etwas nicht in Ordnung ist. Falls der Betreffende bejaht und seinerseits fragt, woher Sie das wüssten, können Sie sich entscheiden, ob Sie ihm sagen, dass Sie sein Bewusstsein gelesen haben.

Das CEN verknüpft die Amygdala und das *Mind-reading*-Zentrum des Neocortex (den medialen präfrontalen Cortex) nicht nur miteinander, sondern auch mit zahlreichen anderen Strukturen im Gehirn. Zwei, die man sich merken sollte, sind der Hippocampus und die Spiegelneuronen.

Der Hippocampus ist der Ort, an dem Erinnerungen gespeichert werden. Wenn die Amygdala etwas Bedrohliches wahrnimmt, beispielsweise das schlangenähnliche Objekt, dann signalisiert sie dem Hippocampus, er möge nach ähnlichen Bildeindrücken suchen und sie dem Neocortex zur Bewertung schicken. Der Hippocampus speichert Erinnerungen auf unbegrenzte Zeit. In Situationen extremer Gefahr kann er von der Amygdala dermaßen überreizt werden, dass er Erinnerungen mit einer Geschwindigkeit produziert, die uns glauben lässt, unser ganzes Leben laufe blitzschnell vor unseren Augen ab.

Seit ihrer Entdeckung vor noch nicht einmal zwanzig Jahren sind Spiegelneuronen zum Gegenstand großer Aufregung und zahlreicher Diskussionen in der neurowissenschaftlichen Welt geworden.[21]

Spiegelneuronen feuern in exakt gleicher Weise sowohl bei der Ausführung einer Handlung als auch bei deren Beobachtung. Also: Wenn wir jemandem zusehen, wie er zum Abschied winkt, oder wenn wir selbst zum Abschied winken, dann leuchten am Bildschirm dieselben Spiegelneuronen auf. Auch emotionale Zustände werden gespiegelt: Jemanden in Ekstase zu beobachten oder selbst in Ekstase zu sein aktiviert dieselben Ablaufmuster. Spiegelneuronen scheinen bei zahlreichen verschiedenartigen und wichtigen Prozessen beteiligt zu sein, wie beispielsweise beim Lernen durch Beobachten (möglicherweise sind sie der Grund, warum Sportler sich so gern Wettkämpfe ihrer Sportart ansehen), bei Ersatzbefriedigungen (möglicherweise sind sie für das Suchtpotenzial von Pornografie verantwortlich), bei Empathie (vielleicht lassen sie uns über die Beobachtung von Gesichtsausdruck und Körpersprache das mitfühlen, was andere fühlen). Um Empathie auf diese Weise zu praktizieren, bedarf es jedoch genauer und sorgfältiger Beobachtung. Therapeuten, die sich berufsbedingt in andere einfühlen müssen, sind dazu in der Lage; auch Personen in sehr engen Beziehungen. Es in weniger engen Beziehungen zu versuchen kann schwierig sein.

Bei jedem Menschen ist das CEN individuell organisiert, je nach Temperament, Erfahrung und Interessen des Einzelnen, genau wie bei jedem der Computer auf individuelle Weise organisiert ist. Beides sind Systeme, um Informationen zu speichern, miteinander zu verknüpfen, zu trennen und wiederherzustellen. Im CEN gibt es neuronale Pfade, die einzelne Erinnerungen mit besonderen Emotionen, Gedanken und Wahrnehmungen verknüpfen; andere Pfade hemmen und verhindern Verknüpfungen. Mit jedem Gebrauch werden die Verbindungen kräftiger, und sie werden schwächer, wenn man sie vernachlässigt. Dieses wachsende und sich ständig verändernde Netz von Zusammenschaltungen spiegelt jede einzelne unserer emotionalen Verknüpfungen mit jedem einzelnen Gedanken und jeder Wahrnehmung wider; so entsteht das, was Freud »das Ich« nannte – unser Selbst-Bewusstsein in Relation zur Welt.

Weil das Gehirn so organisiert ist, dass es Gefühlen Priorität einräumt – die Amygdala reagiert schneller, als der Neocortex denken kann, und ist sensibel gegenüber Informationen, die der Neocortex gar nicht sehen kann –, ist es nur logisch zu fragen, warum wir nicht alle emotionale Interpreten von Informationen sind. Obwohl keine Studien vorliegen, zweifle ich nicht daran, dass tendenziell mehr Menschen emotionale Informationsverarbeiter sind als kognitive. Dennoch sind kognitive Interpreten alles andere als selten, und manche wissen so gut wie gar nichts über Emotionen. Die Antwort auf diese Frage liegt in der Fähigkeit des Neocortex zu hemmen, also Botenstoffe freizusetzen, die das Erleben von Emotionen dämpfen oder gänzlich blockieren. Einige dieser Hemmschwellen werden selektiv und gezielt eingesetzt. So können beispielsweise Menschen, die Schlangen erforschen oder aus Flugzeugen springen, lernen, ihre Angst zu blockieren.

Bei manchen Menschen ist das emotionale Erleben gehemmt, in unterschiedlichen Abstufungen abgeschwächt oder gelegentlich völlig stillgelegt. Paradoxerweise handelt es sich dabei um Menschen, die mit einer außergewöhnlichen emotionalen Sensibilität auf die Welt gekommen sind. Im Kleinkindalter sind sie so empfindsam, dass sie emotional schnell überfordert und – wenn sie nicht die für sie richtige Umgebung haben – leicht durch ihre eigenen Gefühle desorganisiert werden können. Für Kinder mit solchen Veranlagungen kann ihr Neocortex zum Retter werden. Er kann ihre emotionalen Reaktionen hemmen und einen alternativen Weg zum Verstehen des sozialen Umfelds anbieten.

Temperament

Manche Menschen kommen als gelassene, bedächtige Naturen zur Welt, suchen den Nervenkitzel und stürzen sich furchtlos ins Leben. Andere sind mit einer hyperreaktiven Veranlagung ausgestattet, streben aber nach Geruhsamkeit im Vertrauten und sind nur zögerlich bereit, ihre Umwelt zu erkunden, weil sie Angst haben, verletzt oder überfordert zu werden. Das Temperament eines Menschen, d. h. die Qualität seiner Reaktivität, lässt sich schon im dritten Abschnitt der Schwangerschaft vorhersagen[22] und tritt offen zutage, wenn das Kind vier Monate alt ist. Nicht alle Kinder reagieren auf einen krawalligen Kastenteufel mit Jubel. Manchen steht das Entsetzen ins Gesicht geschrieben, und sie brechen in Tränen aus und müssen getröstet werden. Andere sind ein bisschen ängstlich und auf der Hut; wieder andere sprudeln über vor Aufgeregtheit, lachen fröhlich und verlangen eine Zugabe.

Verängstigte Kinder nennt man hochreaktiv oder gehemmt; mutige Babys heißen niedrigreaktiv oder nichtgehemmt. Hochreaktive Babys haben eine hypersensible Amygdala. Sie sind gehemmt und scheu. Im Alter von zwei Jahren sind zehn bis zwanzig Prozent von ihnen auffallend scheu. Niedrigreaktive Babys werden meist zu kontaktfreudigen Zweijährigen, die sich nicht leicht einschüchtern lassen. Scheue Kinder werden meist zu scheuen Erwachsenen, kontaktfreudige meist zu kontaktfreudigen.

Im Mutterleib werden hochreaktive Feten vom Stress der Mutter gestresst; niedrigreaktive lassen sich vom Stress ihrer Mütter nicht beeinflussen. Ist aber der Stress der Mutter chronisch, erhöht sich bei Kindern die Anfälligkeit für kommende Traumen. Wiederholte Traumatisierungen steigern die Sensibilität der Amygdala und machen die Betroffenen nicht nur jedes Mal ängstlicher, sondern auch anfälliger für künftige Traumen.

In einer neueren Studie[23] haben der Harvard-Psychologe Jerome Kagan, der die moderne Temperamenttheorie entwickelte, und seine Kollegen mit Hilfe der Magnetresonanztomografie Erwachsene verglichen, die im Kindesalter als gehemmt beziehungsweise als nichtgehemmt eingestuft worden waren. Man legte zweiundzwanzig jungen Erwachsenen Bilder mit vertrauten und nicht vertrauten Gesichtern vor. Jene dreizehn, die als Kinder gehemmt waren, zeigten größere Amygdala-Aktivitäten; jedoch wiesen nur zwei von den dreizehn eine Soziophobie auf. Die anderen elf allerdings hatten, obwohl biologisch zur Ängstlichkeit prädestiniert, für sich Mechanismen entwickelt, damit umzugehen, und dabei neuronale Verbindungsleitungen eingerichtet, die es dem Cortex ermöglichten, der Amygdala zu sagen, sie möge ihre Empfindungen für sich behalten.

Gehemmte, scheue Kinder kann man lehren, ihre soziale Umwelt zu erkunden und kontaktfreudiger zu werden. Untersuchungen zeigen, dass die Eltern dieser Kinder sie einfühlsam ermutigen, andere Menschen kennenzulernen und neue Sachen auszuprobieren. Weil sie um die Empfindlichkeiten ihrer Kinder wissen, handhaben sie Disziplin nachsichtig und üben Kritik zurückhaltend, doch gestatten sie es ihnen nicht, sich abzukapseln. Reaktive, sensible Kinder können allein für sich träumen und spielen und entwickeln oft eine rege Fantasie. Wenn Eltern, Betreuer und Lehrer bei den Fantasiespielen dieser Kinder aktiv mitmachen, können sie dazu beitragen, die Tagträume in künstlerische oder andere kreative Tätigkeiten umzuwandeln. Der sich dabei einstellende Erfolg macht es leichter, über gemeinsame Interessen zu anderen Kontakt herzustellen.

Hochreaktiv und extrem scheu
Untersuchungen mittels gehirnabbildender Verfahren zeigen, dass scheue Kinder, Kinder mit Angststörungen[24] und autistische Kinder vergrößerte Amygdalae haben[25]; je gravierender der Autismus, desto signifikanter die Vergrößerung.[26] Für Wissenschaftler handelt es sich bei Autismus um eine Spektrumstörung. Bei einer solchen gibt es kein einzelnes, klar definiertes Symptom; stattdessen findet sich eine Bandbreite von Symptomen, die von leicht bis schwer variieren, wobei die leichten auch bei der normalen Bevölkerung zu finden sind. Bipolare Störungen und Fetale Alkoholsyndrome sind weitere Beispiele für Spektrumstörungen. Innerhalb des autistischen Spektrums reicht die Skala von Menschen mit eingeschränkten *(low-functioning)* Verhaltensmustern, die kein selbständiges Leben führen können, bis zu solchen mit komplizierten *(high-functioning)* Verhal-

tensmustern, die ein hohes Funktionsniveau haben und deren Intelligenz meist oberhalb der geistigen Behinderung liegt, die aber einen merkwürdigen Eindruck vermitteln und keine Sozialkompetenz haben. Personen mit Asperger-Syndrom rangieren im *High-functioning*-Bereich des Spektrums und sind oft geselliger, aber dennoch auffällig. Die gängigsten autistischen Spektrumstörungssymptome sind extreme Scheu, soziale Unbeholfenheit und eine Unfähigkeit, andere Menschen zu lesen. Diese Symptome gehören in abgeschwächter Form zu den alltäglichsten Problemen auch sogenannter normaler Menschen.

Die derzeit gängige Theorie zum Autismus besagt, dass Autisten keine *ToM* hätten und sich deshalb auch nicht in die Perspektive anderer hineinversetzen oder erkennen könnten, dass andere Menschen ein anderes Bewusstsein haben. Diese Unfähigkeit, eine *ToM* zu bilden, interpretiert man als das Ergebnis einer Schädigung einiger Teile des CEN. Viele Forscher glauben, die Spiegelneuronen seien geschädigt. Das Problem bei dieser Theorie ist, dass sie falsch ist. Schon im allerersten Experiment, das zeigen sollte, dass Autisten keine *ToM* haben, bestanden mehrere autistische Kinder den *ToM*-Test, und mehrere normale Kinder taten dies nicht.[27] Ich persönlich glaube, dass Menschen mit Autismus so extrem reaktive Temperamente haben, dass sie durch Reize, vor allem soziale, schnell überfordert werden.

Ich glaube nicht, dass autistische Menschen neurologisch geschädigt sind; ich glaube, sie sind extrem scheu. Der Gedanke ist nicht neu. Francis Tustin, ein hervorragender Psychotherapeut, der vielen autistischen Kindern geholfen hat, vertrat eine ähnliche Ansicht. Dies tut auch Anni Bergman[28], die die Therapie einer ihrer Patientinnen filmte, die als unzugängliches fünfjähriges autistisches Kind begann, das weder Blickkontakt herstellte noch sprach, und heute eine erfolgreiche Künstlerin und Mutter von drei Kindern ist. Nach meiner Ansicht liegt einer der Gründe, warum manche von uns Therapeuten Autisten eher als scheu denn als hirngeschädigt betrachten, darin, dass wir sie viele Jahre lang in Therapien erlebten und sehen konnten, wie sie Fortschritte machten. Wir hatten die Chance, sie wirklich gut kennenzulernen. Wissenschaftler erleben sie nur kurz und unter stressigen Bedingungen. Eine Theorie des Autismus ist schließlich eine *Theory of Mind*, und – wie oben bereits angesprochen – was ich im Bewusstsein eines anderen sehe, ist in jeder neuen Beziehung zwischen Therapeut und Patient unterschiedlich. Ich werde gleich noch genauer auf das autistische Bewusstsein eingehen, weil sich daran gut das Verhältnis zwischen Temperament und Interpretationsstil veranschaulichen lässt.

Bei normaler Entwicklung wächst die Amygdala von der Pubertät bis zum Erwachsenenalter um etwa fünfzig Prozent. Liegt Autismus vor, ist sie von Anfang an größer und erreicht erwachsenen Umfang noch vor der Pubertät.[29] Die Frontallappen entwickeln sich jedoch normal, also viel langsamer als der Rest des Gehirns. Im Allgemeinen sind Kleinkinder besonders anfällig für Traumen, weil ihre Frontallappen etwa acht Monate lang nicht »online« gehen, weshalb sie nicht die Fähigkeit haben, Erfahrungen kognitiv zu verarbeiten. Versetzen wir uns in die Lage eines Babys, das außergewöhnlich reizempfänglich ist; jeder neue Anblick, Laut, Geruch und Geschmack wird wie der Schock erlebt, den man erfährt, wenn man um die Ecke biegt und eine Schlange sieht. Wiederholte Traumatisierungen sensibilisieren die Amygdala immer mehr, sodass die Welt zusehends Furcht einflößender wird. Da das Kleine noch nicht gelernt hat zu krabbeln, bleibt ihm nur übrig, die Augen zu schließen oder den Kopf wegzudrehen. Wird es ihm zu viel, schaltet es einfach ab und »tritt weg«. Seine Bezugspersonen versuchen gelegentlich, durch Gurren, Lachen, Kitzeln, Wackeln und Zappeln seine Aufmerksamkeit zu erregen. Das Einzige, bei dem es nicht Gefahr läuft, dass es von seiner Neuheit überwältigt wird, ist das, was es mit dem eigenen Körper anstellen kann. Das Einzige, das zuverlässig auf eine beruhigende Weise immer gleich bleibt, ist das, was es mit und für sich selbst tun kann: sich bewegen, Daumen lutschen, mit den Fingern vor den Augen herumfuchteln.

Eine scheue ToM

Autisten kann man sich oft als extrem schüchterne Menschen vorstellen, die an jenem Ende der Temperamentskala rangieren, wo die am stärksten ausgeprägten Hemmungen positioniert sind. Diese extreme Scheu, die ganz früh beim Kleinkind beginnt, nährt sich aus sich selbst. Wenn man sich vor anderen Menschen fürchtet, meidet man den Kontakt zu ihnen; und wenn man den Kontakt meidet, lernt man sie nicht kennen; und wenn man sie nicht kennenlernt, wird man sich in ihrer Gegenwart nie wohlfühlen, und die *ToM* der Betroffenen wird dieses Unwohlsein widerspiegeln. Viele Autisten betrachten normale Menschen – »neurologisch Typische« mit ihren Worten – als merkwürdige Geschöpfe, die auf eine irrationale Weise von einem Bedürfnis nach menschlichem Kontakt beherrscht werden. Ähnliche Erfahrungen machen sehr scheue Menschen, die an ihrem Arbeitsplatz kaum einmal ihr Büro verlassen, oder scheue Studenten, die selten aus dem Haus gehen. Beliebte gesellige Menschen werden, obzwar mitunter beneidet, oft aber als oberflächlich und manipulativ angesehen, die sich von einem rational nicht nachvollziehbaren Bedürfnis nach Freundschaft und Anerkennung leiten lassen.

Die von Außenseitern (die mit einem normalen sozialen Leben nicht zurechtkommen wie beispielsweise scheue Exzentriker und jene aus dem autistischen Spektrum) aufgestellten Theorien sind oft interessant, vielleicht nur begrenzt zutreffend, aber nicht völlig abwegig. Zunehmend attackieren Autisten und »Aspies«, wie sie sich manchmal selbst nennen, die Vorstellung, sie hätten eine psychiatrische Störung und müssten behandelt werden. Justin, ein Zehntklässler, wird mit der Aussage zitiert: »Menschen leiden nicht an Asperger. Sie leiden, weil sie deprimiert sind, weil sie die ganze Zeit ausgeschlossen und verprügelt werden.«[30] Der Webmaster der witzigen Website des fiktiven *Institute for the Study of the Neurologically Typical*[31] macht folgende Beobachtungen zur Normalität:

Das neurologisch typische Syndrom ist eine neurobiologische Störung, für die eine dauernde Beschäftigung mit sozialen Belangen, Überlegenheitswahn und eine Konformitätsobsession charakteristisch sind. Neurologisch typische Individuen gehen oftmals davon aus, dass ihre persönliche Welterfahrung entweder die einzige oder die einzig richtige sei. NTs fällt es schwer, allein zu sein. NTs sind oft intolerant gegenüber scheinbar geringfügigen Abweichungen im Verhalten anderer. In der Gruppe sind NTs unduldsam beim gegenseitigen Umgang und im persönlichen Verhalten und bestehen häufig auf der Durchführung dysfunktionaler, destruktiver und sogar unmöglicher Rituale, um die Gruppenidentität aufrechtzuerhalten. NTs fällt eine direkte Kommunikation schwer, und die Tendenz zu lügen ist bei ihnen, im Vergleich zu Personen aus dem autistischen Spektrum, viel ausgeprägter.

Man nimmt an, dass das neurologisch Typische im Ursprung genetisch bedingt ist. Autopsien haben ergeben, dass das typische NT-Gehirn kleiner als bei einem autistischen Menschen ist und sich in den Arealen, die für das Sozialverhalten zuständig sind, übermäßig entwickelt hat … Tragischerweise können bis zu 9 625 von 10 000 Menschen neurologisch typisch sein … Eine Therapie ist nicht bekannt.

Da manchen Menschen aus dem autistischen Spektrum jeglicher Sinn für Humor fehlt, fährt der Autor für die Betreffenden aus seinem Publikum mit der Erklärung fort, dass er gerade Scherze mache. Er kann also klar nachvollziehen, dass andere anders denken als er, und er demonstriert, dass manche Autisten eine leicht abweichende *ToM* haben. Viele aus dem autistischen Spektrum haben eine solche Angst vor sozialer Interaktion, dass sie nie etwas über das Bewusstsein anderer erfahren. Andere wiederum, wie dieser witzige Webmaster oder die populäre Professorin und Autorin Temple Grandin, sind mit Hilfe ihrer kognitiven Fähigkeiten in der Lage, ihre Ängste zu unterdrücken, das Bewusstsein anderer zu verstehen und mit dem Leben zurechtzukommen.

Ein breites Spektrum
Das vermehrte Auftreten von Autismus ist schon als Epidemie bezeichnet worden. Die Wahrscheinlichkeit, dass ein Kind mit einer autistischen Störung diagnostiziert wird, ist heute fast dreißig Mal höher als vor zwanzig Jahren. Manche Wissenschaftler schätzen, dass von Autismus, Asperger-Syndrom und anderen verwandten Störungen aus dem so genannten *autistischen Spektrum* ein Prozent der Bevölkerung betroffen ist, was allein in den USA drei Millionen wären.[32] Menschen aus dem autistischen Spektrum haben Defizite auf drei Gebieten: auf dem der sozialen Interaktion, der Kommunikation und der Imagination.

Eine schwere Beeinträchtigung der Fähigkeit zum Sozialkontakt ist eines der typischen Merkmale von Autismus. Jemandem in die Augen zu blicken, jemandem unverwandt ins Gesicht zu sehen hat erhebliche emotionale Auswirkungen. Blickkontakt beschleunigt Pulsschlag und Atemfrequenz und verursacht oft Schwitzen und Erröten. Normale Mütter und ihre Babys sehen sich oft lange an, doch wenn es dem Baby zu intensiv wird, weicht es dem Blick aus oder schließt die Augen. Frisch Verliebte sonnen sich in den Blicken des anderen, doch im Lauf der Beziehung wird das gegenseitige Sichanschauen weniger. Einen Fremden anzustarren oder ihm direkt in die Augen zu blicken kann Dominanz signalisieren und wird oft als aggressiv empfunden; wenn sich aber zwei Fremde in die Augen sehen und sich dabei die Hände schütteln, kann dies eine Bestätigung von Freundschaft und gegenseitigem Respekt darstellen. In den meisten Kulturen des Altertums war der Blickkontakt mit dem König verboten, und man durfte sich dem Herrscher nur gesenkten Hauptes nähern. Der Blick aufs Antlitz des alttestamentarischen Gottes führte zum jähen Tod; der Blick ins Antlitz Jesu bewirkte ewige Liebe und Gnade.

Eltern eines autistischen Kindes spüren meist zum ersten Mal, dass etwas nicht stimmt, wenn ihr Kind nicht auf ihr Mienenspiel reagiert und ihnen nicht in die Augen schaut, sondern dem Blick ausweicht und woanders hinsieht. Autistische Kinder vermeiden es, anderen ins Gesicht zu sehen. Sie haben auch ein Defizit bei dem, was Psychologen *joint attention* (»geteilte« oder »gemeinsam ausgerichtete Aufmerksamkeit«) nennen. Darunter versteht man den Einsatz von Blickkontakt und Zeigegesten, um etwas, das man gerade erlebt, mit anderen zu teilen. Nur Menschen und ihre vierbeinigen Gefährten, die Hunde, sind zu geteilter Aufmerksamkeit fähig; andere Tiere nicht, auch nicht Schimpansen und Affen. In neueren Studien wurden selbstgedrehte Videos von Geburtstagspartys ausgewertet; man stellte fest, dass Kinder, bei denen später Autismus diagnostiziert wurde, bereits frühzeitig Schwierigkeiten haben, andere anzublicken oder Erlebtes miteinander zu teilen, einige schon an ihrem ersten Geburtstag, alle aber beim zweiten. Manche Kinder machen an ihrem ersten Geburtstag einen vollkommen normalen Eindruck, sogar einen besseren als den normalen, haben aber bis zu ihrem zweiten Geburtstag ihre sozialen Fähigkeiten verloren.

Das Gesichtserkennungsareal, der fusiforme Gyrus, ist der Teil des Gehirns, der sich darauf spezialisiert hat, auf Gesichter, nicht aber auf andere Objekte zu reagieren. Ursprünglich hatten Neurowissenschaftler den Schluss gezogen, dass bei Autisten dieses Areal inaktiv sei, dass ihre Gehirne Gesichter so verarbeiteten, als wären es unbelebte Objekte. Neuere und genauere Untersuchungen haben ergeben, dass Autisten Gesichter normal verarbeiten können, doch nur, wenn es sich um Gesichter sehr vertrauter Familienmitglieder handelt.[33] Dies ist ein Indiz dafür, dass Autisten sich dann für andere interessieren, wenn sie sich bei ihnen wohlfühlen. Fremde empfinden sie als Furcht einflößend, und sie fühlen sich durch sie überfordert. Was wie Gleichgültigkeit gegenüber Fremden aussieht, ist in Wirklichkeit Furcht und Rückzug, etwas Ähnliches wie das Erstarren.

Asperger-Patienten sind anders. Auch sie empfinden Kontakt als überfordernd. Ein junger »Aspie« formulierte das so: »Jemandem so richtig in die Augen zu schauen ist das Gruseligste auf der Welt.« Doch anders als die Autisten, schreiben sie Mitmenschen nicht völlig ab. Viele bekunden den Wunsch nach einem Freund, nach jemandem, den sie sich als Seelenverwandten wünschen. Allerdings wird die Erfüllung dieses Wunsches oft durch soziale Ungeschicklichkeit oder merkwürdiges Verhalten durchkreuzt, was wiederum zu brutaler Zurückweisung führen kann. Ein junger Mann mit Asperger schrieb: »Ich kann keine Freundschaften schließen und brauche doch dringend Freunde. Wer Freunde hat, kriegt mehr Unterstützung, und man kann sie um vieles bitten, und dann helfen sie dir, weil sie ja deine Freunde sind ... weil ich keine Freunde habe, bedeutet das, ich bin von jeder Hilfe abgeschnitten ... ich weiß nicht, wie man sozialen Kontakt herstellt.«[34]

Sogar *high functioning* Autisten äußern nicht den Wunsch nach zwischenmenschlichen Beziehungen, es sei denn, sie hätten sich einer jahrelangen intensiven Psychotherapie unterzogen. Temple Grandin, Professorin für Tierwissenschaften an der Colorado State University und Bestsellerautorin von Büchern über ihre eigenen Erfahrungen als Autistin, schrieb: »Gehänselt zu werden tut weh, und ich wurde von den Kindern gehänselt, und da geriet ich so in Zorn, dass ich ihnen ein paar geknallt habe. Einfach so.«[35] Sie sagt, dass sogar private Beziehungen Erwachsener etwas seien, das sie nicht so richtig verstehe. Der Gedanke an Sex, dass ein Körper den anderen berührt, verstört sie zutiefst, aber zum Schlafen hat sie sich eine einschlagbare Matratze konstruiert, weil sie das Gefühl beruhigt, gehalten zu werden.

Autistische Kinder beginnen erst spät zu sprechen, und manche sprechen überhaupt nie. Diejenigen, die zu sprechen gelernt haben, tun das auf eine seltsame Art: monoton oder in einer befremdlichen Stimmlage, oder sehr schnell. Manchmal verwenden sie Wörter auf ungewöhnliche Weise und wiederholen unaufhörlich dieselben

Wendungen, oder sie geben genau das, was zu ihnen gesagt wurde, wie ein Echo zurück. Etwa 70 Prozent der autistischen Kinder sind auch geistig zurückgeblieben, was eine Therapie umso schwieriger und ein selbstständiges Leben unmöglich macht. Andere Autisten haben normale oder sogar geniale IQs, und einige – *high functioning* Autisten – sind imstande, vollkommen unabhängig zu leben. Asperger-Kinder zeigen eine normale oder sogar fortgeschrittene sprachliche Entwicklung, doch ihr Sprachgebrauch erscheint seltsam, oft gekennzeichnet durch ständige Wiederholungen, Pedanterie oder Gestelztheit.

Menschen aus diesem Spektrum haben eingeschränkte Spiel- und Imaginationsfähigkeiten, und ihre Interessenschwerpunkte sind eng begrenzt. Sie können einen einzigen Gegenstand stundenlang anstarren oder die gleiche Tätigkeit immer wieder ausführen; sie können aber auch ein hochgradiges Interesse am Sammeln irgendwelcher Dinge wie Münzen oder Briefmarken an den Tag legen, was sich zunächst nicht sehr von einem normalen Sammeleifer unterscheidet, außer durch seinen obsessiven Charakter. Selbst die *high functioning* unter den Menschen mit Autismus oder Asperger zeigen sich am ehesten an Dingen abseits von zwischenmenschlichen Beziehungen interessiert: an Computern, Naturwissenschaft oder Mathematik.

Erwachsene *high functioning* Autisten können extrem kognitive Interpreten sein. Daniel Tammet beschreibt in seinem Buch *Born on a Blue Day* (dt. *Elf ist freundlich und Fünf ist laut. Ein genialer Autist erklärt seine Welt*) sehr schön, wie er schrittweise immer besser im Umgang mit seinem sozialen Umfeld wurde: »Ich konnte klarer als je zuvor erkennen, wie mein ›Anderssein‹ meinen Alltag beeinflusste, besonders meinen Umgang mit anderen Menschen. Ich hatte schließlich begriffen, dass Freundschaft ein heikler, stufenweiser Prozess ist, den man nicht künstlich beschleunigen oder einfach so beim Schopf packen durfte, sondern dem man Zeit geben musste, damit er nach und nach seinen Lauf nimmt. Ich habe mir Freundschaft wie einen Schmetterling vorgestellt, der schön und zart zugleich ist, der, sobald er dahinschwebt, der Luft gehört und den jeder Versuch, ihn mit Händen zu fassen, nur umbringen würde. Ich erinnerte mich, wie ich früher in der Schule mögliche Freundschaften verpatzt hatte, weil ich mich aus Mangel an sozialem Instinkt zu sehr darum bemüht und einen vollkommen falschen Eindruck erweckt hatte ... Inzwischen hatte ich auch eine Datenbank unterschiedlichster Erfahrungen zur Verfügung, auf die ich bei allen Arten von auf mich zukommenden Situationen zurückgreifen konnte.«[36] Tammet ist ein *high functioning* Autist und gleichzeitig ein Mathematik-*Savant*, ein »Mathegenie«.

Etwa zehn Prozent aller Menschen mit Autismus oder Asperger besitzen jeweils eine außergewöhnliche Fähigkeit, die in scharfem Kontrast zu ihrer generellen Lebens- und Alltagstüchtigkeit steht. In den meisten Fällen erscheinen diese Fähigkeiten nur vor dem Hintergrund ihrer allgemeinen Behinderung bemerkenswert: wenn z.B. eine schwer autistische Person, die nicht sprechen oder sich selbstständig ankleiden kann, Klavier spielt oder zeichnet. Viel seltener sind die *Savants*, die ein Talent (eine »Inselbegabung«) haben, das bei jedem Menschen als außergewöhnlich gelten würde. Meistens finden sich diese Talente in der Musik (absolutes Gehör und die Fähigkeit, nach nur einmaligem Hören eine komplizierte Melodie spielen zu können), beim Kalender-Abfragen (der Fähigkeit, zu jedem beliebigen Datum der Vergangenheit oder Zukunft den Wochentag nennen zu können), in der Mathematik (blitzschnelle Rechenoperationen) und in der Kunst (detailgenaues Zeichnen oder Bildhauern, oft aus dem Gedächtnis). Zwar ist ein erstaunliches Gedächtnis etwas Alltägliches bei den *Savants*, doch gibt es unter ihnen welche, die sich sogar an alles erinnern, was sie je gehört, gesehen oder gelesen haben.

Von den Rummelplatzvariétés der Vergangenheit bis zu den Discovery Channels von heute faszinieren die *Savants* die Massen. Das Publikum erstarrt vor Ehrfurcht, wenn es einen Mitmenschen erlebt, der 37 x 37 x 37 x 37 in weniger als einer Minute ausrechnet, der die

Zahl Pi auf 21 514 Dezimalstellen genau angibt, der uns augenblicklich den Wochentag unseres ersten Geburtstages nennt oder ein Pferd nachzeichnet, nachdem er nur einen einzigen Blick darauf geworfen hat. Eigentlich sind das einfache Aufgaben, für die ein Computer keine große Rechenleistung erbringen muss. Winzige, kostenlos herunterzuladende Programme, die noch auf uralten Geräten laufen, können Pi bis zu einer Million Dezimalen ausrechnen oder jedes beliebige Datum mit einem Wochentag verknüpfen. Ein Taschenrechner für zwei Dollar rechnet 37^4 so schnell aus, wie man die Tasten drücken kann, und eine Digitalkamera für zehn Dollar liefert ein Bild von einem Pferd in Sekundenschnelle.

Doch die Evolution des Menschen fand ohne Computer oder Taschenrechner, Digitalkameras oder Sprachaufzeichner statt; diese sind allesamt Produkte des zwanzigsten Jahrhunderts. Es ist noch gar nicht so lange her, da wurde jegliche Musik auf Instrumenten gespielt, wurden alle Lieder leibhaftig gesungen und alle Geschichten persönlich erzählt, und das einzige Speichermedium war das Gedächtnis. Jemand musste im Kopf behalten, wann gepflanzt und wann geerntet wurde, wann die Zugvögel wegflogen und wiederkamen, wie lang man brauchte, um zu Fuß ans Meer zu gelangen. Ich vermute, dass die meisten fahrenden Sänger und die als Einsiedler in ihren Höhlen lebenden Propheten extrem scheu waren. Der Seher, die alte Hexe, der Waldmensch, der Zauberer, der Weise zogen es vielleicht vor, allein zu leben, abseits der anderen. Und vielleicht hatte ja die damalige Gemeinschaft einen festen Platz für ein paar emotional distanzierte »komische« Figuren, die einen exzentrischen Blickwinkel zum Alltag beisteuern konnten.

Das autistische Spektrum ist sehr breit und wird immer breiter. Es hat den Anschein, als mache sich jeder mit einem eng umgrenzten Interessenschwerpunkt und einer exzentrischen Erscheinung verdächtig. Manche haben Albert Einstein und Bill Gates am oberen Ende der *High-functioning*-Skala platziert. Zwar ging Einstein in seiner Arbeit vollständig auf, aber er interessierte sich auch sehr für andere Menschen und führte in eleganter Prosa einen Briefwechsel mit Freud über das Tragische an der Situation des Menschen. Und wir haben gesehen, wie scharfsinnig Bill Gates andere Menschen einschätzen kann, dass er seine Kunden versteht, intensive und lang anhaltende Freundschaften hat und das Freakhafte seiner Erscheinung der jeweiligen Lage anpassen kann. Beide können beispielhaft für Flexibilität und Balance stehen mit ihrer Fähigkeit, sich hin und her zu bewegen zwischen der intensiven Fokussierung des Autisten – ungestört vom Bedürfnis nach zwischenmenschlichem Kontakt und gleichgültig gegenüber der Meinung anderer – und der Fähigkeit zu Anteilnahme, Verständnis und zu tiefen, dauerhaften menschlichen Beziehungen.

Ein ziemlich großer Bereich des autistischen Spektrums scheint mir eher für das Wunder menschlicher Verschiedenartigkeit zu stehen und nicht für Krankheiten. Sollen wir den Propheten zusammen mit dem Psychotiker ins schizophrene Spektrum eingliedern, weil sie beide die Stimme Gottes vernehmen? Dazu den kaltblütigen Verbrecher und den heldenhaften Feuerwehrmann ins psychopathische Spektrum, weil sie beide im Angesicht der Gefahr furchtlos sind? Den pädophil Auffälligen und den Lehrer ins Straftäterspektrum, weil sie beide den Umgang mit Kindern lieben? Alle unter eine einzige Diagnose stellen zu wollen dürfte sowohl eine viel zu grobe Vereinfachung als auch einen unterschwelligen Ruf nach Konformität darstellen. Wäre uns eine Welt lieber, in der Johannes der Täufer wegen Schizophrenie behandelt werden würde, Martin Luther wegen einer querulatorisch-trotzigen Störung, Abraham Lincoln wegen Depression, Martin Luther King wegen einer Angststörung und Albert Einstein wegen Asperger-Syndroms?

Was uns am Autismus fasziniert, ist zum Teil fassungsloser Schauder, vielleicht mit einer Spur Neid, gegenüber einer Persönlichkeit, die kein Interesse an anderen Menschen hat. Die meiste Zeit ist unser Bewusstsein mit Gedanken an andere vollauf beschäftigt: wie man sich näherkommt, wie man auf Distanz geht, wie man geliebt wird, wie man selbst liebt, wie man Verletzungen aus dem Weg geht oder Schuldgefühlen, wenn man andere verletzt hat. Aber wer von uns will denn irgendwann nicht einfach bloß mal allein gelassen werden, wenn er das Gefühl hat, keinen Menschen ertragen zu können? Und wer verspürt nicht irgendwann einmal auch die Angst, allein auf sich gestellt zu sein und überhaupt keinen Kontakt knüpfen zu können?

Niedrigreaktiv und kontaktfreudig
Mehr als 20 Prozent aller Babys sind von auffallend niedrigreaktivem Temperament. Unbekanntes schüchtert sie nicht ein, sondern sie mögen durchaus neue und intensive Erfahrungen. Meistens entwickeln sie sich zu nichtgehemmten, geselligen Kindern und Erwachsenen, oft mit einer gewissen Abenteuerlust ausgestattet. Wir wissen weitaus weniger über die Entwicklung nichtgehemmter Babys als über die der gehemmten. Sie sind die prototypisch »pflegeleichten« Babys – nett, entspannt, kontaktfreudig, lustig und interessiert. Niedrigreaktive Kinder bereiten selten Probleme, weshalb Psychotherapeuten sie selten zu Gesicht bekommen.

Man glaubt, dass einige wenige von ihnen als Erwachsene straffällig und unsozial werden. Das ergibt durchaus Sinn: Nichtgehemmte Kinder fürchten sich nicht so leicht. Ihre weniger reaktive Amygdala lässt glänzendes lautes Spielzeug, Schlangen und Achterbahnen weniger beängstigend erscheinen, aber auch zu schnelles Fahren, Experimentieren mit Drogen und angedrohte Strafen. Furchtlos wie sie sind, werden einige später Abenteurer (Bergsteiger, Testpiloten, Astronauten) und Lebensretter (Feuerwehrleute, Rettungssanitäter). Es gibt nicht viel, was niedrigreaktive kontaktfreudige Menschen nicht fertigbringen – ausgenommen vielleicht, Langeweile zu ertragen.

Weil Situationen, die für die meisten Menschen aufregend wären, ihnen zu langweilig vorkommen, suchen manche Niedrigreaktive einen Kick in Aktivitäten, die die Mehrheit als gefährlich einstufen würde. Mein Patient Jim ist selbst Therapeut, trägt stets konservative

Anzüge und wurde von seinen Kollegen für ruhig, ja sanftmütig gehalten. Jim war in einem rauen Viertel aufgewachsen. Er war ein aufgeweckter Junge und ging gern zur Schule, weshalb die anderen auch ständig auf ihm herumhackten. Jim war ein sportlicher Typ und beschloss, kämpfen zu lernen; er verließ das Viertel, um Kampfsportunterricht zu nehmen. Mit der Zeit erwarb er sich den Respekt seiner Umgebung. Dann, als Erwachsener, schlich sich Jim immer wieder einmal davon und besuchte Arbeiterkneipen, wo er in Schlägereien geriet. Manchmal fing er an, manchmal kam er dem Verlierer zu Hilfe. Immer ging er als Sieger hervor. Jim sagte mir: »Der Trick ist, ruhig zu bleiben, wenn alle anderen blind vor Angst oder Wut sind. Dann ist es ganz einfach.« Er schilderte, wie er einem Angreifer ins Gesicht sah und genau wusste, wann dieser zuschlagen würde; dass er dessen Körpersprache lesen, die Richtung des Schlages vorhersehen konnte und folglich wusste, welcher Körperteil ohne Deckung sein würde; und wie er, Jim, dann lässig einen Schritt zur Seite tun und einen vernichtenden Gegenangriff starten konnte, während er gleichzeitig den Ausdruck von Schock und Überraschung in der Miene seines Gegners und bei den Umstehenden registrierte. Jim hörte sich an wie Clint Eastwood in *The Unforgiven* (dt. *Erbarmungslos*).

Jim arbeitete erfolgreich mit den schwierigsten Fällen, mit Patienten, die von anderen Therapeuten abgelehnt oder aufgegeben worden waren – »unheilbare« Schizophrene; wütende und impulsive Patienten, die ihre ehemaligen Therapeuten bedrohten; depressive und verängstigte Patienten, die von ihren früheren Therapeuten missbraucht worden waren. In seiner Praxis blieb Jim ruhig, genau wie in der Kneipe, beobachtete, nahm Reaktionen vorweg, aber nicht, um zu kontern, sondern um mit den nach seinem Gefühl richtigen Worten und dem richtigen Ton den Patienten zu beruhigen und ihm dabei zu helfen, über Erlittenes hinwegzukommen und ein Verständnis von sich selbst zu fördern.

Jim ist ein emotionaler Interpret. Als niedrigreaktive, nichtgehemmte und sehr gesellige Person ist er in der Lage zu spüren, was andere fühlen, ohne sich von deren Emotionen überwältigen zu lassen. Hinzu kommt noch, dass er ein sehr intelligenter und nachdenklicher Mensch ist und auf dem Gebiet der Psychiatrie wissenschaftlich arbeitet. Dennoch erzählte er mir, dass er seinen Studenten oft zu sagen pflegt: »Lasst euch nicht dadurch davon abhalten, mit euren Patienten mitzufühlen, dass ihr zu viel über die Forschung und über Theorien nachdenkt.«

Jim ist ein sehr kluger Kopf und kann sich auf seine kognitiven Fähigkeiten verlassen; niedrigreaktive emotionale Interpreten brauchen aber ihre Beziehungen gar nicht verstandesmäßig zu begreifen, um tiefe Verbundenheit zu empfinden. Der weltberühmte Neurologe und Autor Oliver Sacks[37] beschreibt sehr schön das direkte, unbehinderte emotionale Wissen erheblich zurückgebliebener Menschen. Rebecca, eine kindliche Neunzehnjährige, besaß so wenig Intelligenz, dass sie »sich beim Gang um den Häuserblock verirrte« beziehungsweise »eine Tür nicht mit einem Schlüssel öffnen« konnte. Aber Rebecca »war zu warmherzigen, tiefen, sogar leidenschaftlichen Bindungen fähig«. Als ihre Großmutter starb, sagte sie zu Sacks: »Ich weine wegen mir, nicht wegen ihr ... Sie ist in ihre Ewige Heimat gegangen ... Mir ist so kalt. Das kommt nicht von außen, der Winter ist innen. Kalt wie der Tod ... Sie war ein Teil von mir. Ein Teil von mir ist mit ihr gestorben.« Rebecca liebte Theater, und Sacks beobachtete, dass sie beim Schauspielen »zu einer völlig anderen Person wurde, selbstsicher, fließend, mit Stil in jeder Rolle«. Rebecca fühlte sich von zwischenmenschlichem Kontakt nie eingeschüchtert oder überfordert und konnte eine tiefe Verbindung zu Sacks herstellen.

Die meisten befinden sich in der Mitte
Da eine reaktionsbereite Umgebung dazu beitragen kann, dass aus einem genetisch hochreaktiven, gehemmten Baby ein kontaktfreudiges und unternehmungslustiges Kind wird, gibt es keinen einfachen psychologischen Test für das Temperament bei Erwachsenen. Die einzig präzise Methode, um angeborenes Temperament im Er-

wachsenenalter zu messen, ist ein Kernspintomogramm der Amygdala-Aktivität während der Gegenüberstellung von fremden und vertrauten Gesichtern. Ein praxisnahes Verfahren ist das vorläufig noch nicht. Es ist wichtig, sich zu erinnern, dass die meisten Menschen – über 60 Prozent – in den mittleren Bereich fallen und von ihrem Temperament nicht in auffälliger Weise beeinträchtigt werden. Wer sich in der Temperamentskala in einem der Extrembereiche befindet, wird das als Erwachsener wohl inzwischen wissen. Wenn Sie gern neue Menschen kennenlernen und in exotische Gegenden reisen, den außergewöhnlichen Kick und strapaziöse Abenteuer suchen, wenn Sie gern Dinge tun, vor denen die meisten zurückschrecken, wie Klettern und Fallschirmspringen, wenn Sie bei Glücksspielen und Geldanlagen ohne Beklemmung risikofreudig handeln, dann sind Sie höchstwahrscheinlich niedrigreaktiv. Wenn Sie eher der häusliche Typ sind und die Gesellschaft alter Freunde vorziehen, wenn es Sie nicht sonderlich interessiert, an neue Orte zu reisen oder neue Sachen auszuprobieren, wenn Sie Ihr Geld konservativ anlegen, nicht zocken und keine Risiken eingehen, wenn Ihnen ein schöner Spaziergang lieber ist als eine Fahrt in der Hochgeschwindigkeitsachterbahn, dann sind Sie höchstwahrscheinlich hochreaktiv. Und wenn Sie einfach nicht sagen können, was Sie sind, weil keines der Profile auf Sie passt, dann gehören Sie vermutlich in den mittleren Bereich.

Jedem seine Methode

Eine *ToM* – das Wissen, dass andere Menschen von Absichten und Überzeugungen motiviert werden, die nicht die gleichen sind wie die eigenen – ist eine bedeutsame Leistung, die von unterschiedlichen Menschen auf unterschiedliche Weise bewerkstelligt wird. Wir alle haben uns in der Kindheit abgemüht, jene zu verstehen, die für uns wichtig waren, *Theories of Mind* zu formulieren, die wir dann als Schablonen benutzten, um das Bewusstsein anderer zu lesen. Jeder individuelle Ansatz zum Lesen anderer wird von mehreren Faktoren beeinflusst: von unserem Temperament oder unserer Sensibilität, von Verfügbarkeit und Sensibilität unserer ersten Bezugspersonen, von Stress und Traumen der frühesten Kindheit und von unseren kognitiven Fähigkeiten, das alles sinnvoll zu interpretieren.

Bis zum Erwachsenenalter hat jeder von uns seinen persönlichen Stil zur Ergründung des sozialen Umfelds entwickelt. Jeder Stil kann auf einer Skala zwischen den Eckpunkten »kognitiv« und »emotional« platziert werden. Einige Menschen schaffen eine Balance, aber bei den meisten verschiebt sich das Gleichgewicht maßvoll in die eine oder andere Richtung. Emotionale Interpreten neigen zu Einschätzungen auf der Basis ihrer Gefühle; kognitive neigen dazu, ihren Intellekt einzusetzen, um andere zu lesen. Bei manchen kann sich, wie wir in diesem Kapitel gesehen haben, die Gewichtung extrem verschieben.

Viertes Kapitel
TRAUMA:
WIE ERLEBNISSE GEHIRN UND BEWUSSTSEIN FORMEN

Am Morgen des 11. Septembers 2001 setzte ich meinen zwölfjährigen Sohn an seiner Schule, der Hudson River Middle School ab, vier Querstraßen nördlich vom World Trade Center. Wir leben schon seit fast vierzig Jahren in Süd-Manhattan. Gegenüber von unserem Haus führt auf der anderen Seite der West Street ein Weg den Hudson entlang, wo man in ruhigen Stunden noch den Geist der alten Siedlung am Fluss spüren kann. Vergnügungsjachten, Ausflugsboote und Frachtkähne ziehen vorbei; Autowerkstätten, ehemalige Fabriken und Kneipen reihen sich am Wasser entlang. Beim Hafen von New York im Südwesten hält eine kräftige, grüne Miss Liberty, die früher einmal ein Leuchtturm war, eine Fackel hoch in die Luft.

Keine halbe Stunde zu Fuß nach Norden liegen Chelsea und Midtown, im Süden Soho, Chinatown, Tribeca und die Wall Street. Über niedrige Miets- und Reihenhäuser hinweg sieht man den Turm des Empire State Building. Früher waren die Zwillingstürme von überall zu sehen; sie waren so allgegenwärtig, dass sie mit dem Hintergrund von Wolken und Himmel zu einer Einheit verschmolzen. In den Einkaufszentren ihrer Erdgeschosse gingen wir immer zum Shopping, und ungefähr einmal jährlich fanden wir einen Vorwand, um droben im Restaurant Windows on the World im 107. Stock des Nordturms etwas zu feiern. Während ich dies schreibe, betrachte ich ein Foto über meinem Schreibtisch, auf dem meine Frau und ich uns vor den Fenstern küssen, an unserem dreißigsten Hochzeitstag im Sommer 2001.

Peter fuhr meistens auf seinen Inlinern am Fluss entlang zu seiner Schule, und ich ging zu Fuß zur Arbeit. An jenem Tag nahm ich jedoch das Auto, um meine Golfschläger zu der Drivingrange mitzunehmen, die sich auf einer der alten Chelsea-Piers befindet. Unterwegs setzte ich Peter ab. Wir waren etwa zu zehnt, die vor Arbeitsbeginn schnell noch ein wenig trainieren wollten, als jemand rief, ein Flugzeug sei gegen das World Trade Center geprallt. Wir mussten nur ein paar Schritte auf die Pier hinaus tun, um Rauch aus einer kleinen Öffnung hoch oben an einem der Türme aufsteigen zu sehen. Es gab einige brummige Kommentare über Privatflugzeuge und leichtsinnige Piloten, und wir machten weiter und schlugen unsere Bälle. Dann erfolgte der Aufprall des zweiten Flugzeugs, und die Welt brach auseinander; Sirenen und Hupen gellten, Streifenwagen, Rettungsfahrzeuge und die Feuerwehr verstopften die Straßen. Ich sprang in mein Auto, wich den Verkehrsstaus über Seitenstraßen aus und fuhr auf den Bürgersteigen, so weit es ging. Dann ließ ich den Wagen stehen, rannte zu meiner Frau ins Büro, die, wie viele andere, noch gar nicht wusste, was geschehen war.

Beide rannten wir in Richtung der Türme und durch die uns entgegenkommenden Massen von Menschen hindurch, von denen viele schrien und weinten und manche mit Ruß und Asche bedeckt waren. Wir blieben nicht stehen, um uns zu erkundigen. Ich dachte nicht über das nach, was ich sah. Erst später, in meiner Erinnerung, sah ich das Entsetzen in ihren Gesichtern. Ich habe an nichts anderes gedacht als daran, unseren Sohn zu finden. Meine Frau erzählte mir später, sie habe irgendwann einmal auf dem Weg nach oben geblickt und keine Türme mehr gesehen. Von Entsetzen gepackt, hatte sie kein Wort gesagt. Etwa auf halbem Weg erreichte uns glücklicherweise ein Anruf aus dem verstopften Mobilfunknetz: Peter war in Sicherheit im Haus eines Freundes ganz in der Nähe. Wir holten ihn dort ab. Die Mutter seines Freundes war zur Schule gegangen, hatte all jene Kinder eingesammelt, die mit ihr kommen wollten, und sie zu sich nach Hause geführt. Unterwegs war der erste Turm in sich zusammengestürzt, und sie sind vor der heranrollenden Wolke aus Staub und Schutt davongerannt. Peter hatte Angst gehabt, es könnte sich um einen Großangriff handeln. Er hatte überlegt, ob wir am Leben seien, ob er nun ganz allein auf der Welt wäre. Erst Jahre danach hat er uns erzählt, dass er durch die Fenster seiner Schule gesehen hatte, wie menschliche Körper von den Türmen herabfielen.

Über unseren Köpfen flogen Kampfflugzeuge, und ununterbrochen heulten Sirenen. Süd-Manhattan war bald militärisch abgeriegelt und vom Rest der Welt abgeschnitten. Nur Anwohner und Personen mit Sondererlaubnis durften hinein. Verwandte und Freunde der Vermissten wanderten durch die Straßen, hängten Fotos und persönliche Botschaften auf in der schwachen Hoffnung, Nachricht zu erhalten. Monatelang hingen die verblassenden Aufnahmen an Laternenpfählen und Gebäudemauern, lächelnde junge Gesichter, inzwischen zu Gedenkbildern für die Toten geworden.

Am 12. September fingen Peter und ein Freund damit an, in Drugstores und Lebensmittelläden Artikel des täglichen Bedarfs und Proviant für die Rettungsmannschaften vor Ort zu sammeln. Meine Frau und ich boten den unter Schock Stehenden und Trauernden unsere Hilfe an. Während der nachfolgenden Wochen lebten wir mit dem Qualm und dem Geruch des Schreckens. Die Eltern meiner Mutter, sieben Tanten und Onkel, dazu Cousins und fast die gesamte Familie meiner Frau waren in Nazi-Öfen verbrannt worden. Der Geruch und die Asche auf unseren Fenstersimsen ließen diesen Teil der Vergangenheit in unserem Bewusstsein wieder lebendig werden. Wir diskutierten darüber, ob wir die zwanzig Minuten nach Süden gehen und den Scheiterhaufen mit den verbrannten Leichen besuchen sollten. Würde dadurch alles nur noch schlimmer werden? Aber wie sollte das möglich sein? Wann ist die Realität Furcht einflößender als die Fantasie?

Etwa eine Woche nach dem 11. September gingen wir den Fluss entlang zum Ground Zero; auf dem Wasser spiegelten sich graue Wolken vor einem mondlosen Himmel. In der Chambers Street, direkt vor Peters Schule, bogen wir nach Osten, dann auf der Washington Street nach Süden; wir stellten uns zu anderen Trauernden, die stumm sechs Stockwerke schwelender Glut und geschmolzenen Stahls betrachteten. Man hatte Flutlichter an hohen Kränen aufgehängt, die die gezackten Überreste der Türme in weißes Licht vor dunklem Hintergrund tauchten. Große Schaufelbagger luden Schutt in wartende Lastwagen. Schmutzverschmierte Feuerwehrleute stocherten vorsichtig mit langen Sonden nach persönlichen Gegenständen und menschlichen Überresten.

Jeden Tag kommen mir diese Erinnerungen. Wie denn auch nicht? Ich gehe dieselben Straßen am Fluss entlang, höre Sirenen, sehe Flugzeuge und keine Türme. Mich nicht zu erinnern wäre, als würde ich ein Foto meines Vaters betrachten und mich nicht an sein Leben und seinen Tod erinnern und wer er für mich war. »Der Schatten des Objekts fällt auf das Ich«, schrieb Freud und meinte: Das, was man verliert, wird ein Teil von dem, der man ist. Die Ereignisse des 11. Septembers prägten mein Bewusstsein. Ich war zutiefst betroffen, aber nicht erkennbar traumatisiert; allerdings ist das etwas, was ich nie mit Bestimmtheit wissen werde, weil ein Trauma manchmal verborgene Wunden zurücklässt, die erst später – im Alter oder im Verlauf einer Krankheit oder anderer Stresssituationen – offen zutage treten. Das Gleiche gilt für meine Frau und meinen Sohn. Im Unterschied zu so vielen anderen wurden wir nicht verletzt oder verloren einen geliebten Menschen. Aber wir haben den Horror gesehen, um unser Leben gefürchtet und wochenlang mit dem Geruch des Todes gelebt. Manche, die weniger Schlimmes erlebten, leiden noch heute, während andere, die viel mehr durchmachten, in den Alltag zurückgefunden haben wie wir.

Man wird es ein Leben lang nicht los

Vom ehemaligen Marineinfanteristen, der in Martin Scorseses *Taxi Driver* (1976) als Ein-Mann-Bürgerwehr gegen Schmutz und Unmoral zu Felde zieht, bis zum ehemaligen Kriegsgefangenen, der sich als verklemmter Schuldirektor in der TV-Serie *The Simpsons* austobt, ist der psychologisch beschädigte Vietnamveteran zum großen Thema populärer Unterhaltung geworden. Ob tragisch oder komisch – bei ihnen allen scheint die Zeit stehen geblieben zu sein. Sie sind nie vollständig in der Gegenwart, nie weit weg vom Krieg, und ein falsches Wort oder Bild kann einen Flashback auslösen, ein intensives nochmaliges Durchleben ihrer Schrecken. Auf ähnliche Weise wird das misshandelte beziehungsweise missbrauchte Kind als fürs Leben gezeichnet dargestellt, als unfähig, seiner Vergangenheit zu entfliehen. Die posttraumatische Belastungsstörung (PTBS), die erst 1980 medizinisch anerkannt wurde, ist heutzutage eine der am häufigsten diagnostizierten Formen psychiatrischer Störungen. Ganz eindeutig beeinflussen tragische Ereignisse die Art und Weise, wie wir die Welt verstehen; es ist aber genauso eindeutig, dass manche Menschen heftiger beeinflusst werden als andere, und dass sich einige erholen, andere nicht.

In der Medizin wird ein Trauma als eine Wunde definiert, die durch gegen den Körper gerichtete Gewalt verursacht wird – blutendes Gewebe, aufgerissene Haut, gebrochene Knochen. Freud entlehnte den Begriff aus der Medizin und wandte ihn auf das Bewusstsein an: eine geistige Wunde, verursacht durch exzessive, gegen die Seele gerichtete Gewalt – Angst, Schock, Panik, Entsetzen im Übermaß. Traumen sind unvermeidlich. Keiner kommt um Verletzungen herum. Kinder erleben Traumen im Allgemeinen dann, wenn sie wegen Verletzungen oder Krankheiten ins Krankenhaus müssen oder verlassen werden, wenn ihre Eltern sterben, geschieden, krank, deprimiert werden oder sich nur noch mit sich selbst beschäftigen. Viele Kinder werden durch Misshandlung und Vernachlässigung traumatisiert. Kinder und Erwachsene leiden unter Traumen durch Unfälle, Verbrechen, Krieg und Katastrophen.

Sowohl der Körper als auch der Geist sind so konstruiert, dass sie mit Traumen umgehen können. Wäre das nicht der Fall, wären wir alle verkrüppelt oder tot. Die meisten Wunden verheilen gut und hinterlassen nur eine unmerkliche Narbe. Manche hinterlassen hässliche Narben, und einige verstümmeln uns auf Dauer. Manche kleinen Narben, seelische und körperliche, verursachen weitaus größere Beschwerden, als man annehmen möchte. Doch auch geringfügige, schlecht versorgte Traumen wie beispielsweise infizierte Wunden können uns auf Dauer schädigen und Schmerzen bereiten.

Ein kleiner Junge rennt übermütig umher und fällt schmerzhaft hin. Verletzt und beschämt schluchzt er hemmungslos. Darauf können Eltern unterschiedlich reagieren: Vater oder Mutter kümmern sich um den Kleinen und beruhigen ihn liebevoll; oder sie kümmern sich nur nebenbei und halbherzig; oder der Kleine wird angeschrien: »Heul nur weiter so, dann kriegst du gleich was zum Heulen«; oder das Kind wird geschlagen. – Jede Reaktion wirkt sich anders auf den Heilungsprozess aus. Wird eine Wunde richtig behandelt, verheilt sie, und der Verletzte gewinnt Vertrauen zu anderen Menschen und Selbstsicherheit. Wird sie schlecht behandelt, eitert sie und hinterlässt ein Gefühl von Angst und Verletzlichkeit.

Wie gut eine seelische Wunde verheilt ist, lässt sich unmöglich sagen. Ein von mir befragter Holocaust-Überlebender hatte nach dem Krieg ein ausnehmend erfolgreiches neues Leben geführt. Er war mit seiner Familie glücklich, und die Geschäfte liefen gut. Doch obwohl er Baseball liebte, schaute er sich die Spiele nur im Fernsehen an. Die Vorstellung, vor dem *Shea*-Stadion in einer Menschenschlange anzustehen, um seine geliebten *Mets* sehen zu können, war für ihn der reine Horror. Es brachte die Erinnerungen an Auschwitz zurück, wo er in der Schlange stehen musste, um zu erfahren, ob er weiterleben oder sterben würde. Gegen Ende seines Lebens verfiel er körperlich zusehends und wurde zum Pflegefall, und auch das brachte das Grauen von Eingeschlossensein und Todesangst zurück. Trauigerweise verblasste dann auch die Erinnerung an das Glück der zurückliegenden fünfzig Jahre.

Wunden verheilen normalerweise, aber sie machen uns nicht stärker. Stress kann uns stärker machen. Stress ist eine Reaktion auf alles, was Ausgewogenheit oder ein Gleichgewicht stört. Die natürliche Reaktion auf Stress besteht in dem Versuch, das Gleichgewicht wieder herzustellen. Stress ist Teil des Alltags, und vollkommen stressfreie Situationen – wenn wir meditieren oder uns in einem *state of flow* (einem als Harmonie zwischen Körper und Geist empfundenen Zustand höchster intrinsischer Motivation) befinden – sind eher die Ausnahme als die Regel. Massiver und anhaltender Stress strapaziert das System und führt zur Traumatisierung, wenn er nicht abgebaut wird. Geringfügige chronische Stressoren, Aufgaben, die nie reibungslos zu bewältigen sind – wie lange Fahrten zur Arbeit oder die Kinder für die Schule fertig zu machen –, werden zumeist ohne bleibende Nachwirkungen neutralisiert, es sei denn, man steht ohnehin kurz vor dem Zusammenbruch. Sobald man einen Weg gefunden hat, solche Aufgaben weniger stressig werden zu lassen – eine Entspannungstechnik während des Pendelns, ein Motivierungsspiel fürs Kind –, zieht man aus der Situation einen Gewinn und wird gegenüber anderen Stressoren weniger anfällig.

Stress kann gut oder schlecht sein. Richtige Fitnessübungen stressen den Körper, steigern Kraft und Flexibilität von Muskeln und Knochen und bewirken, dass die neuronalen Verbindungen schneller und effizienter werden. Als Ergebnis sind Aktivitäten, die einst stressig waren, nicht mehr stressig, und es wird ein neuer und weniger verletzlicher Gleichgewichtszustand hergestellt. Falsch ausgeführte Übungen können den Körper schädigen, entkräften und schwächen. Leistungssportler kennen diese Grenze zwischen Anstrengung und Überanstrengung. In manchen Sportarten gehören Verletzungen erwartungsgemäß genauso dazu wie die entsprechenden Genesungszeiten. Ein Werfer beim Baseball braucht zwischen den Spielen drei bis vier Tage Zeit, damit sich sein Arm erholen kann, weil er Traumen erlitten hat: Muskeln und Sehnen wurden gequetscht oder sind gerissen und müssen erst verheilen. Bei einem Boxer kann es Monate dauern, bis er nach einem Kampf wiederhergestellt ist. Gibt man dem Heilungsprozess zu wenig Zeit, verschlimmert sich das Trauma, entstehen Narben, und die Verletzungen sind nicht mehr auszukurieren und schwächen den Organismus. Doch bei jedem Heilungsprozess muss zu einem bestimmten Zeitpunkt der verletzte Teil erneut gefordert werden, damit er kräftiger wird.

Der Geist muss gefordert werden, damit er sich entwickelt. Lernen stresst den Geist, bei einigen mehr, bei anderen weniger. Aber Lernen kann auch etwas Angenehmes sein; Stress und Freude stellen keine Gegensätze dar und können Hand in Hand einhergehen. Manche Menschen trainieren gern den Körper, manche lernen gern. Ein guter Lehrer oder Trainer wird nach Wegen suchen, damit Lernen oder Trainieren Spaß macht. Wenn etwas Spaß macht, fühlt es sich nicht nach Stress an, obwohl Körper und Geist sich anstrengen müssen, die Herausforderungen anzunehmen und dadurch zu wachsen. Die Freude an einer stressigen Tätigkeit kann sogar zum Schutz vor Traumatisierungen beitragen, weil verstärkt Endorphine ausgeschüttet werden, die nicht nur Schmerzen unterdrücken, sondern auch Entzündungen abschwächen und Verletzungen vorbeugen. Es gibt Menschen, die sich verausgaben, um die Grenzen ihrer Leistungsfähigkeit zu testen, und sich damit auf dem schmalen Grat zwischen Stress und Trauma bewegen. In der Wettkampfarena der Leichtathletik kann ein Läufer beispielsweise Risse und Frakturen erleiden, ohne es zu bemerken. In der psychologischen Arena stellen engagierte professionelle Therapeuten (wie beispielsweise Sozialarbeiter mit schwierigen Patienten in unterbesetzten Kliniken) möglicherweise fest, dass sie selbst schlecht schlafen und zu viel essen oder trinken, ohne dass ihnen klar wird, dass sie unter einer berufsbedingten Traumatisierung leiden oder einem *Burn-out,* der vollkommenen körperlichen und seelischen Erschöpfung.

Wie bei der Angst, ist für das Stressmanagement die Amygdala zuständig. Sowohl Stress als auch Angst sind Warnsignale vor einer Gefahr. Angst ist das rote Licht, das signalisiert: *Stopp! Gefahr!* Stress ist wie das gelbe Licht und sagt uns: *Achtung! Mögliche Gefahren voraus!* Als Reaktion auf Stress und Gefahr weist die Amygdala die Nebennieren an, eine Anzahl von Hormonen in die Blutbahn auszuschütten, darunter Adrenalin und Cortisol. Adrenalin beschleunigt den Puls und erhöht den Blutdruck. Am Beispiel von Cortisol, das gelegentlich »Stresshormon« genannt wird, lässt sich klar aufzeigen, dass man auch des Guten zu viel tun kann. Es ist ein äußerst wirksames Steroid, das Entzündungen abschwächt und Muskelschäden verhindert. Es hemmt Insulin und steigert dadurch die Produktion von energiespendender Glukose (Traubenzucker). Es bringt das Immunsystem auf Touren, damit im Fall einer Verletzung eine Infektion bekämpft werden kann. Wenn es im Gehirn ankommt, wird es zu einem Botenstoff, der durch Stimulierung der Amygdala die Aufmerksamkeit erhöht und durch Stimulierung des Hippocampus das Gedächtnis anspornt. Doch Cortisol ist toxisch, und eine zu hohe Dosis auf längere Zeit lässt die Neuronen, die es stimuliert, ermüden und später absterben, buchstäblich »ausbrennen«, sodass sie aufhören zu funktionieren. Dann beginnen Muskeln zu schmerzen und schließlich zu erschlaffen; die Insulinunterdrückung kann zu Diabetes führen; ein geschwächtes Immunsystem öffnet Infektionen Tür und Tor; die Aufmerksamkeit lässt nach, das Gedächtnis versagt immer mehr. Auf diese Weise wird lang anhaltender und massiver Stress für Körper und Geist traumatisch.

Was für den einen stressig ist, muss es nicht für den anderen sein. Der Anblick einer Spinne ist für einen Arachnologen so wenig stressig wie Höhe für einen Bergsteiger. Selbst die alltäglichsten und scheinbar natürlichsten Ängste können vom menschlichen Geist in vergnügliche Empfindungen umgewandelt werden. Für den einen besteht die beste Reaktion auf das Gelblicht der Verkehrsampel in der Verlangsamung seines Fahrzeugs, beim anderen im Tritt aufs Gaspedal. Sogar in ganz elementaren Bereichen beeinflussen Wahrnehmung und Erkennung (für die der Cortex zuständig ist) die Reaktion des Individuums auf Stress und Trauma und bestimmen deren letztendliche Auswirkungen.

Schlagt nicht eure Hunde!

Es gibt wichtige Entdeckungen, die aus Zufall gemacht wurden. Alexander Fleming bemerkte, dass in einigen mit Schimmel überzogenen Petrischalen keine Bakterien wuchsen. Anstatt die Schalen wegzuwerfen, untersuchte er den grünen Schimmel. Dieser stellte sich als Penicillin heraus, das erste Antibiotikum. Pockenimpfstoff, Insulin, LSD, der Papanicolaou-Abstrich, Amerika, die Röntgenstrahlen, das Neuroleptikum Thorazin (»Chlorpromazin«), der Klettverschluss und Viagra – das sind nur einige der Entdeckungen und Erfindungen, die von jemandem gemacht wurden, der nach etwas ganz anderem forschte. Isaac Asimov sagte mehrfach: »Der aufregendste Kommentar aus dem Mund eines Wissenschaftlers ist nicht: ›Heureka! Ich hab's gefunden!‹, sondern: ›Na, das ist ja komisch!‹« Die meisten Wissenschaftler sehen sich nur jene Daten genauer an, die zur Überprüfung ihrer Theorie wichtig sind. Die wahren Kapazitäten unter den Forschern schenken allem ihre Aufmerksamkeit.

Ab 1890 war der russische Physiologe Iwan Pawlow damit beschäftigt, den Speichel von Hunden zu messen, als er zufällig auf etwas stieß, was auch für jeden anderen sichtbar war. Seine Untersuchungen galten dem Verdauungssystem, besonders dem Aspekt, wie flexibel es sich an das jeweils gefressene Futter anpasst; wie es beispielsweise mehr Speichel produziert, wenn der Hund mit trockenem Brot statt mit Fleisch gefüttert wird. Ihm fiel auf, dass seine Hunde aufgeregt wurden und zu speicheln begannen, sobald sie seine Schritte hörten, und zwar lange bevor etwas Fressbares in die Nähe ihrer Mäuler kam. Alle Hundebesitzer kennen das und benutzen die Verknüpfung von Futter und Lauten, um dem Hund allerlei beizubringen; doch war es niemandem in den vorausgegangenen 15 000 oder noch mehr Jahren der Hund-Mensch-Beziehungen eingefallen, eine Theorie zu entwickeln, die dies erklärte. Pawlow verbrachte von da an mehr als dreißig Jahre mit Experimenten zur Theorie des Lernens durch Verknüpfung, und obwohl er 1904 den

Medizin-Nobelpreis für seine Arbeiten zur Verdauung erhielt, ist sein großes Vermächtnis seine Theorie des Lernens, heutzutage unter dem Begriff klassische oder Pawlowsche Konditionierung bekannt.

Die pawlowsche Konditionierung bietet eine Möglichkeit, die Wirkung einer Traumatisierung zu verstehen. Pawlow wies nach: Wenn man eine Klingel betätigt[1] und danach einem Hund einen Leckerbissen gibt, wird dieser nach einigen Wiederholungen beim Ton der Klingel speicheln. Wir kennen aus eigener Erfahrung, wie aufgeregt unser Hund wird, wenn wir uns dorthin begeben, wo wir sein Futter aufbewahren. Wir wissen, wie leicht Hunde es lernen, Verknüpfungen herzustellen. Die meisten wissen vermutlich auch, wie schwer es ist, dem Tier eine einmal gelernte Reaktion abzugewöhnen. Wenn unser Bello beim Klang der Haustürglocke bellt, dann ist es fast unmöglich, ihm das wieder auszutreiben.

Mit Schmerzen verbundene Verknüpfungen werden sehr viel schneller gelernt als erfreuliche und sind sogar noch schwerer zu eliminieren. Pawlow betätigte eine Klingel und versetzte dann einem Hund einen Schock. Oft erreichte er schon in der ersten Versuchsreihe, dass sich der Hund beim Ertönen der Klingel duckte und vor Angst erstarrte. So wurde ein zuvor bedeutungsloses Geräusch Furcht erregend. Jeder, der schon einmal einen misshandelten Hund erlebt hat, kennt das: Man hebt die Hand, um ihn zu streicheln, und er schreckt zurück oder will sogar zubeißen. Ein solcher Hund wird sein Leben lang zurückschrecken, gleichgültig, wie liebevoll er behandelt wird. Menschen konditionieren sich genau wie ihre hündischen Begleiter auf schmerzhafte Ereignisse: rasch und lang anhaltend.

Pawlow erforschte auch den Prozess der Abgewöhnung, indem er die Verbindung unterbrach zwischen einer natürlichen Reaktion – Speichelproduktion in Erwartung des Futters, Ducken aus Angst vor dem Schock – und dem erlernten oder antrainierten Reiz, der Klingel. Er behauptete, wenn man weiterhin die Klingel betätigen, aber den Hund nie mehr füttern oder schocken würde, könnte die Konditionierung aufgehoben werden. Er nannte den Vorgang »Extinktion«, eine sehr unglückliche Verwendung dieses Begriffs. »Extinktion« beinhaltet, dass die Verknüpfung abgelegt wird, verblasst, verschwindet und schließlich »gelöscht« ist. So läuft es aber nicht ab. Es sieht nur so aus, als würden die Verknüpfungen verschwinden, doch das tun sie nie. Positive Verknüpfungen können vielleicht verblassen, aber schmerzhafte halten sich hartnäckig für immer. Pawlow erkannte das. Er erlebte, wie Hunde auf den Klang der Klingel einige Stunden lang nicht mehr mit Angst reagierten, nur um später am selben Tag wieder ängstlich zu werden; und sie fürchteten sich nicht nur vor der Klingel, sondern genauso vor anderen Geräuschen. Heute würden wir sagen, die Hunde waren traumatisiert. Pawlow registrierte zwar, was geschah, doch er hatte keine Theorie, um es zu erklären, was ihn bis fast an sein Lebensende umtrieb. Schließlich schrieb er 1927, dass »Extinktion« nicht ein »Verblassen« bedeute, sondern eine »Hemmung« sei. Etwas Neues werde erlernt, um etwas Altes zu unterdrücken.

Leider gehen, wie so oft, bei einer Übersetzung manche Feinheiten verloren. Generationen von Psychologen in der Nachfolge des ersten US-amerikanischen Verhaltensforschers John Watson taten so, als handelte es sich bei der »Extinktion« um den simplen Prozess eines Immer-schwächer-Werdens bis zum völligen Schwund. Selbst heutzutage schaffen es die meisten Verhaltenstherapeuten nicht, die Komplexität des Bewusstseins anzuerkennen, weshalb sie immer wieder vor einem Rätsel stehen, wenn Phobien zurückkehren und Kriegsveteranen auch viele Jahre nach dem Kampfgeschehen noch traumatisiert sind. Im Gegensatz zu dem, was in den psychologischen Lehrbüchern steht, war Pawlow kein Behaviorist. Er bemühte sich, die Wechselwirkungen zwischen Körper, Gehirn, Vererbung und Umwelt zu verstehen. Er betrachtete das Individuum als »ein hochkomplexes System, das aus einer nahezu unbegrenzten Reihe von einzelnen Teilen besteht, die sowohl untereinander verbunden sind als auch in einem Gesamtkomplex ... mit der es umgebenden Welt, mit der es sich in einem Gleichgewichtszustand befindet«[2].

Aus evolutionärer Sicht ergibt es einen Sinn, dass schmerzhafte, Furcht einflößende Verknüpfungen nie ganz verschwinden: Wenn es dort draußen in der Welt schon Furcht einflößende Dinge gibt, woher soll man dann wissen, dass man ihnen nicht erneut begegnet? Wenn uns etwas in der Vergangenheit Verletzungen zugefügt hat, warum sollte uns das Gleiche nicht noch einmal in der Zukunft widerfahren? Unter gefahrvollen Bedingungen stellt es eine notwendige Anpassung dar, sensibel gegenüber möglichen Gefahren zu werden. Sollte sich das Umfeld in ein sicheres verwandeln, dann bleiben die ursprünglich adaptiven Reaktionsmuster erhalten, auch wenn sie nicht mehr benötigt werden. Dies ist ein gutes Beispiel dafür, wie Anpassung und psychologisches Wohlbefinden nicht übereinstimmen müssen.

Die Grundprämisse der Evolutionstheorie kann man in einem Satz zusammenfassen: *Ein (phänotypisches) Merkmal, das die Überlebenschancen erhöht, wird mit höherer Wahrscheinlichkeit reproduziert.* Wenn jemand auf Grund einer einzigen Erfahrung lernt, gefährliche Situationen zu umgehen, dann ist das unter dem Gesichtspunkt der Anpassung so, als wäre er auf einen Goldschatz gestoßen. In einer gefahrvollen Umgebung gilt: Je ängstlicher/vorsichtiger ein Individuum, desto wahrscheinlicher wird es überleben und sich fortpflanzen; und das Gehirn ist so verschaltet, dass es uns nach jedem Schrecken ängstlicher werden lässt. Allerdings: Lässt die Gefährlichkeit der Umwelt nach, stellt es keinen großen Fortpflanzungsvorteil dar, weniger ängstlich zu werden. Vorsicht ist besser als Nachsicht, lautet offenbar das evolutionäre Mantra.

Dies ist der Grund, warum schmerzhafte Bestrafungen eine so nachhaltige Wirkung haben und ein so schreckliches Instrument für einen Lernprozess darstellen, von sehr wenigen Ausnahmen abgesehen. Zwar zeigen uns die Neurowissenschaften, dass sich Individuen in ihrer Anfälligkeit für Traumen anlagebedingt unterscheiden; doch immun ist niemand. Selbst der von der biologischen Grundausstattung her Gelassenste und in seinen Reaktionen Schwerfälligste unter uns kann durch wiederholte Traumatisierung äußerst verletzlich werden, und der biologisch Sensible kann dadurch weniger empfindlich werden, dass er mit erträglichem Stress besser umzugehen lernt. Schmerzhafte Bestrafung hat eine nachhallende traumatische Wirkung, weil sie das Individuum ganz allgemein furchtsamer und für nachfolgende Traumen empfänglicher macht. Pawlows Hunde fürchteten sich nicht nur vor der Klingel, sondern auch vor anderen Geräuschen, vor dem Käfig, vor Pawlow. Eine einzige schlimme Erfahrung, ein einziges Trauma hatte die Weltsicht der Hunde verändert. Von da an durchliefen alle ihre Wahrnehmungen den Filter der Angst.

Obwohl Bestrafung Angst erzeugt, unterbindet sie dennoch lustvolles Verhalten nicht. Stellen wir uns einen Hunderüden vor, der in seinem Sexualverhalten ohne jegliches Schamgefühl und ohne wählerisch zu sein versucht, andere Hunde zu bespringen, oder das Bein unseres Nachbarn, oder andere Dinge, ohne sich dabei um Geschlecht, Art oder Empfängnisbereitschaft zu kümmern. Auch eine harte Bestrafung dieses Verhaltens wird den Hund nicht abhalten. Vielmehr wird er auf verängstigte und verstohlene Weise weitermachen und dabei ständig auf der Hut vor einem möglichen Bestrafer sein. Das gilt in vergleichbarer Weise für Menschen, die als Kinder fürs Masturbieren und für ihren sexuellen Forschungsdrang bestraft wurden; ihr Sexualverhalten ist dadurch nicht unterbunden worden; die Strafe führte nur zu Heimlichkeit und schlechtem Gewissen. Eine Bestrafung kann übermäßige oder frühreife sexuelle Aktivitäten sogar noch fördern. Das Gleiche gilt fürs Essen. Wenn jemand fortgesetzt Angst hat, dass ihm etwas, was er besonders gern isst, verweigert werden könnte, wird er vielleicht versuchen, es sich bei jeder sich bietenden Gelegenheit zu beschaffen. Hätten uns Strafen, Drohungen und Gefahren von Essen und Fortpflanzung abhalten können, wäre die Menschheit schon vor Ewigkeiten ausgestorben.

Aus neurokognitiver, evolutionärer Sicht hat Bestrafung als pädagogisches Instrument nur eine einzige Anpassungsfunktion: den Organismus zu lehren, Gefahren zu meiden. Steht ein Kind im Begriff, eine stark befahrene Straße oder ein Minenfeld zu betreten, und jagt man ihm deshalb einen Schrecken ein, so wird dadurch ein Minitrauma erzeugt, das es zukünftig vorsichtiger sein lässt. Aber auch in diesem Fall ist es wichtig, dass die Strafe auf das Temperament des Kindes abgestimmt ist und auf eine Weise erfolgt, dass das Kind die Angst mit der Situation verknüpft, nicht mit dem Erzieher. Naturgemäß kommt es dort häufiger zu Bestrafungen, wo potenziell gefährliche Bedingungen herrschen und der Alltag der Menschen stärker von Ängsten geprägt ist. Weil aber jedes Trauma noch sensibler macht, kann Angst zu einer Konstante im Leben und zu einem stärkeren Gefühl werden, als man ertragen kann.

Unentrinnbare massive Reize führen bei allen Lebewesen letztlich dazu, dass sie gefühlsmäßig abschalten und passiv werden. Dissoziation, emotionales Abschalten und das Gefühl, von der Welt abgeschnitten zu sein, werden heutzutage als häufige Reaktion auf eine Traumatisierung angesehen. Pawlow erlebte enorme Schwankungen hinsichtlich des Zeitpunkts, wann es zur Abschaltung kam, und vermutete grundlegende genetische Unterschiede; doch in jahrzehntelanger Forschung ist es nicht gelungen, eine einzelne Ursache, ob genetisch oder psychologisch, dafür zu finden, dass sich der eine leicht von einer Situation überwältigen, der andere sich aber nicht erschüttern lässt. Temperament, Bindungssicherheit, Kindheitsstress und -traumen – sie alle spielen eine Rolle.

Wie viele typisch menschliche Eigenschaften, von der Körpergröße bis zur Intelligenz, lässt sich die Sensibilität graphisch als Glockenkurve darstellen: Mehr als zwei Drittel von uns sind so normal, dass wir in den üblichen Bereichen unserer Umgebung gut zurechtkommen. Gene und Umwelt bilden zusammen die Sensibilität aus. Der Fachausdruck heißt »phänotypische Plastizität«. Nehmen wir zwei identische Fichtensamenkörner. Das eine pflanzen wir in eine fruchtbare Wiese, und aus ihm wird ein dreißig Meter hohes Gewächs sprießen, das aussieht wie ein Weihnachtsbaum. Das andere pflanzen wir auf eine windige Bergkuppe, wo es als mickeriger, verhutzelter Bonsai heranwachsen wird. Nehmen wir eineiige Zwillinge mit hochreaktiven, gehemmten Temperamenten. Der eine wächst in einer chaotischen, zerrissenen Familie auf und wird ein scheuer, sozial unbeholfener kognitiver Interpret. Der andere wächst in einem ruhigen Familienverbund auf und wird ein sozial selbstbewusster ausbalancierter Interpret.

Liebet eure Affen

Obwohl nur Menschen über Sprache und Theorien verfügen, leben auch viele andere Säuger in Gemeinschaften und bedürfen zum Überleben sozialer Wahrnehmung. Rudeltiere wie beispielsweise Wölfe informieren sich gegenseitig über Beute und Gefahren. Jedoch haben nur unsere Vettern und Cousinen unter den Primaten längere Mutter-Kind-Beziehungen und Familienstrukturen, die unseren ähnlich sind. Nach den Menschen sind die Rhesusaffen die zahlreichsten und am weitesten verbreiteten Primaten auf unserem Planeten. Wie die Menschen sind sie bemerkenswert anpassungsfähig; sie fressen fast alles und leben recht gut in ausgedörrten Wüsten, gemäßigten und tropischen Waldgebieten oder im kalten Gebirgsklima. Unsere biologischen Verwandten haben etwa 94 Prozent der DNS mit uns gemeinsam. Wie die Menschen leben Rhesusaffen in komplexen, vielschichtigen Gemeinschaften. Sie machen gerne Krach und spielen gern, und sie gehen intensive, manchmal schwierige Beziehungen ein. Wenn sie Kummer haben, können sie verschlossen sein, ausfällig werden und sich bereitwillig mit Drogen oder Alkohol trösten, falls solches für sie verfügbar ist. Diese menschenähnlichen Züge haben sie zum Lieblingssubjekt der psychologischen Forschung werden lassen.

Stephen Suomi, Leiter des Laboratory of Comparative Ethology at the National Institutes of Health, erforscht die Psychologie von Rhesusaffen. Besonders interessiert ihn die psychologische Schadensbehebung: Weshalb gelingt es manchen Individuen, erlittenes Leid zu überwinden? Vor ein paar Jahren besuchte ich Dr. Suomis Laboratorium nahe Bethesda in Maryland. Als ich mich meinem Ziel näherte, tauchte zu meiner Linken ein hoher Maschendrahtzaun wie von einem Gefängnis auf. Es waren keine Gebäude zu sehen, und so nahm ich an, dass auf dem Gelände irgendeine geheime staatliche Organisation residierte. Dann sah ich die Affen: sitzende, laufende, spielende und irgendwie unpassend an Ahornbäumen schwingende Affen. Dies war Suomis Laboratorium, Rhesusaffen, die wild auf einem über 20 000 Quadratmeter großen Grundstück in bester Stadtrandlage lebten.

Suomi war zu Beginn der siebziger Jahre Student bei Harry Harlow an der University of Wisconsin gewesen. Harlows Forschungsobjekt war die Liebe, Rhesusaffen waren seine Probanden. Einige seiner – damals umstrittenen – Schlussfolgerungen gelten heute als gesichert: Die Beschaffenheit der frühesten festen Bindung beeinflusst nicht nur unsere zukünftigen Beziehungen, sondern auch das Verhältnis zu uns selbst und zur Welt. Körperkontakt ist die wichtigste Methode, um eine Beziehung der Sicherheit und Geborgenheit aufzubauen. Missbrauch und Misshandlung deformieren eine Bindung, machen sie aber auf andere Weise stärker; Beziehungen unter Gleichrangigen/Gleichaltrigen können tief greifende Heilwirkung haben. Einige seiner Schlussfolgerungen bleiben umstritten: Männchen könnten den Nachwuchs genauso kompetent aufziehen wie Weibchen[3], auch die schwersten Wunden auf Grund von Misshandlung und Vernachlässigung im frühen Stadium könnten – bei entsprechender Entschlossenheit – geheilt werden.

Harlow ist am berühmtesten für seine Experimente, mit denen er die Bedeutung des beruhigenden Körperkontakts belegte. Neugeborenen Affen teilte man zwei künstliche Mütter zu, primitive Affenmutterpuppen. Eine war mit einem Drahtgeflecht umwickelt, die andere mit weichem Frottee. Die Drahtmama hatte einen funktionstüchtigen milchgebenden Nippel, die Stoffmama nicht. Die Affenbabys klammerten sich nur so lange an die Drahtmama, wie es nötig war, um ihr normales Quantum an Milch zu trinken. Weit mehr Zeit – nämlich die ganze Zeit, wenn sie nicht tranken oder ihre Umwelt erkundeten – verbrachten sie damit, sich an die Stoffmama zu hängen, auf ihr herumzuturnen und sie zu liebkosen. Wurden sie bei ihren Explorationen erschreckt, rannten die Babys zur Stoffmama und suchten bei ihr Geborgenheit. Die Basis der Liebe ist Körperkontakt, nicht Nahrung. Die Affenbabys bauten zu ihren Stoffmüttern eine Beziehung auf, als handelte es sich um echte Affenmütter. Sie banden sich so ausschließlich an sie, dass sie ganz außer Fassung gerieten, wenn sich bei ihren Müttern etwas veränderte.

Die Misshandlung von Affenbabys
Heute weniger bekannt sind Harlows Experimente zu Misshandlung und Trauma. (Damals allerdings hat die studentische Empörung über Harlows Methoden mitgeholfen, die Bewegung für die Rechte der Tiere ins Leben zu rufen.) So wie Jonas Salk seine Affen mit Polio infizierte, um ein Gegenmittel zu finden, hoffte Harry Harlow, seine Affen bis zur Depression traumatisieren und dann ein Heilverfahren entwickeln zu können. In einem besonders teuflischen Experiment stießen die Mutterpuppen ohne Vorwarnung einen Schwall kalter Luft oder stumpfe Eisenstifte mit solcher Gewalt aus, dass die an ihnen hängenden Babys quer durch den Käfig geworfen wurden. Sobald sie dazu in der Lage waren, hoppelten die Babys zurück zu ihren irren Müttern, den »Eisernen Jungfrauen«, wie Harlow sie nannte, klammerten sich noch fester und länger an sie und verließen sie kaum noch, um ihre Umgebung zu erkunden. Die Babys banden sich nicht bloß an ihre bösartigen Mütter; sie banden sich noch verzweifelter an sie.

Harlow war von der Vorstellung besessen, Methoden zu ersinnen, wie man noch mehr und anders geartete Schäden zufügen könnte. Er nahm Babys den Müttern immer wieder weg, für jeweils immer längere Zeit; Babys wurden in Isolation aufgezogen; einige wurden von Spielkameraden aufgezogen; wieder andere durften nicht mit ihresgleichen spielen. In unterschiedlichen Ausmaßen entwickelten alle diese armen, gequälten Affen psychologische Symptome, die nach Harlows Einschätzung den Symptomen einer Depression beim Menschen glichen: Händeringen, Selbstumarmung, Schreien und Heulen, verzweifelte Mienen. Sie hatten wenig Interesse an Spiel oder Exploration; die meisten waren sozial unbeholfen, masturbierten häufig und hatten kein Interesse an Geschlechtsverkehr; manche waren von unberechenbarer Aggressivität.

Anders als Menschen konnten jedoch die meisten Affen etwas wiedererlangen, das einem normalen sozialen Leben glich, wenn man ihnen die Möglichkeit bot, Zeit mit anderen Affen zu verbringen. Wie schlimm sie auch traumatisiert waren, verloren sie doch nie die Fähigkeit zur Anbindung. Um die Auswirkung von Traumen auf das Bemuttern zu untersuchen, wurden desinteressierte Weibchen zur Paarung gezwungen, indem man sie an einer Vorrichtung festband, die Harlow sein »Vergewaltigungsgestell« nannte. Sogar die von der teuflischen Puppe aufgezogenen oder die sadistisch vergewaltigten Affen konnten sich den flehentlichen Appellen ihrer Babys nicht völlig verschließen. Das Bemuttern wirkte therapeutisch, und sogar jene, die anfänglich bösartig waren, wurden mit jedem nachfolgenden Kind bessere Mütter.[4] Harlow und seine Studenten waren vollkommen überrascht. Nachdem sie zum ersten Mal in ihrem Leben die Erfahrung einer Beziehung gemacht hatten, beschäftigten sich einige dieser Mütter weitaus spielfreudiger mit ihrem Nachwuchs als normale wilde Affen. Die heilende Wirkung des Bemutterns erstreckte sich auch auf andere Bereiche ihres Lebens; sie passten sich sozial besser an und wurden sexuell aktiver.

Hier kommt Stephen Suomi ins Spiel. Er war Ende der sechziger Jahre gerade Doktorand bei Harlow, als dieser »die Grube« konstruierte. In den wissenschaftlichen Beiträgen hieß sie *vertical chamber apparatus*, obwohl sie von allen im Laboratorium nur »die Grube«, »der Kerker« oder »der Schacht« genannt wurde. Es handelte sich um einen hohen, v-förmigen Metallcontainer mit sehr wenig Bewegungsraum am Boden. Die geneigten Wände machten Klettern unmöglich. Die Isolation war nicht total; die Geräusche von Affen und Menschen aus dem Laboratorium waren zu hören, und durch die obere Öffnung waren schattenhaft optische Eindrücke zu erhaschen. Die Situation war vergleichbar mit einer Kerkerhaft in einem tiefen Brunnen mitten auf dem Marktplatz. Suomis Doktorarbeit und seine ersten wissenschaftlichen Veröffentlichungen berichteten über die Ergebnisse[5]: Die Grube bewirkte größere und beständigere Schädigungen als alle anderen Versuchsanordnungen zuvor, und diese auch schneller. Selbst robuste normale Affen zeigten sich verängstigt und verzweifelt, und wurde die Grube mit anderen Torturen kombiniert, schienen die Schäden dauerhaft zu sein und durch eine natürliche soziale Therapie nicht mehr zu beheben. Und dennoch kam es bei den Affen nicht zu einer Loslösung. Teilnahmslos und eingeschüchtert versuchten sie noch immer, Kontakt zu anderen herzustellen, doch verhielten sie sich so seltsam, dass sie gemieden und ausgeschlossen wurden.

Die Suche nach einem Heilmittel
Die Versuche mit der »Grube der Verzweiflung« hatten anscheinend auch die Experimentatoren traumatisiert. Vielleicht war ihnen letztlich klar geworden, wie sehr sie sich von ihrem eigenen Handeln losgelöst hatten. Als Forscher hatten sie begonnen und waren dann unabsichtlich zu Folterern geworden, die einfach nicht akzeptieren konnten, dass ihre Affenprobanden ihnen die Geheimnisse der menschlichen Depression nicht enthüllen konnten. Ein Student ging mit dem Hammer auf die verhasste Versuchsanordnung los. Suomis Arbeiten schlugen eine neue Richtung ein; er beschloss, einen Weg zu finden, um die geschädigten Affen zu heilen. Zwar hatten sich die Affen nicht selbst aufgegeben, aber sie waren sozial unbeholfen, und

wenn man sie in die normale Affengemeinschaft einführte, wurden sie angegriffen, bis sie sich schließlich in einer Ecke niederkauerten – wie ein scheues, verlegenes Kind, das in eine neue Schule kommt und auf dem erst einmal herumgehackt wird, bis es am Ende irgendwo allein sitzen muss. Eine Affenhorde ist eine sozial komplexe Organisation mit hohem Konkurrenzdruck, und ein Neuankömmling, der die Regeln nicht kennt, zieht sich entweder zurück oder wird getötet.

Auf Grund seiner Beobachtung des die Mutter heilenden Babys, zog Suomi für diese Aufgabe »Therapeutenaffen« groß. Sie wurden von Stoffpuppen aufgezogen und konnten mit Spielkameraden spielen, die genauso aufgewachsen waren. Sie waren jünger als die »Patientenaffen« und hatten noch keinen aggressiven Konkurrenzgeist entfaltet.[6] Wurden »Therapeuten« bei traumatisierten »Patienten« eingeführt, die typischerweise reglos zusammengekauert in einer Ecke saßen, gingen sie gleich auf diese zu und umarmten sie. Zunächst reagierten die Patienten gar nicht, doch innerhalb von zwei Wochen erwiderten sie die Umarmungen. Dann begannen die Therapeuten mit Spielaufforderungen; die Patienten reagierten verhalten. Nach zwei Monaten waren die von Puppen aufgezogenen und von der »Grube« traumatisierten Affen wieder wohlauf. Man konnte sie nicht mehr von normalen Affen unterscheiden.

Viele menschliche Therapeuten halten auch sich selbst für eine solche Aufgabe prädestiniert. Oft frage ich die Studenten in meinen Sozialhelferseminaren, wie viele einen depressiven Elternteil haben, und schon fliegen die Arme nur so in die Luft. Ein gewisser Erfolg bei Wiedereinbindung und Aufmunterung eines bedrückten Elternteils, besonders dann, wenn andere Familienmitglieder offenbar nur provozieren oder sich abwenden, ist für künftige Therapeuten oftmals prägend. Vor Jahren leitete ich eine Therapeutengemeinschaft für schizophrene Patienten am New Haven Veterans Administration Hospital. Viele von uns waren jung und voller Idealismus; wir glaubten uneingeschränkt an psychologische Heilung und arbeiteten in einer Welt, die noch nicht von biologischer Psychiatrie und medikamentöser Behandlung beherrscht war. Einige der älteren Psychiater witzelten, dass wir unerfahrenen Therapeuten für diese schwierigen Patienten viel besser geeignet seien, weil wir noch nicht begriffen hätten, dass es keine Heilung gebe.

Als ich Stephen Suomi begegnete, lag seine Zusammenarbeit mit Harlow schon über drei Jahrzehnte zurück. Er hält keine Affen mehr in Käfigen. Er beobachtet sie sowohl in seinem Laboratorium in Maryland, wo sie unbehelligt leben, aber immer wieder einmal als Probanden für seine Experimente eingesetzt werden, als auch im Cayo-Santiago-Schutzgebiet, einer achtunddreißig Morgen großen Insel direkt vor der puertoricanischen Küste. Dort leben mehrere Tausend Affen, ohne Raubtiere oder Hunger fürchten zu müssen. Suomi erforscht die Wechselbeziehungen zwischen genetischer Veranlagung und Umweltbedingungen, doch sein Ziel ist noch immer die Heilung. Wenn wir verstehen können, wodurch die unterschiedlichen Erscheinungsformen (schädliche im einen Fall, hilfreiche im anderen) desselben Gens verursacht werden, dann wäre es vielleicht möglich, zu intervenieren und die Schädigung zu verhindern.

Suomi erläuterte, dass Rhesusaffen in sozial komplexen Gemeinschaften von etwa zwanzig bis zweihundert Affen leben. Jede Horde besteht aus einer Anzahl von Familien, die von Weibchen angeführt werden und mehrere Generationen einschließen. Die Weibchen bleiben ihr ganzes Leben lang bei ihrer Horde. Wenn die Männchen in die Pubertät kommen, verlassen sie ihre Horde, schließen sich umherstreunenden Banden an und müssen gegeneinander konkurrieren, wenn sie Mitglieder in einer anderen Horde werden wollen. Der Konkurrenzkampf ist heftig, und etwa die Hälfte der Männchen überlebt die Pubertät nicht. »Für heranwachsende Affen geht es da draußen ganz schön rau zu«, sagte Suomi.

Es gibt enorm viele Varianten, wie sich Männchen in neue Horden einführen. Manche versuchen, sich hineinzukämpfen. Sie picken sich die dominanten Affen heraus und fordern sie zum Kampf. Sind sie dabei erfolgreich, zeugt das von ihrer großartigen

Verfassung, und sie treten mit hohem Status in die Horde ein. Doch diese Strategie ist riskant, und viele schaffen es nicht. Andere gehen nach einer konservativeren Strategie vor, indem sie sich mit den rangniederen Hordenmitgliedern anfreunden, um zugelassen zu werden und anschließend langsam zu versuchen, sich in der Hierarchie nach oben zu arbeiten. Bei den konservativen Affen wird der endgültige Status mehr über ihre soziale Kompetenz – die Fähigkeit, Bündnisse zu schließen – als durch Körperkraft bestimmt. Diese Strategie hat ihre speziellen Nachteile. In mageren Zeiten sind die rangniederen Männchen die Letzten, die etwas zu fressen abkriegen, und bei schlechtem Wetter die Letzten, denen Unterschlupf gewährt wird. Eine allerbeste Strategie gibt es nicht. Vielleicht ist die aggressive Strategie in schwierigen Zeiten die bessere und die konservative in guten Zeiten.

Rhesusaffen haben unverwechselbare Persönlichkeiten, von gesellig bis scheu, von lammfromm bis aggressiv. Etwa zwanzig Prozent von ihnen sind ungewöhnlich furchtsam und scheu. Man könnte sie als ängstlich oder gehemmt beschreiben, doch im privaten Gespräch nennt Suomi sie – vielleicht mit einem verräterisch nostalgischen Rückblick auf die sechziger Jahre – »verklemmte Affen«, während die normalen Affen »locker« sind. In neu angelegten Spielzimmersituationen, mit Spielzeugen, Schaukeln und Leitern, haben die lockeren Affen jede Menge Spaß und »gehen wie die Irren auf Erkundung«. Bei den verklemmten Affen kann es geschehen, dass sie gar nicht spielen. Sie sitzen dann allein herum oder hängen sich an einen Freund. Ein verklemmter Affe in einem Spielzimmer ähnelt einem schüchternen Pubertierenden bei einem Schulball: Er »sitzt draußen und guckt nach drinnen«.

Dieser Vergleich stellte einen für Suomi seltenen Ausrutscher dar. In seinen wissenschaftlichen Beiträgen zieht er sonst nämlich, im Gegensatz zu Harlow, keine Vergleiche zwischen Affen und Menschen. Seiner Ansicht nach leben wir jetzt in einem anderen politischen Klima. Man müsse aufpassen und dürfe keinerlei Andeutungen machen, Menschen könnten irgendwie wie Affen sein; auch die Vorstellung, man könne gestörte Kinder sehr frühzeitig erkennen und etwas dagegen tun, irritiere eine Menge Leute. Man müsse sich vor Kontroversen hüten, wenn man nicht Gefahr laufen wolle, keine Gelder mehr zu bekommen. Er merkte an, dass er Angestellter der Bundesregierung sei und dass die Affen auf einem staatlichen Grundstück lebten. Und damit überließ er es mir, entsprechende Schlüsse zu ziehen.

Suomis verklemmte Affen ähneln stark Kagans hochreaktiven gehemmten Kindern, und die Ähnlichkeiten beginnen frühzeitig. Verklemmte Affen haben Probleme, sich von ihren Müttern zu trennen, sind schwer zu beruhigen, sind nicht so erkundungsfreudig und schließen nur mit Mühe Freundschaften. Wie das Gehemmtsein bei Kindern, ist das Verklemmte der Affen ererbt; Wissenschaftler haben das spezielle Gen identifiziert, das bei Rhesusaffen verklemmtes Verhalten bewirkt. Das Gen macht die Affen ängstlicher gegenüber Neuem. Außer in vertrauten Situationen haben verklemmte Affen überdurchschnittlich hohe Cortisolspiegel und befinden sich in einem permanenten Stresszustand. Lässt man sie stundenlang im neuen Spielzimmer oder bringt man sie jeden Tag dorthin zurück, werden sie schließlich ruhiger und machen einen normalen Eindruck. Doch schon eine kleine Veränderung setzt sie gleich wieder unter Stress. Wird der Stress allumfassend – wie bei Hungersnöten oder in Zeiten der Dürre, wo es häufige Ortswechsel oder harte Konkurrenz zwischen den Horden gibt –, dann hemmt ein hoher Cortisolspiegel das Wachstum, unterdrückt das Immunsystem und macht die verklemmten Affenbabys für Krankheiten empfänglich, was oft zum frühen Tod führt.

Verklemmte Affen sind starke Trinker. Obwohl es Berichte von wilden Affen gibt, die vergorene Früchte fressen, um high zu werden, ist Alkohol für sie nicht generell verfügbar. Als aber Suomi und seine Kollegen für die Affen eine Cocktailstunde einrichteten, bei der es süße Drinks mit und ohne Alkohol gab, tranken am ersten Tag die meisten Affen genug von dem 14-prozentigen Mixgetränk, um so beschwipst zu sein, dass ihr Pegel jenseits der Promillegrenze für Autofahrer gewesen wäre. In den nachfolgenden Tagen schwankte der Konsum der normalen, lockeren Affen; manchmal tranken sie mehr, oft weniger. Die verklemmten Affen tranken regelmäßig fast doppelt so viel wie die anderen. Im Gegensatz zu ihren Altersgenossen, die sich an der Affenbar schnell entspannten, machten die Verklemmten einen fortwährend gestressten Eindruck; Suomi berichtete, sie hätten den Anschein erweckt, als sei Trinken für sie eine Selbstmedikation.

Etwa sieben Monate, nachdem sie Junge zur Welt brachten, begeben sich die Affenmütter auf Partnersuche. Sie gehen stunden- oder tagelang in den Wald. Für die meisten Affenbabys ist die erste Trennung von der Mutter eine normale entwicklungsbedingte Erfahrung. Nicht so bei den Verklemmten. Wie ein Mensch in Trauer vergehen sie vor Gram. Den Tagesablauf bringen sie lethargisch und desinteressiert hinter sich; sie schlafen unruhig und haben keinen Appetit. Manche sterben. Während nachfolgender Trennungen verbessert sich nichts; jede ist ein neues Trauma. Damit wird die Geburtenfolge ein besonders wichtiger Faktor für diese bedürftigen Babys, und Gleiches dürfte wohl auch für gehemmte Menschen gelten. Der oder die Erstgeborene von mehreren Abkömmlingen wird mehrfach traumatisiert werden und sich bei jeder neuen Geburt weiter in die soziale Isolation zurückziehen. Wer das Glück der letzten Geburt hat, wird vielleicht von der Mutter abgöttisch geliebt und entgeht so dem Trauma der Trennung.

Verklemmte Affenmännchen zögern das Verlassen ihrer Horde so lange wie möglich hinaus. Sie werden von den dominanten älteren Affenweibchen toleriert, weil die Männchen den Eindruck schüchterner, welker Mauerblümchen erwecken. Verlassen sie schließlich die Horde, halten sie sich entweder an der Peripherie der männlichen Banden auf oder begeben sich direkt zu einer anderen Horde, zu der sie sich mit der konservativen Strategie Zugang verschaffen, indem sie sich mit den weniger dominanten Männchen anfreunden. Wenn die Bedingungen in der Natur gut sind und der Stress gering ist, erweisen sich ein paar wenige verklemmte Männchen – wahrscheinlich diejenigen, die nicht durch besonders häufige Trennungen von ihren Müttern traumatisiert wurden – als sensibel gegenüber sozialen Signalen, und sie können gute Kontakte knüpfen und Bündnisse eingehen. Oft treten sie dann, mit Gleichgesinnten im Schlepptau, in eine neue Horde ein und benutzen ihre Sozialkompetenz, um sich auf der Leiter der Gruppenhierarchie nach oben zu arbeiten. Es ist ähnlich wie mit den unbeliebten Klassendeppen, aus denen später erfolgreiche Geschäftsleute oder Politiker werden.

Das Gemeinschaftsleben der Rhesusaffen zeigt klar, wie relativ geringfügige Abweichungen im Stressniveau zu dramatischen Veränderungen bei der Wirkung von Genen führen können. Dies ist ein gutes Beispiel für phänotypische Plastizität. Bei Weibchen ist es sogar noch auffälliger, weil sie, anders als die Männchen, nie den Stress des Verlassens ihrer Heimathorde haben. In einer Umgebung mit reichhaltigem Nahrungsangebot, wo es keine Auseinandersetzungen um Futter gibt, werden sie von ihren Müttern gut umsorgt. Sie entwickeln ruhige, gesellige Persönlichkeiten, gehen problemlos Allianzen mit anderen Weibchen ein und werden selbst wunderbar fürsorgliche Mütter. Im stressfreien Affenparadies von Cayo Santiago sind verklemmte Weibchen in vielen Horden dominant. Anders in typischen stressbetonten Situationen: Dort sind sie ängstlich, ungesellig und nicht wohlgelitten; aus ihnen werden später lieblose, oft bösartige Mütter. An diesen Beispielen sehen wir nicht nur, wie sich dasselbe Gen in unterschiedlichen Umgebungen höchst unterschiedlich auswirkt, sondern auch, wie sich dieser Unterschied durch das Geschlecht stark verändert.

Suomi wollte herausfinden, ob es eine Möglichkeit gab, genetisch zur Verklemmtheit neigende Affen so zu immunisieren, dass sie gegenüber normalem Stress nicht mehr empfindlich waren. Rhesusaffen entwickeln sich etwa vier Mal schneller als wir; die Weibchen sind meist zwischen drei und fünf, wenn sie zum ersten Mal schwanger werden. Rhesusmütter bringen ihre Kinder zu festen Zeiten zur Welt; alle Babys werden etwa zur gleichen Zeit des Jahres geboren. Einer Mutter scheint es egal zu sein, ob ihr Neugeborenes gegen ein anderes ausgetauscht wird; sie fährt einfach mit dem Bemuttern fort. Suomi nahm Neugeborene, die genetisch zur Verklemmtheit prädisponiert waren, und gab sie zu Müttern, die bei ihren früheren Babys außergewöhnlich fürsorglich und nachsichtig gewesen waren. Wie erwartet, erwiesen sie sich als hingebungsvolle, sanftmütige Pflegemütter. Nach Suomis Aussage »puffern sie das Kind ab« gegenüber einer Furcht einflößenden Welt. Die Auswirkungen ihrer Fürsorge wurden bald offenkundig. Im Gegensatz zu anderen Babys mit dem Verklemmtheits-Gen, waren diese adoptierten Affen nicht furchtsam oder scheu. Sie erkundeten ihre Umwelt zuversichtlich und fügten sich problemlos in die Gemeinschaft ein. Obwohl sie kontaktfreudig waren, behielten sie die für verklemmte Affen typische soziale Sensibilität bei und entwickelten so ein Geschick für die Bildung von Allianzen, einschließlich solchen mit aggressiven Konkurrenten. Infolgedessen stiegen sie an die Spitzen ihrer Gruppen auf.[7] Suomi bezeichnete sie als »Superaffen«.

Als Informationsverarbeiter ist unser Bewusstsein ein wenig wie ein Fotoapparat. Beide nehmen Geschehen aus der Umwelt auf, wandeln es um und zeichnen es auf. Bei den Empfangsmedien für unaufbereitete Daten aus der Realität – dem Film, der Amygdala – gibt es von Haus aus große Bandbreiten in der Empfindlichkeit. Die typische Supermarktkamera wird mit einem mittelempfindlichen Film und einem Objektiv angeboten, an dem man nichts einstellen muss, um in den meisten Standardsituationen mit genügend Licht ausreichend gute Fotos zu machen. Eine raffiniertere Kamera kann ein Objektiv haben, dessen Blende sich sehr weit öffnen lässt, und wenn man den Apparat mit einem empfindlichen Film lädt, kann man noch in der Nacht fein abgestufte Schattierungen aufnehmen. Doch wenn man diese Kamera nicht ruhig hält, wird das Bild verschwommen; und wenn man sie direkt zum hellen Licht dreht, wird der Film überbelichtet, und das Bild geht in einem konturlosen Weiß unter. Die meisten von uns gleichen der Supermarktkamera und benötigen keine extra Einstellung, um normale Alltagssituationen in unserem sozialen Umfeld hinreichend vernünftig zu interpretieren. Wie der verklemmte Affe ist das gehemmte Kind hochempfindlich auf feine Nuancen von Stimmungen oder Veränderungen eingestellt. Weil es sich aber auf starke Reize nicht einstellen kann, gerät es leicht aus der Fassung und wird von der Situation überwältigt. Der als Puffer fungierende fürsorgliche Betreuer lässt, wie die Blende einer guten Kamera, nur so viel von der Welt ins Innere, wie das Kind aufnehmen kann. Wenn alles gut läuft, lernt das Kind, selbst zu regulieren, was aufgenommen wird, und obwohl noch immer mit der *ursprünglichen* Empfindlichkeit ausgestattet, kann es sein Bewusstsein dennoch auf die Feinheiten seiner sozialen Umwelt scharf stellen. Suomi folgert: »Was unter gewissen Umständen ein ›Risiko‹-Faktor ist, kann unter anderen von Vorteil sein ... Primaten leben in einer solchen Vielfalt von Umgebungen, dass es ein für alle Bedingungen optimales Entwicklungsergebnis gar nicht geben kann.«[8]

Loslösung gibt es nur bei Menschen
Harlow gelang es nicht, seine Affen so weit zu bringen, dass sie sich wie schwer depressive Menschen verhielten. Sie wurden nie völlig apathisch und lösten sich nie vollständig von der Umwelt los. Sogar diejenigen, die der Folter in der »Grube der Verzweiflung« unterworfen waren, bemühten sich weiterhin intensiv um Kontakt mit anderen Affen. Suomi fand heraus, dass es unter den richtigen Bedingungen zu einer Einbindung und damit zu einer späteren Heilung kommen konnte.

Loslösung ist ein Zustand, den man bei depressiven und traumatisierten Menschen nur allzu häufig antrifft. John Bowlby, einer der einflussreichsten Psychiater des zwanzigsten Jahrhunderts und Begründer der Bindungstheorie, beobachtete hospitalisierte Kinder, die von ihren Müttern getrennt worden waren. Er beschrieb eine dreistufige Reaktion: Auflehnung, Verzweiflung und Loslösung. In der Auflehnungsphase fühlt sich das Kind sichtlich elend, weint oft laut und wirft mit Spielzeug oder allem um sich, was es zu fassen kriegt. Es weist jeden zurück, der ihm helfen will. Gleichzeitig richtet es seine Aufmerksamkeit erwartungsvoll auf alles, was die Rückkehr seiner Mutter ankündigen könnte – eine sich öffnende Tür, das Geräusch von Schritten. Im Zustand der Verzweiflung verliert das Kind zusehends jede Hoffnung. Andersgerichtete Aktivitäten nehmen ebenso ab wie die flehentlichen Rufe nach der Rückkehr der Mutter. Selbstberuhigende Stimulationen wie Daumenlutschen, Wiegen und Masturbation nehmen zu.

In der Phase der Loslösung macht das Kind möglicherweise einen weniger bedrückten Eindruck. Es kann Fürsorge akzeptieren, mit Spielzeug spielen und wieder lächeln. Die Loslösung mag den Eindruck einer Besserung erwecken, vor allem bei überarbeitetem Personal, doch das ist eine Illusion. Kommt die Mutter zu Besuch, zeigt das Kind kein Interesse und wendet sich ab. Wenn die Betreuer häufig wechseln, wie es oft bei Kindern in Waisenhäusern oder bei Pflegeeltern der Fall ist, hört das Kind auf, zu irgendwem eine Beziehung anknüpfen zu wollen. Es wird vielleicht sein Interesse auf materielle Dinge wie Spielzeug, Essen, Fernsehen richten und nach außen gelassen oder gar fröhlich wirken. Es ist möglicherweise gegenüber jedermann offen und freundlich und mag so Psychologen den Eindruck vortäuschen, es sei alles in Ordnung, doch ist dies nur eine Methode, um zu bekommen, was es will. Andere Menschen sind nicht mehr wichtig.[9] Harlow konnte Affenbabys nur bis zur Auflehnung und Verzweiflung traumatisieren, doch er konnte sie nicht dazu bringen, sich loszulösen. Wurden sie wieder mit ihren Müttern (ob mit ihren echten oder mit den drahtigen »Eisernen Jungfrauen«) vereint, kehrten sie zu ihnen zurück und klammerten sich Brust an Brust an sie.

Sich irgendwann loszulösen gehört zur Grundbefindlichkeit des

Menschen. Über 25 Prozent der Kinder lösen sich los, wenn sie kurzzeitig von ihren Müttern getrennt sind, und benötigen einige Zeit, um die Beziehung wieder aufzunehmen. Für etwa den gleichen Prozentsatz gehört bei Erwachsenen eine gemäßigte Loslösung zur normalen Form einer Beziehung. Extreme Loslösung – wenn Liebe und Verbundenheit keine Rolle mehr spielen – findet sich bei zwei sehr verschiedenen Formen geistig-seelischer Erkrankung: bei schwerer beziehungsweise psychotischer Depression und bei Psychopathie beziehungsweise antisozialer Persönlichkeitsstörung.[10] Die schwer depressive Person empfindet sich als zu wenig liebenswert – als zu gestört, schlecht, schädlich für andere –, um von irgendjemandem Zuneigung erwarten zu können. Ein häufiger Ausweg aus den Qualen ist die Selbsttötung, ein ausschließlich menschlicher Akt. Der Psychopath dagegen empfindet genau das Gegenteil: Er hält sich für etwas ganz Besonderes, und niemand außer ihm ist liebens- oder sogar lebenswert. Andere Menschen werden eiskalt manipuliert und manchmal gequält oder getötet, nur für den Kick. Auch das sind ausschließlich menschliche Aktivitäten.

Wir staunen über unseren Hund, weil er sich immer freut, wenn wir nach Hause kommen. Anders als unsere Kinder oder unsere Partner, ist uns der Hund nicht gram, wenn wir ihn morgens nicht beachtet oder am Vortag ausgeschimpft haben. Wurde er zu oft geschlagen, wird er zurückzucken, wenn wir die Hand heben, oder sich uns lauernden Ganges von der Seite nähern, aber er wird uns noch immer liebevoll begegnen. Wir schätzen Treue und Loyalität deswegen hoch, weil es sie, selbst unter Freunden, zu selten gibt; und Verrat können wir nicht als Bagatelle abtun, selbst bei denen nicht, die uns lieben.

Nur Menschen können sich loslösen, weil nur Menschen eine *ToM* haben. Menschen fühlen sich, wie Rhesusaffen, von Natur aus zu ihresgleichen hingezogen, weil sie in der Gemeinschaft Schutz und Geborgenheit suchen. Selbst das scheuste Baby sehnt sich nach mütterlicher Fürsorge. Wird diese Sehnsucht wiederholt enttäuscht, besonders aber, wenn damit Schmerz verbunden ist – gleichgültig, ob vorsätzlich durch Misshandlung oder unbeabsichtigt durch Überreizung des hochreaktiven Kindes –, dann wird sich das Kind möglicherweise eine *ToM* bilden, in welcher der andere als von Grund auf unmenschlich vorkommt. Zwar gibt es Varianten in der genauen Ausbildung der Theorie, doch werden in ihr andere zumeist als Beutejäger gesehen, die sich nur für sich selbst interessieren. Gesten besorgter Anteilnahme werden interpretiert als Tarnmanöver für die »wahren« raubtierhaften Absichten. Dies ist die *ToM* des Psychopathen – das Überleben verlangt es, dass man besser zum Raubtier wird als zur Beute.

Depressive und in Resignation losgelöste Menschen haben sich eine andere *ToM* zurechtgelegt. In der Kindheit wird gleichgültiges und aggressives Verhalten anderer interpretiert als eine Reaktion auf etwas Abscheuliches, das im eigenen Selbst steckt. Später werden dann Gesten der Anteilnahme als hohle Plattitüden interpretiert, hinter denen sich die »wahre« Verachtung des Gegenübers verbirgt. ›Niemand kann mich lieben, weil ich nicht liebenswürdig bin‹, lautet die *ToM* von jemandem, der unter einer schweren Depression leidet.

Für manche ist Losgelöstheit ein chronischer Zustand, für viele ein vorübergehender. Es gibt Menschen, die eine Neigung zu einer psychischen Störung aufweisen, ohne die Störung selbst zu haben. So kann jemand psychopathische oder depressive Neigungen haben und erst unter massiven Stressbedingungen in einen Zustand der Loslösung gelangen. Bei manchen kann der Verlust eines geliebten Menschen oder ein geschäftlicher Misserfolg dazu führen. Bei Katastrophen oder in Kriegszeiten lösen sich viel mehr Menschen los; manche ziehen sich endgültig in sich selbst zurück und werden unfähig, für sich selbst zu sorgen, während andere kalt und gleichgültig gegenüber den anderen Opfern werden und sich nur um das eigene Überleben kümmern.

Ein Geschäftsmann unter meinen Patienten wollte gerade von seiner Wohnung zu seinem Büro im Nordturm des World Trade

Center aufbrechen, als das Gebäude getroffen wurde. Er beobachtete das weitere Geschehen im Fernsehen. Zwar verlor er mehrere Kollegen, behauptete aber, deswegen nicht besonders betroffen gewesen zu sein. »Das waren doch nur Arbeitskollegen, keine Familienangehörigen«, erklärte er. In den Monaten nach den Anschlägen galt seine Hauptsorge dem Abschluss eines vorteilhaften Mietvertrags für ein neues Büro, weil die Mietpreise sanken. Außerdem deckte er sich mit Überlebensausrüstung und Notfallproviant ein und erwarb ein Wochenendhaus außerhalb der Stadt. Es dauerte Monate, ehe er einsehen konnte, dass seine Reaktion keine rein rationale war, sondern seine individuelle Weise, sich seiner Schuldgefühle zu erwehren, weil er das Glück hatte zu überleben, während so viele andere seiner Bekannten gestorben waren.

Depression. Es ist nicht schwer zu erkennen, dass jemand unter einer bedrohlichen Depression leidet, doch bemerkt man es oft kaum, wenn sich eine depressive Person in einem Zustand der Loslösung befindet. Jemand, der depressiv ist, erweckt einen gedankenverlorenen und traurigen Eindruck, hat keine Energie und wenig Freude am Leben. Die ihn kennen, wissen von seinem Leiden, seinen Selbstanklagen und seiner Hoffnungslosigkeit. Die andauernden Äußerungen der Verzweiflung können die geliebten Menschen seiner Umgebung selbst in Verzweiflung und Hilflosigkeit stürzen. Solange aber jemand klagt, solange sucht er Kontakt; dies zu wissen ist wichtig. Klagen sind Ausdruck von Hoffnung. Wenn ein schwer Depressiver aufhört zu klagen, dann gibt es vielleicht Grund, sich ernsthafte Sorgen zu machen; es könnte ein Zeichen von Loslösung und Verlust der Hoffnung sein. Die Loslösung eines anderen zu spüren ist erschreckend. Denjenigen, der keinerlei Bindung mehr an andere Menschen hat, umgibt eine so unheimliche Aura, dass die meisten von uns diese Empfindung von sich schieben. Manche emotionalen Interpreten nehmen einen Kontaktabbruch über ihre Sensibilität wahr; die meisten von uns anderen können das Erkennen einer Loslösung dadurch verbessern, dass wir die Anzeichen kognitiv wahrnehmen.

Wenn eine schwer depressive Person eine plötzliche Besserung zeigt, ausgeglichen zu sein scheint und sich nicht mehr beklagt, dann weist dies oft darauf hin, dass sie beschlossen hat, sich umzubringen.

Der Psychopath. Um sich selbst und die Menschen zu schützen, die einem wichtig sind, ist das Erkennen einer Psychopathie eine wichtige Fähigkeit des Bewusstseinlesens. Das Bild, das sich die breite Masse vom Psychopathen macht, ist das eines Serienkillers, eines Jeffrey Dahmer oder einer erfundenen Figur wie Hannibal Lecter. Während die meisten Serienmörder Psychopathen sind, sind sehr wenige Psychopathen Serienkiller. Psychopathen wie Dahmer und Lecter sind oft charmant, intelligent und von einnehmendem Wesen, aber haben keinerlei Einfühlungsvermögen, Gewissen und kennen keine Reue; doch meistens geraten sie nie mit dem Gesetz in Konflikt. Einige sind erfolgreiche Hochstapler oder mogeln sich auf andere Art durchs Leben. Eine überraschende Anzahl hält sich gut in der gnadenlosen, von Konkurrenzdenken geprägten unpersönlichen Welt der Wirtschaft von heute, wie Dr. Robert Hare herausgefunden hat, Professor an der University of British Columbia und der weltweit führende Fachmann für Psychopathen. Er schätzt, dass etwa einer von hundert ein Psychopath ist und dass weitaus mehr psychopathische Neigungen unterschiedlichen Grades haben.[11] Nach Hares Ansicht wurden viele Unternehmensskandale wie die von WorldCom und Enron von psychopathischen Generaldirektoren und Managern verursacht. Eine Studie von 2005 verglich die Persönlichkeitsprofile von neununddreißig Topmanagern führender britischer Unternehmen mit jenen von kriminellen und psychiatrischen Patienten, bei denen Psychopathie diagnostiziert worden war. Die Manager waren genauso auf den eigenen Vorteil bedacht und ohne Empathie wie die Kriminellen und die diagnostizierten Psychopathen; was oberflächlichen Charme, Egozentrik, Unaufrichtigkeit und Manipulation anging, waren sie besser.[12]

Psychopathen sind nicht leicht auszumachen, weil sie es geschickt verstehen, ihre raubtierhaften Absichten zu verbergen und ihre Opfer in die Falle zu locken. Wie Abenteurer und Lebensretter gehen Psychopathen große Risiken ein und zeigen kaum Furcht; ein niedrigreaktives Temperament scheint für sie geradezu eine Grundvoraussetzung zu sein. Eine traumatische Kindheit voller Misshandlungen ist bei gewalttätigen Psychopathen weitverbreitet und scheint die Hauptursache für ihre Loslösung zu sein. Viele nicht gewalttätige Psychopathen hatten nicht unter Misshandlungen zu leiden, sondern unter fortwährender Unsicherheit und Vernachlässigung. Einige scheinen eine normale Kindheit durchlebt zu haben. Erneut haben wir es hier mit einem komplexen Wechselspiel zwischen anlage- und umweltbedingten Faktoren zu tun, das Wissenschaftler erst jetzt zu entwirren beginnen.

Oft fühlen sich Menschen aus den gleichen Gründen zu Psychopathen hingezogen, wie sie sich zu Abenteurern hingezogen fühlen: weil sie selbstsicher und bereitwillig Risiken in Kauf nehmen um des Profits und der Erregung willen. Depressive Menschen hegen den Wunsch, von ihren Schuldgefühlen und ihrer Trägheit erlöst zu werden, weswegen sie besonders anfällig für die Verführungskünste von Psychopathen sind. Falls Sie jemals selbst hereingelegt worden sind oder sich unversehens in dubiose Geschäfte verwickelt gesehen haben, sollten Sie auf der Hut sein, denn dann wissen Sie, dass Sie anfällig sind. Ich kann es nicht oft genug betonen: Sagt Ihnen Ihr Bauch, dass jemand gleichgültig, verkommen, unheimlich, kaltblütig oder gefährlich ist, dann vertrauen Sie Ihrem Bauch und suchen Sie das Weite. Die paar Wenigen, die ein Zusammentreffen mit einem Serienmörder überlebten, den andere für normal, sogar charmant hielten, sind nicht in dessen Auto gestiegen oder sind davongerannt, weil sie auf ihren Bauch hörten. Fast jeder kann bei einer kurzen Begegnung übertölpelt werden; doch fast jeder kann die Warnsignale lernen: Wenn jemand, den Sie kennen, gegenüber allen Menschen oberflächlich charmant zu sein scheint, bedenkenlos lügt, sich selbst für so außergewöhnlich hält, dass normale Regeln nicht für ihn gelten, und sich nicht darum zu kümmern scheint, ob er überall Chaos verbreitet und anderen Schmerzen bereitet, dann sollten Sie sich entweder fernhalten oder sich in einer professionellen Beratung dabei helfen lassen, die Situation einzuschätzen.

Der schwer Depressive und der Psychopath veranschaulichen die menschliche Fähigkeit, verstörende und unflexible *Theories of Mind* zu bilden. Trauma und chronisch massiver Stress sind geeignet, das Bewusstsein in starren Denkschablonen zu fixieren. Doch *Theories of Mind* können sich auch schnell verändern. Es ist schwer, sich Umstände auszumalen, die unseren treu ergebenen Hund in unseren Feind verwandeln würden. Verrat kann jedoch bei Menschen in Sekundenschnelle aus Freunden Feinde machen, und die Wahrscheinlichkeit, von jemandem ermordet zu werden, der einen einst liebte, ist größer als die, von einem Unbekannten getötet zu werden. Hass ist zur Wut gewordene Liebe, wie viele, die eine Scheidung hinter sich haben, bezeugen können. Der gehasste Ehepartner hat sich vom Geliebten zum Folterer gewandelt, und an die Vergangenheit erinnert man sich auf eine neue und weniger angenehme Weise.

Weil Feinde dazu tendieren, Distanz zu wahren, kommt die Verwandlung vom Feind zum Freund weniger häufig vor, doch es gibt sie: Fehden werden beigelegt, Paare versöhnen sich, verfeindete Nationen werden Verbündete. Ich glaube, mentale Verfassungen können sich schneller verändern, als die meisten wissen wollen. Wir mögen die Vorstellung von Stabilität, Berechenbarkeit und Kontinuität bei uns selbst und bei denen, die wir kennen. Wir wollen Offenbarungen und Verwandlungen eher der biblischen Vergangenheit zuordnen. Doch unsere *ToM* kann sich ganz schnell verändern – und damit nicht nur unsere Sichtweise einer anderen Person, sondern unseres ganzen Lebens.

Was erwarten Sie denn?

Die Revolution der kognitiven Wissenschaften ist noch jung, ein menschliches Leben im Vergleich dazu lang. Die Studien über die Auswirkungen frühester Beziehungen auf die Erwachsenenpersönlichkeit fangen erst jetzt an, Früchte zu tragen. Wir wissen heute sicher, dass eine sanfte, engagierte Kleinkindbetreuung dazu führen kann, aus einem von Natur aus gehemmten Kind ein eher geselliges als scheues zu machen. Wir wissen noch nicht, ob aus jenen Kindern Anführerpersönlichkeiten mit besonderer Sozialkompetenz werden wie bei den Rhesusaffen. Wissenschaftler können das Leben von Menschen zu Experimentierzwecken nicht so manipulieren, wie sie das bei Affen tun; aber sie können die Wirkung von so genannten »Experimenten der Natur« messen, von zufallsbedingten Umständen, die dazu bestimmt zu sein scheinen, eine Theorie zu überprüfen.

Während Wissenschaftler nicht einfach willkürlich einer Familie ein Kind wegnehmen und es zu einer anderen Familie geben können, liefert uns eine Adoption viele solche Experimente der Natur. Psychologen vom Anna Freud Centre in London legten 2003 einen Bericht über einundsechzig misshandelte und vernachlässigte Kinder vor, die ab dem Zeitpunkt ihrer Adoption durch neue Familien beobachtet worden waren. Bei der Adoption waren die Kinder zwischen vier und acht Jahre alt und hatten schon zahlreiche Trennungen durchgemacht; einige waren bei bis zu achtzehn verschiedenen Pflegestellen gewesen. Diese Kinder waren in jeder Hinsicht schwer traumatisiert; das Risiko von Beziehungsschwierigkeiten war hoch, und manche waren vielleicht sogar schon dabei, sich loszulösen.

Seit über drei Jahrzehnten dominiert die Bindungstheorie die Forschungen zur Kindesentwicklung. John Bowlby stellte die These auf, Bindungsverhalten habe sich entwickelt, um den Nachwuchs dadurch vor Raubtieren zu schützen, dass er sich dicht bei den Eltern aufhält. In einer gefährlichen Umwelt müsste die natürliche Auslese somit das Überleben eng gebundener Kleinkinder begünstigen. Die Anna-Freud-Gruppe untersuchte einen zentralen Glaubenssatz der Bindungstheorie, demzufolge sich das Kind auf der Grundlage der Beziehungen zu seinen Betreuern ein »inneres Arbeitsmodell« der sozialen Umwelt konstruiert, das zur Vorlage für künftige Beziehungen wird. Die Forscher fragten sich, ob eine neue Beziehung ein durch jahrelange Traumatisierung errichtetes Modell verändern könne.

Auf Grund von Beobachtungen, wie Kinder auf Weggang und Rückkehr eines Elternteils in einer nicht vertrauten Umgebung reagieren, hat man drei Arten der Bindung identifiziert. (Das Experiment ist unter dem Begriff »fremde Situation« bekannt). Das *sicher gebundene (securely attached)* Kind erkundet die neue Umgebung in Anwesenheit seines Elternteils, gerät außer Fassung, wenn die Person fortgeht, beruhigt sich aber schnell wieder und ist glücklich bei der Rückkehr. Das *unsicher-ambivalente (insecure-ambivalent)* Kind hat in der fremden Situation Angst und klammert, gerät außer Fassung, wenn allein gelassen, doch bei der Rückkehr des Elternteils scheint es zwischen Verärgerung und Zuneigungsbedürfnis hin- und hergerissen. Das Kind wird vielleicht zur Mutter laufen, sie wegstoßen, wenn sie es hochheben will, aber anfangen zu weinen, wenn es abgesetzt wird. Das *unsicher-vermeidende (insecure-avoidant)* Kind zeigt wenig Gefühl, erkundet unbekümmert seine Umgebung, und ob der Erwachsene geht oder kommt, scheint ihm egal zu sein.

Ein kleiner Prozentsatz von Kindern, darunter viele vernachlässigte und misshandelte, kann auch *desorganisiert (disorganized)* sein. Werden sie verlassen, können sie erstarren oder ein merkwürdiges Verhalten an den Tag legen; sie wedeln mit den Händen oder schlagen sich den Kopf an. Ihre Cortisolspiegel steigen enorm, was auf starken Stress hinweist. Beim desorganisierten Verhalten dauert es unterschiedlich lange, bis das Kind wieder einigermaßen normal reagiert.

Eine der bedeutsamsten Entdeckungen in dreißig Jahren Bindungsforschung ist, dass es einen eindeutigen Zusammenhang zwischen dem Bindungsstatus der Mutter und dem ihres Kindes gibt. Das heißt: Fühlt sich eine Mutter in ihrem Verhältnis zur eigenen Mutter sicher, wird sich mit großer Wahrscheinlichkeit auch ihr Kind bei ihr sicher fühlen. (Für den Vater gilt das Gleiche, nur in einem etwas geringeren Ausmaß.) Dieser Befund beruht fast ausschließlich auf der Beobachtung von Kindern und deren biologischen Eltern, die gemeinsame Gene und eine lange Beziehung miteinander haben.

Die Londoner Forscher stellten die Frage, ob eine sicher gebundene Adoptivmutter jahrelange Vernachlässigung und Misshandlung rückgängig machen könne. Dies ist eine wichtige Frage. Viele potenzielle Adoptiveltern sträuben sich ja gegen ein traumatisiertes älteres Kind, weil sie fürchten, dass es nie zu einer echten und liebevollen Beziehung kommen werde. Erstaunlicherweise fühlten sich die Kinder mit sicheren Müttern innerhalb von drei Monaten nach der Adoption erkennbar selbst viel sicherer.[13] Sie waren auch weniger aggressiv. Zwar ist noch nicht klar, wie stabil diese Veränderungen langfristig sein werden, doch diese Anfangsergebnisse lassen hoffen. Außerdem gibt es eine Fülle von Indizien aus anderen Berichten, dass es zielstrebige und liebevolle Eltern schaffen, ein Kind sogar aus der Grube der Loslösung zurückzuholen.[14]

Der individuelle Bindungsstil ist nicht annähernd so konstant, wie die Psychologen einst vermuteten. Im Verlauf ihrer Entwicklung können sich Menschen verändern. Trauma und Verlust können Sicherheit untergraben; heilende Beziehungen können sie wieder aufbauen. Vor Kurzem haben die Wissenschaftler eine neue Gruppe benannt: Menschen mit einer »erworbenen, sicher-autonomen Bindungsrepräsentation« *(earned-secure)*.[15] Dieser Personenkreis hat jene Art von Kindheitstrauma durchlitten (möglicherweise Misshandlung, Missbrauch oder Vernachlässigung), die normalerweise zu unsicheren und sogar desorganisierten Bindungen führt; aber obwohl diese Menschen vielleicht noch einen Rest schmerzvoller Traurigkeit mit sich herumtragen, sind sie als Erwachsene in ihren Bindungen sicher und haben enge Liebesbeziehungen. Ein charakteristisches Merkmal derjenigen, die sich ihre Sicherheit erst nachträglich erarbeitet haben, ist ihre Fähigkeit, Kindheitserfahrungen so zu einer Geschichte zu verweben, dass sie anderen eine nachvollziehbare Schilderung ihrer leidvollen Vergangenheit geben können. In dieser Hinsicht kann man sie mit erwachsenen Überlebenden schrecklicher

Traumatisierungen vergleichen, die wieder einen Lebenssinn und einen Weg zurück in die Gemeinschaft finden, indem sie *ihre* Geschichte erzählen. Dabei geht es um mehr als nur das reine Wiedergeben dessen, was geschehen ist. Manche Überlebenden reden zwanghaft über ihre Traumen, erfahren aber durch die wiederholten Schilderungen keine Erleichterung. Andere berichten überhaupt nichts von dem, was sie erlebt haben.

Bindung und Bewusstsein lesen
Wenn man über Bindungen nachdenkt, kann man sich vorstellen, dass jeder Bindungsstil eine spezielle *ToM* widerspiegelt: Die *sichere* Person geht davon aus, dass man von anderen vernünftiges Verhalten erwarten darf; dass man sich auf seine Bezugspersonen verlassen kann und dass sich diese nicht ohne Vorankündigung zurückziehen oder einfach verschwinden. Der sichere Erwachsene[16] geht auch davon aus, dass er sich auf sich selbst verlassen kann und für andere da sein wird. Ihm ist klar, dass es Menschen gibt, denen man nicht trauen kann, aber er hält sich für fähig, diese zu erkennen. Bei einer sicheren Person ist es am wahrscheinlichsten, dass wir einen ausbalancierten Interpreten vorfinden, der sich voll Zuversicht sowohl auf sein rationales Denken als auch auf seine emotionale Wahrnehmung verlassen kann. Die sichere Person kann andere mit größerer Wahrscheinlichkeit korrekt lesen, vielleicht ein wenig allzu optimistisch, weil sie dazu neigt, das Beste in den Menschen zu sehen.

Die *vermeidende* Person geht davon aus, dass man sich auf seine Bezugspersonen nicht verlassen kann, dass die anderen Egoisten sind, denen man nicht trauen darf, weil sie imstande sind, sich abrupt zurückzuziehen. Vermeidende Erwachsene bitten selten um Hilfe und bieten auch selten die ihre an. Einen anderen zu brauchen gilt als Schwäche; wer Hilfe anbietet, gilt als Betrüger. Die vermeidende Person neigt dazu, andere durch die Brille des Misstrauens zu lesen, und je nachdem, durch welche Informationen sich ihr Argwohn bestätigen lässt, wird sie kognitive oder emotionale Daten hinzuziehen.

Die *ambivalente* Person ist der Ansicht, dass andere durchaus in der Lage wären, ihre Bedürfnisse zu befriedigen, dass diese es aber deshalb nicht tun, weil sie andere manipulieren und malträtieren wollen. Die Ambivalenten empfinden die schlechte Behandlung oft als berechtigt. Sie schwanken hin und her zwischen dem Zorn auf andere, weil diese die ersehnte Zuneigung und Anteilnahme verweigern, und einer schlechten Meinung von sich selbst und dem Gefühl, man verdiene gar keine Hilfe. Die vom ambivalenten Erwachsenen gemachten Erfahrungen sind von Angst und Besorgnis gekennzeichnet, von der Furcht, andere würden ihnen nicht das geben, was sie brauchen, oder würden das kaputt machen, was sie haben. Ihr offen zur Schau gestellter Kummer ist der Versuch, Anteilnahme hervorzurufen, die dann aber oft, sobald angeboten, zurückgewiesen wird. Die ambivalente Person neigt am wahrscheinlichsten zu schwankenden Urteilen und wird sich mal auf emotionales Bewusstseinlesen, mal auf kognitives stützen, ohne fähig zu sein, beide zusammenzubringen. Das führt dazu, dass andere Menschen entweder scharf kritisiert oder idealisiert werden.

Ihr persönlicher Bindungsstil
Bei Erwachsenen wird der individuelle Bindungsstil im Allgemeinen mit Hilfe eines gleichermaßen komplizierten wie schwierig zu bewertenden Verfahrens ermittelt, dem *Adult Attachment Interview*. Wissenschaftler der University of Southern California haben jedoch herausgefunden, dass man die Qualität der eigenen Bindung ziemlich akkurat durch die Beantwortung einer simplen Frage bestimmen kann.[17] Welche der nachfolgenden Beschreibungen trifft auf Sie zu:

A. Ich empfinde die Nähe zu anderen als etwas unbehaglich; mir fällt es schwer, anderen vollständig zu vertrauen und mich von ihnen abhängig zu machen. Ich werde nervös, wenn mir jemand zu nahe kommt, und oft wünschen sich andere von mir mehr Intimität, als es mir nach meinem Gefühl guttun würde.

B. Ich finde es relativ leicht, anderen näherzukommen, und es gibt mir ein gutes Gefühl, wenn ich mich auf sie verlassen kann und sie sich auf mich verlassen können. Ich zerbreche mir nicht den Kopf darüber, ob ich im Stich gelassen werden könnte oder mir irgendjemand zu nahekommt.

C. Ich finde, dass andere sich dagegen sträuben, mir so nahezukommen, wie ich es gern hätte. Ich zerbreche mir oft den Kopf, ob mein Partner mich wirklich liebt und bei mir bleiben will. Ich möchte meinem Partner ganz nahe sein, und das vertreibt den anderen manchmal.

Wenn B. auf Sie zutrifft, sind Sie sicher. Bei C. sind Sie unsicher-ambivalent. Bei A. sind Sie unsicher-vermeidend.

Sie müssen sich nicht einem komplizierten psychologischen Test unterziehen, um Ihre Bindungskategorie zu bestimmen; doch wie bei allen Typisierungen, handelt es sich auch hier um grobe Vereinfachungen. Sogar Kleinkinder treffen schon Unterscheidungen; viele haben beispielsweise andersgeartete Bindungen zur Mutter und zum Vater. Die Theorie der meisten Menschen davon, wie andere auf ihre Bedürfnisse reagieren werden, ist viel nuancierter, und es werden nicht alle Menschen als gleich betrachtet. Doch eine der Binsenweisheiten der Humanpsychologie ist, dass die Grundeinstellungen der Menschen und die ihnen eigene Art, Beziehungen zu knüpfen, unter Stress sehr viel stärker hervortreten, wobei Nuancen verblassen. Sinn und Zweck der »fremden Situation« war es, Stress zu erzeugen, um so das für das Kind besonders typische Bindungsverhalten zum Vorschein zu bringen. Wenn uns traumatische Ereignisse über die ertragbare Stressgrenze hinaus belasten, dann ist unser eigenes Überleben und das derjenigen, die wir lieben, gefährdet. Die alte Furcht des Kleinkinds vor dem Alleinsein wird geschürt und löst unsere primitivsten Reaktionen auf eine Trennung aus. Diese Reaktionen wiederum sind es, die eine erfolgreiche Bewältigung der Ereignisse bestimmen.

Die heilende Kraft des Erzählens beruht nicht auf dem Berichten der Ereignisse, sondern auf dem Gefühl der Anteilnahme anderer, von denen man sich geschätzt und verstanden fühlt. Für die mit sicherer Bindung stellt das Berichten eine Geste des Armeausstreckens dar; so wie das Kind die Arme ausstreckt und umarmt werden will, so will der Erzähler berühren und selbst berührt werden, will etwas mit-teilen und Anteilnahme empfangen. Bei den Ambivalenten hat das Berichten die Funktion eines Aufschreis der Wut und der Anklage, wobei sie so gut wie gar nicht erwarten, dass irgendwer sie versteht oder Anteil nimmt; das Wieder- und Wiedererzählen soll dem Zuhörer die Hilflosigkeit und die Qualen des Erzählers aufbürden. Kinder von solchen Holocaust-Überlebenden berichten oft, sie hätten sich sprachlos, hilflos und schuldig gefühlt angesichts der wiederholten Schilderungen der Eltern vom erlebten Grauen, während jene mit vermeidenden Eltern davon überhaupt nichts zu hören bekamen.

Amerikas Empörung wegen der Anschläge auf das World Trade Center, die Unmittelbarkeit der im Fernsehen übertragenen Bilder, die augenfällige Tragödie der Opfer und dazu noch die Tatsache, dass es beim Zentrum einer der weltweit größten Konzentrationen akademischer Institutionen geschah, wird es zum meist untersuchten traumatischen Ereignis der Geschichte machen. Die Erhebung von Daten und deren Analyse wird noch Generationen dauern. Die Opfer, ihre Kinder und Enkel sind bereits Gegenstand von Studien, und man hat ihnen psychologische und psychotherapeutische Betreuung in einem beispiellosen Ausmaß zur Verfügung gestellt.

Wir leben in einer merkwürdigen Zeit. Einerseits gibt es eine zunehmende Bereitschaft zu glauben, dass schreckliche Erlebnisse mit ziemlicher Sicherheit zu Traumen und langjähriger geistig-seelischer Erkrankung führen. Andererseits nimmt der Glaube an die Heilkräfte von Liebe und zwischenmenschlicher Verbundenheit ab. Trotz stetig zunehmender wissenschaftlicher Nachweise, dass Beziehungen die Struktur des Gehirns verändern können, geht die vorherrschende populäre Theorie – mit massiver Unterstützung durch die pharmazeutische Industrie und mit dem Segen vieler Ärzte – dahin, dass psychologische Schäden zwar von Menschen verursacht, aber letztlich nur durch Medikamente geheilt werden können.

Sogar jene, die sich von Berufs wegen mit dem menschlichen Bewusstsein befassen und der Psychotherapie positiv gegenüberstehen, gehen zusehends davon aus, dass Menschen labile Wesen sind und es sofortigen Eingreifens bedarf, damit aus einem Trauma keine Krankheit wird, keine posttraumatische Belastungsstörung. Mein Sohn und seine Freunde klagten, sie hätten in den Wochen nach dem 11. September in der Schule nirgendwo um eine Ecke biegen können, ohne von einem Therapeuten, Psychologen oder Sozialarbeiter angehalten und gefragt zu werden, ob sie Hilfe benötigten. Sie waren von der Flut von Beileidsbekundungen und der wohlmeinenden kollektiven Unterstellung, sie seien Geschädigte, so verstört, dass sie fürchteten, diese Annahmen könnten sich letztlich bewahrheiten.

Blink!-Autor Malcolm Gladwell bringt in einem Artikel im *New Yorker* unter der Überschrift »Getting over it« (»Drüber hinwegkommen«) treffende Beispiele dafür, wie dramatisch sich in der US-Kultur in den Zeiten nach dem Zweiten Weltkrieg und nach dem Krieg in Vietnam der Stellenwert des Begriffs »Resilienz« verschoben hat, also der Fähigkeit des Einzelnen, unter widrigen Umständen zu überleben. Vom Weltkriegsveteranen wurde erwartet, dass er die psychischen Wunden des Krieges überwindet und sich dann seines Lebens freut; beim Vietnamveteranen ging man davon aus, dass er an bleibenden Blessuren zu laborieren hat und ein durch PTBS eingeschränktes Leben führen wird.

Die Diagnose PTBS wurde erfunden, um die Leiden des Vietnamveteranen zu erklären; doch damit schob man das Element des Krankhaften dem Veteranen zu und nicht der Kultur, die ihn in einen sinnlosen und nicht zu gewinnenden Krieg geschickt hatte. Die Wirkung von Traumen wird von der Einstellung beeinflusst, mit welcher die Gesellschaft ihre Opfer behandelt. Der Weltkriegsveteran wurde als Held behandelt, der Vietnamveteran allzu oft als Krüppel oder als einer, der nicht mehr ganz richtig im Kopf ist. Inzwischen ist eine

Traumaindustrie entstanden, und mit der Diagnose PTBS wird großzügig umgegangen, um Therapien von zweifelhaftem Wert zu rechtfertigen. Es wurde sogar schon vorgebracht, eine PTBS könne dadurch ausgelöst werden, dass man sich im Fernsehen etwas Deprimierendes ansieht.

Solche Tendenzen werden von der wissenschaftlichen Forschung nicht gestützt. Die nach dem 11. September durchgeführten Studien haben ergeben, dass viele an PTBS litten, viele auch nicht. Auf Grund einer Haus-zu-Haus-Befragung im Oktober 2001 schätzte die Gesundheitsbehörde der Stadt New York, dass etwa 40 Prozent der Anwohner am Ground Zero Symptome einer posttraumatischen Belastungsstörung aufwiesen. Eine andere und höchst interessante Studie ergab, dass sehr sichere Menschen in den Monaten nach den Anschlägen nicht nur relativ gut mit den Ereignissen fertig wurden, sondern dass viele von ihnen psychologische Fortschritte über ihr Befinden *vor* dem 11. September hinaus gemacht hatten: »Sehr sichere Menschen waren angesichts der Tragödie nicht nur zu einer besseren situativen Anpassung in der Lage, sondern es gelang ihnen auch, die gemachten Erfahrungen als Möglichkeit zu nutzen, um andere Formen individueller Reifung und Stärke unter Beweis zu stellen.«[18] Es gibt zunehmende Hinweise für etwas, das Psychologen heute als »posttraumatische Reifung« (*posttraumatic growth*) bezeichnen.[19] Viele der in diese Kategorie fallenden Menschen konzentrieren sich offenbar während des traumatischen Ereignisses auf die Fürsorge für andere und bieten auch danach weiterhin ihre Hilfe an. Allgemein wird angenommen, dass es die Stärkeren und weniger Betroffenen sind, die ihre Hilfe anbieten. Forschungen ergeben immer klarer, dass geleistete Hilfe das Selbstwertgefühl des Freiwilligen hebt und seine Lebenszufriedenheit erhöht.[20]

Das typische Gefühl der weißen amerikanischen Mittelschicht, auch meines Sohnes, nämlich in einer sicheren Umwelt zu leben, wurde von einer Sekunde auf die andere ausgelöscht – und Peter brauchte nur wenig länger, um sich von einem Jungen zu einem

Mann zu entwickeln. Anderen zu helfen gab ihm das Gefühl, auf sich selbst aufpassen zu können. Er beschäftigt sich weiterhin damit, die Welt als Ganzes und das Leben und das Bewusstsein von Menschen zu verstehen, die fast täglich Traumen erleiden. Er engagiert sich im Rahmen seiner Möglichkeiten weiterhin freiwillig, um anderen zu helfen. Oft setzt er auch seine coole Brille mit den getönten Gläsern auf und zieht sich in die tröstende Behaglichkeit seines privaten Lebens zurück, das aber nie mehr so sein wird wie früher.

Vielleicht kann Nietzsches abgegriffene Plattitüde, »was uns nicht umbringt, macht uns stärker«, so ergänzt werden: »Was uns nicht allzu sehr verletzt, kann uns, wenn wir in einer sicheren Bindung sind und in unserem Handeln aktive Unterstützung erfahren, stärker machen.«

Fünftes Kapitel
WEGE ZUM VERSTEHEN

Die Evolution hat jedem von uns zwei Wege eröffnet, die Welt zu verstehen: den kognitiven und den emotionalen. Vereinfacht ausgedrückt, stimmen diese beiden Zugangswege mit der traditionellen Unterscheidung zwischen Kopf und Bauch, Verstand und Herz, Denken und Fühlen überein. Bis zu einem gewissen Ausmaß benutzt jeder sowohl seine kognitiven Fähigkeiten als auch seine emotionalen Reaktionen, um sich Theorien über das Bewusstsein anderer zu bilden. Verlässt man sich zu sehr auf nur einen Weg, kann das zu einer fehlerhaften *ToM* und zu falschen Interpretationen führen. Im Idealfall würden wir natürlich eine Balance beider Wege als Ausgangspunkt nehmen, um dann die Gewichtung je nach den Erfordernissen der Situation zu verschieben und beispielsweise das Emotionale im Familien- und Freundeskreis stärker in den Vordergrund zu stellen und das Kognitive eher am Arbeitsplatz. Allerdings wissen wir auch alle, dass es schwierige familiäre Situationen gibt, wo nüchternes Denken und ein möglichst klarer Kopf von Vorteil sind, und in der Arbeit gibt es manchmal Situationen, wo es besser ist, sich auf den eigenen Bauch zu verlassen.

Ein ausbalancierter Interpret zu sein bedeutet nicht, dass man starr daran gebunden ist, Bauchgefühl und klaren Verstand gleich zu gewichten. Es bedeutet die Fähigkeit, verfügbare Informationen dazu zu verwenden, eine wohlbegründete Annahme zu formulieren, unsere bestmögliche Theorie von dem, was gerade geschieht und was wir tun sollten. Es bedeutet, unangenehme Informationen nicht zu ignorieren oder merkwürdige und beunruhigende Gefühle nicht zu verwerfen. Es bedeutet auch, in der Lage zu sein, falsche oder irreführende Informationen auszusondern, ob sie nun in der Form trockener Statistiken oder als raffinierte Verführung auftauchen.

Keiner erreicht jemals die perfekte Balance, obwohl einige, wie Bill Gates, es fast zu schaffen scheinen. Nach allem, was wir wissen, machte Gates das Beste aus seinen glücklichen Voraussetzungen: einem ausgeglichenen Temperament und einem scharfen Verstand, der Unterstützung einer liebevollen Familie, einer guten Ausbildung und absoluter finanzieller Sorgenfreiheit. Auch Menschen mit schwierigeren Lebensbedingungen können eine Balance erlangen.

Das Gleichgewicht finden

James begann seine Therapie, indem er mir erzählte, wie er an einem warmen Sommerabend mit seinem Auto in Harlem von der Polizei angehalten worden war. Unter seinem Sitz versteckt befand sich ein Beutel mit Kokain. Sein schlimmster Albtraum wurde wahr. James hatte nie für Drogendealer arbeiten wollen. Er hasste sie so sehr wie das, was die Drogen mit seiner Mutter angestellt hatten; aber für ihn schien, wie für so viele arme schwarze Teenager, ein Job im Drogenhandel die einzige Alternative zu sein. Von seinen Eltern bekam er kein Geld, aber er musste Kleidung, Bücher und die Medizin für seine Mutter kaufen. Bald würde er sein Highschoolexamen machen, und danach wollte er sich zur Marine melden.

James ist fast eins neunzig groß und hat die Statur eines Sumo-Ringers. Obwohl von Natur aus ein umgänglicher Typ, kann er dennoch die Leg-dich-bloß-nicht-mit-mir-an-Miene eines Nachtklubrausschmeißers aufsetzen. Als guter Beobachter, der umsichtig und zurückhaltend vorzugehen wusste, wurde er beauftragt, Drogen von einem Dealer zu einem anderen zu transportieren. Er war immer vorsichtig gewesen und jedem Ärger aus dem Weg gegangen. Er selbst nahm keine Drogen. Jetzt aber zuckte hinter seinem Wagen das Rotlicht des Polizeiautos, und sein Puls raste. Vor Angst wie erstarrt und beinahe schon in Panik, umklammerte er das Steuerrad und dachte: »Jetzt kommst du ins Gefängnis. Hoffentlich erschießen sie dich nicht.«

Im Außenspiegel auf der Fahrerseite sah James den Polizisten näherkommen, der seine Waffe gezogen hatte und sie beidhändig fest und mit dem Lauf nach unten gerichtet hielt. James registrierte, dass der Polizist allein war und jung und verängstigt aussah. Der Beamte zeigte mit seiner Pistole auf eine Stelle auf dem Boden und rief: »Aussteigen!« James ließ das Steuer los, drehte sich, so langsam er konnte, zur Fahrertür und achtete darauf, dass seine Handflächen stets sichtbar blieben. Erst als er das Gesicht des Polizisten sehen und dieser seines sehen konnte, ließ er die linke Hand sinken, um den Türgriff zu betätigen und auszusteigen. Beim Aussteigen machte er einen Buckel, hielt den Blick zu Boden gerichtet und versuchte, kleiner zu erscheinen. Er hob die Hände höher, hielt sie mit verschränkten Fingern am Hinterkopf, drehte sich um und legte die Stirn gegen das Wagendach. Er führte Befehle aus, die nie laut erteilt worden waren, Befehle, von denen er annahm, dass sie der junge Beamte erteilen würde, wäre er nicht zu verängstigt, um denken zu können. James hatte die Bilder von Amadou Diallo im Kopf, der, als er von einundvierzig Kugeln getroffen wurde, seine Brieftasche in der Hand hielt, eine Brieftasche, von der die Polizisten behaupteten, sie hätten sie für eine Handfeuerwaffe gehalten. James war entschlossen, dem Beamten keinen zusätzlichen Anlass zu bieten, sich vor ihm zu fürchten, keinen Vorwand, um ihm in den Rücken zu schießen. Inzwischen hatte sich eine kleine Menschenansammlung eingefunden, wodurch die angstvolle Fixierung des Polizisten durchbrochen wurde. Der Beamte verlangte James' Führerschein und Kfz-Zulassung. James erwiderte klar und respektvoll: »Die sind in der Brieftasche in meiner Gesäßtasche. Bitte, nehmen Sie sie heraus.«

Der Beamte schien vor dem Gedanken zurückzuschaudern, eine

Hand von der Pistole zu nehmen und damit James in die Gesäßtasche zu greifen. Er rief erneut: »Führerschein und Zulassung!« James wiederholte seine Antwort. Noch zwei weitere Male wurden die gleichen Formulierungen ausgetauscht. Die Menschenmenge wurde größer, und Kichern, Buhrufe und Pfiffe wurden lauter. James betete, es möge ihm keiner beispringen wollen.

Anders als der nervöse Einbrecher im ersten Kapitel, der sich gleich ergab, als ihn der Polizist anrief, oder als Blake Koh im zweiten, der keinen Plan hatte, ließ James nicht zu, dass Angst oder Verunsicherung seine Denk- und Urteilsfähigkeit blockierten. Im Gegenteil: Seine Angst war für ihn ein Signal für den Ernst der Lage, ein Signal, sich voll auf das zu konzentrieren, was im Kopf des Polizisten vor sich ging. James hatte Angst zu sterben. Zwar hatte er diese Angst intensiv erlebt, doch war er in der Lage gewesen, sie mit seinem Verstand zu unterdrücken. Er hatte sorgfältig überlegt und sich einen Plan auf der Grundlage dessen gemacht, was er aus dem Bewusstsein des Beamten und aus der Umgebung las. Denken und Fühlen hatten einander ausgeglichen: Intensive Gefühle spornten komplexes Denken an; komplexes Denken hielt die intensiven Gefühle unter Kontrolle.

Wäre der Polizist erfahrener gewesen, hätte er James vielleicht Handschellen angelegt oder Verstärkung geholt. Wäre er hinterhältig gewesen, hätte er versuchen können, James mit verbalen Beleidigungen oder durch Anstupsen mit dem Schlagstock zu provozieren. Stattdessen fragte er James, wo er wohne. James nannte die Adresse seiner Tante ein paar Straßen weiter. Der Beamte sagte, er solle nach Hause fahren. James stieg in sein Auto und fuhr weg.

Ausbalancierte Interpreten gibt es in allen Schichten und Berufen. Manche, wie James, benutzen ihre Fähigkeiten, um in schwierigen Situationen zu überleben; andere, wie Bill Gates, um geschäftlich und beruflich Erfolg zu haben. Ihnen gemeinsam ist die Befähigung, sowohl Verstand als auch Gefühl einzusetzen, um das Bewusstsein anderer genauer zu lesen. James war in der Lage, trotz einer problematischen Kindheit seinem Leben eine neue Wendung zu geben. Seine Mutter kämpfte gegen ihre Heroin- und Alkoholsucht. Zwischen ihr und seinem Vater war es ständig zu gewalttätigen Auseinandersetzungen gekommen, bis sein Vater eines Tages, als James acht war, von der Bildfläche verschwand. James erinnert sich an den Anblick herumliegender Süchtiger im Flur des Apartmenthauses, in dem er wohnte; einen, den er kannte, fand er tot auf der Straße; er erlebte, wie Verwandte von Aids dahingerafft wurden; er fühlte sich von Chaos und Verzweiflung umzingelt. James erinnert sich auch an einen Onkel, einen freundlichen Homosexuellen, der sich manchmal um ihn kümmerte. Dieser nahm ihn mit auf lange Spaziergänge und Busfahrten in andere Stadtteile, ins Kino, in die Museen und zum Baseball. Und er erinnert sich an »eine weiße Sozialarbeiterin«, die ihn zuverlässig jeden Monat aufsuchte. Diese Besuche waren vom Jugendfürsorgeamt vorgeschrieben, als Bedingung dafür, dass seine Mutter das Sorgerecht behalten durfte und James nicht zu einer Pflegestelle kam. Er erinnert sich, wie seine Mutter jedes Mal am Tag vor dem Besuch hektisch die Wohnung und sich selbst herausputzte. Die Sozialarbeiterin brachte James immer etwas mit, ein Spiel, ein Comic-Heft; sie machten zusammen Hausaufgaben und spielten eine Weile. Sie besorgte ihm ein Abonnement des *Weekly Reader*. James strahlt, wenn er daran denkt. Er glaubt, dass die Tatsache, dass diese Lady weiß und sein Onkel schwul war, ihm geholfen hat, sich in Gegenwart von Leuten, die anders sind als er, sicher zu fühlen.

James ist einer, der nicht unterzukriegen ist; Psychologen sprechen in einem solchen Fall von Resilienz, was heißen soll: James war in der Lage, mit stressigen Situationen fertig zu werden und daraus zu lernen, wodurch jedes Mal die Wahrscheinlichkeit geringer wurde, dass sich Stress in ein Trauma verwandelte. Zwei Dinge lassen sich bei resilienten Kindern häufig finden: Sie sind vom Temperament her meist entspannt und haben oft mindestens eine sichere Bindung. Als Erwachsener verkörpert James Gelassenheit: ein großer, kräftiger Mann mit breitem Lächeln und von entspannter Umgänglichkeit.

Es fällt leicht, ihn sich als friedfertiges, lachendes Buddha-Baby vorzustellen. Als Kleinkind machte er keine Umstände und schrie selten; er hatte kein Problem damit, oft allein zu sein. Er fühlte sich sicher in seiner Bindung zu seinem Onkel und der Sozialarbeiterin. Sie waren von verlässlicher und warmherziger Fürsorglichkeit, und obgleich sie nicht oft physisch präsent waren, wusste er, dass sie stets zu ihm hielten, und er konnte ihnen einen festen Platz in seinem Bewusstsein zuweisen.

Sicherheit ist ein Bewusstseinszustand
Sich sicher verbunden und angenommen zu fühlen ist ein Bewusstseinszustand. Der eine kann im Luxus leben, einen gleichbleibend liebevollen Partner, anteilnehmende Freunde und die Verehrung der Massen haben und sich dennoch unsicher und einsam fühlen. Der andere kann allein im finsteren Wald umherspazieren und sich von der Natur gehalten und von Gott geliebt fühlen. Bei manchen Kindern bedarf es wenig, dass sie sich umsorgt fühlen: ab und zu ein wenig Aufmerksamkeit, das Gefühl der Gegenwart eines anderen Menschen. Andere Kinder müssen beinahe ununterbrochen im Arm gehalten werden, umhüllt von einer zweiten, dickeren Haut.

James brauchte wenig, um sich verbunden zu fühlen. Zu meiner Überraschung fand ich heraus, dass er zu seiner Mutter sogar eine sichere Bindung hatte. Psychologen beurteilen die Bindung von Erwachsenen dadurch, dass sie deren Erinnerungen analysieren. Dabei spielt es keine Rolle, ob diese glücklicher oder trauriger Natur sind, schmerzhaft oder angenehm; was zählt ist, dass sie tiefgreifend und in einen Zusammenhang eingebettet sind. Kann jemand ein realistisches Bild von seiner Mutter aus der Kindheit zeichnen, ist das ein Indiz für eine sichere Bindung – in James' Fall eine sichere Bindung an einen arg geplagten Menschen. Voll Mitgefühl schilderte er den Kampf seiner Mutter gegen ihre Sucht und die Auseinandersetzungen in der zerstörerischen Beziehung zu seinem Vater. James versetzte sich in die Bewusstseinslage seiner Mutter und stellte Theorien auf, um sich ihr Leben zu erklären: Sie nahm Drogen, weil sie traurig war; sie akzeptierte Bösartigkeit und Misshandlung, weil sie unbedingt einen Mann brauchte. Am aufschlussreichsten war sein Verständnis von der Bedeutung dessen, dass sie sich jeden Monat vor dem Besuch der Sozialarbeiterin selbst aus ihrer benebelten Lethargie herausriss, die Wohnung aufräumte und sich ordentlich kleidete: Sie liebte ihren Sohn und wollte ihn nicht verlieren. James' Entdeckung der Liebe seiner Mutter war Ergebnis der *ToM*, die er sich von seiner Mutter gebildet hatte; und die Freude über diese Entdeckung führte dazu, dass er die mentalen Verfassungen anderer erforschen und lesen konnte.

Die Erschaffung der Eltern
Die Mutter, die James beschrieb, war seine Schöpfung. Natürlich hatte er eine leibliche Mutter. Doch die sprach nie mit ihm über ihre mentale Verfassung, über ihre Motive, warum sie das tat, was sie tat. Er hätte sie auch auf ganz andere Weise interpretieren können. Wäre er von stärker reaktivem Temperament gewesen, hätte er sich vielleicht von ihr überfordert und schutzlos gefühlt. Möglicherweise hatte ihm der Onkel geholfen, die Mutter zu verstehen. Oft tragen ältere Geschwister oder andere Verwandte dazu bei, dass ein Kind die Verfassung von Vater oder Mutter versteht. Einer meiner Patienten erinnert sich, wie er im Alter von sieben nach einem erneuten Wutanfall der Mutter weinend auf sein Zimmer gerannt ist. Seine ältere Schwester lief ihm nach und sagte: »Du weißt doch, dass Mutter verrückt ist.« Er erinnert sich auch an ein umfassendes Gefühl der Erleichterung. Die ganze Zeit über hatte er nach einer Erklärung für die Unberechenbarkeiten seiner Mutter gesucht. Von da an musste er sich selbst keine Vorwürfe machen. Als er älter wurde und mehr darüber erfuhr, was »verrückt« bedeutete, nahmen auch Verständnis und Mitgefühl für die Not seiner Mutter zu.

Wir schaffen und erschaffen uns immer wieder aufs Neue unser Verständnis vom Bewusstsein der wichtigen Menschen in unserem

Leben. Manchen von uns steht dafür eine Menge Material zur Verfügung, aus dem wir unser Geschöpf formen können; manch anderen so gut wie gar keines. Doch wissen wir mit Sicherheit, dass sich Kinder auch dann ein Bild und eine ToM von Eltern zurechtlegen, wenn sie diese nie zu Gesicht bekommen haben – Eltern, die starben oder nie Teil des Lebens ihrer Kinder waren. Üblicherweise verändert sich unsere Auffassung von unseren Eltern, wenn wir heranreifen, manchmal im Rahmen einer echten Beziehung zu ihnen und manchmal nicht. Verändert sich diese Auffassung nicht, dann bedeutet das, es gibt ein Problem, einen Grund, warum es nicht zu einer normalen Weiterentwicklung kommt. ›Unsere Eltern kommen uns umso gescheiter vor, je älter wir selbst werden‹, lautet ein weiterer Spruch aus der Volkspsychologie, der gelegentlich zutrifft. Manche Menschen sind zu verbohrt in ihrem Groll oder zu verletzt, um ihre Einschätzung vom Bewusstsein ihrer Eltern zu überprüfen oder zu verändern. Andere haben Angst davor, etwas zu entdecken, was sie nicht sehen wollen.

Ideale als alternative Eltern
Unser Gefühl von Verbundenheit und Sicherheit in dieser Welt hängt meistens von unserem Verhältnis zu Eltern und Bezugspersonen ab, so wie wir sie in unserem Bewusstsein erschaffen. Dieses Gefühl kann sich in dem Maß verändern, in dem sich diese Beziehungen verändern. In einigen Fällen kommt die Sicherheit nicht aus der Bindung an Eltern oder überhaupt an eine Person, sondern eher aus der an ein Ideal. Ausgeprägt kreative Menschen können eher an Ideale gebunden sein, denen sie in ihren Kunstwerken Gestalt verleihen. Einige von ihnen sind, um ihrer Kunst willen, bemerkenswert gleichgültig (Philip Roth) oder sogar brutal (Pablo Picasso) gegenüber ehemaligen Freunden und Liebspartnern. Einstein bezeichnete sein Leben außerhalb der Physik als »das bloß Private«.

Der Meister des Spionageromans, John Le Carré, hatte eine trostlose Kindheit. Sein Vater war ein Trickbetrüger, Hochstapler, Blender, Taktierer und Schürzenjäger – und vollkommen unempfänglich für die Bedürfnisse seiner beiden Söhne, die er oft als Statisten bei seinen diversen Betrügereien einsetzte. Als Le Carré fünf war, musste sein Vater ein Jahr lang ins Gefängnis, und seine Mutter verließ die Familie. Dem Buben sagte man, sie sei tot, und erst im Alter von einundzwanzig sah er sie wieder. Während der Haft seines Vaters und noch viele Male danach kamen Le Carré und sein Bruder, wann immer es dem Vater gefiel, in die Obhut der Großeltern väterlicherseits. Diese waren strenge und religiöse Spießer und forderten zumindest den Anschein rechtschaffenen Verhaltens ein. Le Carré verheimlichte gegenüber ihnen allen, dass er vom zügellosen Leben seines Vaters wusste. War er beim Vater, kümmerte sich eine der vielen »Schönen«, die von diesem Leben auf großem Fuße, den Spielcasinos und schicken Sportwagen angezogen wurden, um den Sohn.

Die beiden Knaben wurden auf Nobelinternate geschickt, wo ihr Vater sie – Reichtum vorgaukelnd – protzig im Rolls oder Bentley besuchte. Zwar waren es Millionen gewesen, um die Le Carrés Vater andere geprellt hat, aber er hat auch stets mehr ausgegeben, als er besaß. Im Jahr 1954 ging er mit Schulden im Gegenwert von vierzig Millionen Dollar pleite, und die Söhne mussten sich irgendwelche Geschichten ausdenken, warum das Schulgeld nicht bezahlt wurde. Der Kontrast zwischen der Zügellosigkeit seines Vaters und den rigiden Moralvorstellungen seiner Großeltern habe ihn, so sagte Le Carré, »in einen Zustand zwanghaften Täuschens und Tricksens versetzt. Die Katastrophen in unserer Familie waren so groß und das Missverhältnis zwischen der häuslichen Situation und der althergebrachten Konvention der Bildung, die man mir beibringen wollte, war so enorm, dass es mir vorkam, als würde ich verkleidet durch die Gegend laufen.«[1]

Wie James versuchte auch Le Carré, sich eine Theorie vom Bewusstsein seiner Eltern zu bilden, aber hatte er zu wenig Material. An die Mutter seiner Kindheit erinnert er sich nicht; in Interviews sagt er wenig über sie, außer dass es wahrscheinlich für sie das Vernünftigste gewesen sei zu gehen; er aber habe nie verstanden, warum sie damals die Kinder nicht mitgenommen hatte. Le Carré hat sich sein Leben lang bemüht, das Bewusstsein seines Vaters und dessen Welt des Lügens und Betrügens zu verstehen. Nach dem College trat er in den britischen Nachrichtendienst ein und arbeitete als Spion in Deutschland, als er seinen ersten Roman schrieb. »Wenn du in einer chaotischen Welt ohne Sinn und Logik aufwächst, wirst du instinktiv zu einer Art Artisten; wenn du nicht untergehen willst, musst du die Bedingungen um dich herum kontrollieren.«[2]

Er spricht oft von seinem Vater und hat ihn für mehr als eine seiner Romanfiguren als Vorlage benutzt. »Jahrelang habe ich versucht, meinen Vater aus meinem Leben auszublenden. Nach seinem Tod wurde mir klar, dass das unmöglich war.«[3] Aber Le Carré hat noch immer nicht das Gefühl, seinen Vater verstanden zu haben. Die hartnäckige, unverfrorene, selbstzerstörerische und außergewöhnlich teilnahmslose Natur von dessen Niedertracht erscheint unfassbar. Nachdem er vermögend geworden war, bot er seinem Vater an, sich um ihn zu kümmern und für ihn zu sorgen, wenn er sich im Gegenzug bereit erklärte, nicht mehr »zu arbeiten«. Sein Vater reagierte erbost und versuchte weiterhin, seine Verbindung mit dem inzwischen berühmten Sohn dazu zu benutzen, von einem Filmstudio Geld zu ergaunern. »Es ist unmöglich, sich mit einem solchen Phänomen abzufinden. Das arbeitet für alle Zeiten in dir«, sagte dieser betrübt.[4]

Le Carrés ganze Passion gilt der Entlarvung von Lügnern, auch wenn es sich um ihn selbst handelt. Es ist sein Ideal, die Wahrheit zu enthüllen. Auf die Frage, ob er als Kind gewusst habe, dass sein Vater ein Betrüger war, antwortete er rasch: »Ich ging einfach davon aus, dass jeder einer war ... ich dachte einfach, Erwachsene sind so.«[5] Was zwangsläufige Konsequenzen für sein eigenes erwachsenes Ich nach sich zog: »Nichts von dem, was ich schreibe, ist authentisch. Der Stoff stammt aus Träumen, nicht aus der Wirklichkeit. Dennoch behandeln mich die Medien, als schriebe ich Spionage-Handbücher. Man betrachtet mich als einen Weisen ... Und bis zu einem gewissen

Punkt fühle ich mich geschmeichelt, dass das, was ich zusammenfabuliere, so ernst genommen wird. Doch gleichzeitig verachte ich mich in der falschen Rolle eines Gurus, weil sie mit mir oder dem, was ich tue, in keiner Beziehung steht. Nach meiner Erfahrung haben Künstler so gut wie keine Mitte. Sie schwindeln. Sie sind nicht echt. Sie sind Spione. Ich bin da keine Ausnahme.«[6] Er ist kompromisslos, wenn es darum geht, Klassendünkel und die eigennützigen Heucheleien staatlicher Institutionen anzuprangern. Er lehnte es ab, sich in den Adelsstand erheben zu lassen, und sagte dazu später: »Ich hasse die Vorstellung von einer Art unsichtbarer Aufpasser-Akademie für England. Bei so etwas will ich nicht mitmachen.«[7] Unfähig, eine befriedigende Theorie über das Bewusstsein seines Vaters zu erstellen, bildet er alle möglichen Ausformungen des Täuschens in den Hirnen seiner Romanfiguren nach, macht ihre Bewusstseinswelten zum offenen Buch für alle, die darin lesen wollen.

Für manche Menschen ist die Verbindung mit ihrem Glauben das Wichtigste. Buddhas Mutter starb, als er sieben Tage alt war. Sein Vater war ein König, und wie viele Kinder reicher Eltern wurde Buddha von Dienern umsorgt. Während des Frühlingsfestes stahlen sich seine Kindermädchen davon, um an den Feierlichkeiten teilzunehmen, und ließen das Buddha-Baby unbeaufsichtigt zurück. Als sie wiederkamen, fanden sie den Knaben entspannt in tiefer Meditation versunken. Er beschrieb dies später als sein erstes ekstatisches Erlebnis. Fortan predigte er die Tugend der Loslösung als den einzigen Weg, um den Schmerzen unerfüllter Begierden und der Unausweichlichkeit von Verlust und Tod zu entgehen. Sein Leben war beispielhaft für seine Lehre. Mit neunundzwanzig entsagte er seinem fürstlichen Reichtum und verließ seine Frau und seinen neugeborenen Sohn, um das Leben eines Wandermönchs zu führen. Zwar befreite ihn die Lösung aus persönlichen Beziehungen von den flüchtigen Illusionen der materiellen Existenz, doch sein eigentliches Ziel waren der Zugang zur ewigen Geborgenheit im Nirwana und eine niemals endende Verbundenheit mit allen. Auf seinen Wanderungen rührte er alle, die er traf, mit seiner liebevollen Freundlichkeit. Er war an keinen einzelnen Menschen gebunden, sondern an alle.

Auch Jesus verzichtete auf private Beziehungen, weil er für alle da sein wollte. Er predigte, die Hingabe an Gott komme vor der Hingabe an die Familie. Auch heute noch gibt es Tiefreligiöse, die menschliche Bindungen aufgeben, um die Beziehung zu ihrem Glauben zu stärken. Das Leben vieler verstörter Menschen hat eine Wandlung erfahren durch eine tiefe Bindung an ihren Glauben, die ihnen mehr Sicherheit und größere Zufriedenheit verschafft, als sie sie je in ihren privaten Beziehungen zu finden gehofft hatten.

Wie man das Beste aus seinem Stil macht

Im Verlauf des Lebens entwickelt jeder von uns seine ganz individuelle Methode zur Bildung einer ToM. Jeder lässt sich auf einer Skala der Interpretationsstile einordnen, die vom extrem kognitiven Interpreten, der Gefühle ausnahmslos ablehnt, bis zum extrem emotionalen Interpreten reicht, der sich selten bemüht, überhaupt nachzudenken. Zwar kommen diese Extreme nicht oft vor, doch das gilt auch für den wirklich ausbalancierten Interpreten. Die meisten Menschen tendieren entweder zum Kognitiven oder zum Emotionalen und verschieben die Gewichtung je nach aktueller Situation. Die zur Verschiebung nötige Flexibilität steht teilweise im Zusammenhang mit dem jeweiligen Sicherheitsbewusstsein.

Der individuelle Interpretationsstil hängt großteils, aber keineswegs vollständig, vom angeborenen Temperament beziehungsweise von der Reaktivität der Amygdala ab. Aus emotional reaktiven, scheuen Kindern werden meist kognitive, aus emotional weniger reaktiven Kindern werden meist emotionale Interpreten. Kognitive Interpreten haben Wege gefunden, ihre emotionale Reaktivität zu hemmen. Es ist sogar noch im Erwachsenenalter möglich, neue Wege zum Hemmen emotionaler Reaktivität zu erlernen und zu einem eher kognitiven Interpreten zu werden, genau wie es umgekehrt möglich ist, kognitive Hemmungen abzulegen und ein eher emotionaler Interpret zu werden. Manchmal bedarf es der Hilfe eines Therapeuten, doch auch Lebensereignisse und Beziehungen können dazu beitragen, dass sich die Gewichtung verschiebt, und selbst eine geringfügige Verschiebung der Balance kann beim einen oder anderen der Auslöser dafür sein, dass das Leben eine neue Richtung nimmt.

Kognitive Interpreten
Mike ist Verkaufsleiter in der IT-Branche. Er hat seinen MBA gemacht und ist ein Zahlengenie, doch einige Fehler, die ihm bei der Rekrutierung seines Vertreterstabs unterliefen, hätten ihm den Weg zu einer Beförderung versperren können. In einem Fall hatte Mike während des Vorstellungsgesprächs ein ungutes Gefühl bei einem jungen Mann, ohne genau sagen zu können, was ihn störte, außer dass ihm die Art nicht gefiel, wie der Bewerber damit angab, dass er ein lokales Golfturnier gewonnen habe. Ein paar Tage lang rumorte es in Mikes Innerem, aber der junge Mann hatte an einer Eliteuniversität an der Ostküste studiert und ein Einserexamen abgelegt. Anstatt auf seinen Instinkt zu hören, unterdrückte Mike also seine Zweifel und stellte den Mann ein. Acht Monate später, nachdem der Neue eine Reihe verdächtig hoher Spesenabrechnungen eingereicht hatte, setzte die Firma eine Buchprüfung bei ihm an. Als sich herausstellte, dass der Mann seine Spesen in einer Höhe von achttausend Dollar frisiert hatte, musste Mike ihm kündigen. Doch das ist noch nicht das Ende der Geschichte.

Ungefähr ein Jahr später lief Mike einem alten Kollegen über den Weg, der Mitglied bei einem der Country Clubs war, die das von dem jungen Mann angeblich gewonnene Golfturnier ausgerichtet hatten. Mike nannte seinem Kollegen den Namen und fragte, ob der ihm etwas sage. Ja, antwortete der Kollege, in der Tat, »der Typ hat vor ein paar Jahren bei unserem alljährlichen Turnier mitgespielt«.

»Er hat es gewonnen«, sagte Mike.

Der Kollege schüttelte den Kopf. »Nein, er wurde Dritter oder Vierter.«

Mike ist ein kognitiver Interpret; er konzentriert sich auf Fakten. Nichts gegen einen beeindruckenden Lebenslauf in der Bewerbung, doch manchmal ist das nicht genug. Lebensläufe lassen sich zurechtbiegen, und ein Einserexamen lässt sich erschummeln. Würden Fakten alles sagen, wäre ein Vorstellungsgespräch überflüssig. Doch Mike hatte seinem Bauchgefühl nicht getraut. Für einen kognitiven Interpreten ist es typisch, Gefühle als unzuverlässig abzutun. Indem er dies tat, überging Mike wichtige Daten, Informationen, die sein emotionales Gehirn mit Nachdruck beisteuern wollte. Mike hatte kognitive Informationen gesammelt, aber keine emotionalen.

Wäre sich Mike seines individuellen Interpretationsstils bewusst gewesen, hätte er sich selbst und der Firma einigen Kummer ersparen können. Sobald ein kognitiver Interpret sich seiner Vorgehensweise bewusst wird, kann er eine wichtige Lektion lernen: Unterdrücke kein ungutes Gefühl. Wenn kognitive Interpreten ein »emotionales Rumoren« bei sich wahrnehmen, fühlen sie sich unbehaglich und neigen dazu, das zu tun, was Mike tat: das Gefühl als unzuverlässig abzutun. Sobald einem klar wird, dass man zu den kognitiven Interpreten gehört, kann man – sogar noch ehe man die Fähigkeit entwickelt, die eigenen Gefühle zu entschlüsseln und ihnen zu vertrauen – das ungute Gefühl als ein Signal werten, dass da vielleicht noch etwas anderes »im Busch« ist und dass Hilfestellung von dritter Seite angebracht wäre. Mike hätte vor einer Einstellung des jungen Mannes seinen alten Kollegen vom Country Club anrufen oder einen Mitarbeiter mit besseren emotionalen Antennen bitten können, ein zweites Gespräch zu führen.

Emotionale Interpreten
Eine erfolgreiche Risikokapitalfirma, für die ich einmal gearbeitet habe, beschäftigt einen besonderen Berater, den alle den »Bauchmenschen« nennen. Es handelt sich um einen pensionierten Finanz-

dienstleister von der Wall Street, der bei allen, die ihn kennen, sehr beliebt ist und in dem Ruf steht, bemerkenswert gut mit Menschen umgehen zu können; er ist ein emotionaler Interpret mit geradezu unheimlich zutreffenden Einschätzungen. Nach Durchführung der üblichen Routinechecks – der Prüfung des Geschäftsplans und dergleichen – und vor der endgültigen Entscheidung über ein finanzielles Engagement, zitiert die Firma den Bauchmenschen herbei. Dieser geht mit dem zukünftigen Firmengründer zum Abendessen, um sich mit ihm über das Leben und die Welt im Allgemeinen zu unterhalten. Hat der Bauchmensch hinterher ein ungutes Gefühl, wird aus der ganzen Sache nichts.

Ein wichtiges Hilfsmittel für emotionale wie für kognitive Interpreten ist, sich über die eigenen Defizite beim Sammeln von Informationen bewusst zu sein und verlässliche Freunde oder Kollegen zu Hilfe zu bitten. Carol machte sich als Immobilienmaklerin selbstständig, als ihr jüngstes Kind aufs College ging. Ihre Firma war zunächst rasch gewachsen, stagnierte dann aber. Carol fühlte sich andauernd überfordert. Sie musste alles selbst erledigen. Es war ihr nicht gelungen, zuverlässige Mitarbeiter zu finden. Sie hatte mit einer Partnerin, einer Freundin, angefangen, doch schon bald stellte es sich heraus, dass diese kein Interesse daran hatte, sich ernsthaft für das Unternehmen zu engagieren und sich damit zu identifizieren. Ziemlich schnell verlor Carol eine Geschäftspartnerin und eine Freundin.

Carol benutzte bei der Auswahl ihrer Angestellten ihr Herz, aber nicht ihren Kopf. Sie suchte sich Menschen, die sie vom Kinderspielplatz oder aus dem Elternbeirat kannte. Sie stellte sie ein, weil sie sie mochte, aber sie beurteilte deren Kompetenzen und Motivationen falsch. Sie stellte »nette Leute« ein, und ihr Büro war warm und freundlich, aber es war keiner da, mit dem sie ihre Arbeitslast hätte teilen oder auf den sie hätte zählen können, wenn es hart auf hart kam.

Carol sammelt emotionale Informationen, aber keine kognitiven. Sie neigt dazu, Menschen mit dem Herzen zu beurteilen. Sie kann problemlos emotionalen Kontakt herstellen und kann gut einen Charakter einschätzen. Bei denen, die sie mag, handelt es sich um anständige Leute, die es gut meinen. Für sich genommen, wäre dies alles kein Problem, und Carols Leben war ja so lange verhältnismäßig problemlos verlaufen, bis sie ihre eigene Firma gründete. Wie die meisten emotionalen Interpreten neigt Carol dazu, jene Informationen zu ignorieren, die nicht zu dem Gefühl passen, das sie bei jemandem empfindet. Wenn Carol Klatsch zu Ohren kam, eine enge Freundin trinke zu viel oder habe finanzielle Probleme, tendierte sie dazu, ihn zu verwerfen und schließlich sogar zu vergessen. Waren die Fakten jedoch nicht mehr zu leugnen, zeigte sich Carol verständnisvoll gegenüber den Fehlern der Freundin und war hilfsbereit.

So wie die meisten anderen emotionalen Interpreten, war sich Carol nicht bewusst, wie ihre eigenen Bedürfnisse ihr Urteilsvermögen einfärbten. Sie fühlte sich zu Menschen hingezogen, die unselbstständig waren, die umsorgt werden wollten, die sie brauchten. Ihr gefiel die »Kümmerer«-Rolle, und sie war die Supermama und die Superfreundin. Ihre Partnerin war gerade geschieden worden, und Carol hatte ihr in der schwierigen Zeit danach zur Seite gestanden. In der neuen gemeinsamen Firma ging die Freundin davon aus, dass Carol der Motor war. Als die Freundin die geschäftliche Partnerschaft vorschlug, ignorierte Carol offenkundige Fakten, die anzeigten, dass diese Freundin unter Stress zu Passivität und Unselbstständigkeit neigte.

Bei der Einstellung von Mitarbeitern zog Carol keine weiteren Erkundigungen ein und verließ sich auf das, war ihr Bauch sagte. Wenn sie bei jemandem ein gutes Gefühl hatte, überprüfte sie selten Referenzen oder forschte bei Lücken im Lebenslauf nach. Als Angestellte suchte sie sich »nette«, aber unselbstständige Personen, die kaum motiviert waren. Wäre sich Carol ihres Stils und ihres Defizits beim Sammeln von Informationen bewusst gewesen, hätte sie vielleicht die Möglichkeit gehabt, eine wichtige Lektion für emotionale

Interpreten in die Tat umzusetzen: Hör ganz genau hin! Weil emotionale Interpreten so auf ihre eigenen Gefühle fixiert sind, ist es für sie schwierig, nicht nur die mentalen Verfassungen anderer zu lesen, sondern auch zu hören, was diese sagen. Emotionale Interpreten neigen dazu zu hören, was sie hören wollen. Hätte Carol ganz genau hingehört und sich die Lebensläufe ganz genau angesehen, hätte sie Informationen gehabt, um fundiertere Urteile zu fällen. Da es ihr jedoch bei der kognitiven Vorgehensweise an Praxis fehlte, hätte sie wohl doch lieber um Hilfe bitten sollen. Emotionalen Interpreten erteile ich oft den Rat, Ehepartner, Freunde oder Kollegen hinzuzuziehen, die als »Realitäts-Checker« fungieren, Personen mit einer kühleren, kognitiven Einstellung, die bereit sind, die Baucheindrücke eines Interviews oder Gesprächs zu hinterfragen.

Die Rolle des Temperaments
Das Temperament spielt eine wichtige Rolle dabei, wie wir unsere soziale Umwelt verstehen. Nichtgehemmte Menschen tendieren zu optimistischen Fehlurteilen. Sie gehen davon aus, dass andere ihre Begeisterung teilen, weshalb sie sich nicht die Zeit nehmen, nachzudenken und negative Signale zu beachten. Gehemmte Menschen tendieren zu pessimistischen Fehlurteilen. Sie gehen davon aus, dass andere ihre Bedenken teilen, weshalb sie nach Ansatzpunkten für Kritik Ausschau halten und blind gegenüber solchen für Lob sind.

Ariel ist Psychologieprofessorin, die sich chronisch enttäuscht fühlt, weil ihre innovativen Forschungen nicht die Anerkennung erhalten, die sie verdienen. Sie schreibt zu wenige Papers und veröffentlicht in Fachzeitschriften mit zu wenig Renommee. Als Jungakademikerin hatte sie sich nie einen Mentor gesucht, sondern eigenständig und erfolgreich eine Doktorarbeit geschrieben, fast ohne jede Unterstützung oder Beratung. Während sie ihr erstes Paper verfasste, zeigte sie engen Freunden, woran sie arbeitete. Diese lobten zwar ihre Arbeit, kannten sich aber in Ariels Forschungsgebiet nicht aus und boten keine konstruktiven Ratschläge an. Sie reichte das Paper bei einer großen Fachzeitschrift ein, wo es abgelehnt wurde. Danach zeigte sie es einem Doktoranden aus ihrem Fachgebiet, der harsche Kritik übte.

Jetzt bittet Ariel niemanden mehr um Hilfe bei ihren Papers. Stattdessen beschäftigt sie sich mit endlosen Neufassungen und versucht, alle möglichen kritischen Einwände von vornherein zu berücksichtigen. Sie reicht ihre Beiträge bei den weniger prestigeträchtigen Fachzeitschriften ein, wo sie sicher annehmen kann, dass sie akzeptiert werden. Ariel weiß, dass ihre Angst vor Ablehnung ein Hemmnis für ihre Kreativität und Produktivität ist.

Es ist ihr bewusst, dass sie ältere, arrivierte Kollegen um Hilfe bitten könnte, Professoren in sicheren Positionen, die vermutlich keine Konkurrenten wären und sie sogar unterstützen würden, doch hat sie Angst vor einer Probe aufs Exempel. Vor Kurzem lief sie bei einem Kongress einem solchen über den Weg, dem Professor X. Er lächelte ihr quer durch den Raum zu, woraufhin sie sich ermutigt fühlte, ihn anzusprechen. Als sich aber herausstellte, dass er ihren Namen nicht kannte, wurde Ariel konfus, fühlte sich sehr verletzt, erfand einen Vorwand und floh auf ihr Zimmer. Hätte Ariel irgendjemanden über Professor X befragt oder hätte sie erst ein wenig mit andern geplaudert, hätte sie mitbekommen, dass er sowohl für seine Zerstreutheit – er kann überhaupt keine Namen behalten – als auch für seine Liebenswürdigkeit bekannt ist.

Ariels *Mind-reading*-Probleme rühren von ihrer temperamentsbedingten Scheu und Gehemmtheit her. Sie lässt sich leicht von intensiven Gefühlen, positiven wie negativen, überwältigen. Sie weint nicht nur bei Beerdigungen und Hochzeiten, sondern auch vor dem Fernseher bei Sitcoms. Sie braucht lange, bis sie sich mit jemandem anfreundet, und zu Menschen, die sie nicht kennt, hält sie Distanz. Es vermittelte ihr ein gutes Gefühl, ihre Arbeit engen Freunden zu zeigen, doch die konnten ihr nicht die Rückmeldung geben, die sie benötigte. Nachdem ihr erstes Paper abgelehnt worden war, sprach

Ariel eine Wissenschaftlerin an, die in der Lage gewesen wäre, ihr zu helfen; doch Ariel kannte sie nicht gut genug, um zu wissen, wie diese reagieren würde. Ariel ist, wie die meisten Gehemmten, schnell verletzt, und die Erfahrung von Ablehnung und Kritik hat sie zutiefst getroffen und traumatisiert. Jetzt ist sie zu ängstlich, um auf Professoren, die ihr helfen könnten, zuzugehen, und zwar aus zwei Gründen: weil sie Angst davor hat, kritisiert zu werden, und weil sie die Vorstellung überfordert, dass ein einflussreicher und berühmter Mensch sich für sie interessieren könnte.

Sobald Ariel sich über ihr Temperament klar wird, kann sie die Intensität ihrer Reaktionen verstehen. Auf die gleiche Weise, wie gehemmte Kleinkinder auf ein lärmendes Spielzeug überreagieren, tut Ariel dies auf soziale Reize. Das reine Wissen, dass man hochreaktiv ist, reicht manchmal aus, um Angst abzubauen. Wie eine Mutter, die ihr Kind mit der Aussage besänftigt: »Na, schau mal: Dieser Krachmacher ist doch wirklich nicht zum Fürchten«, kann man sich selbst mit einem stummen Mantra beruhigen: »So heftig, wie du denkst, ist es wirklich nicht.« Sobald Ariel lernt, ihre eigene Intensität von der Wahrnehmung anderer zu subtrahieren, wird sie in der Lage sein, das Bewusstsein anderer genauer zu lesen.

Carol, Ariel und Mike leiden alle drei unter ihren Schwierigkeiten beim Bewusstseinlesen, doch wegen unterschiedlicher Ursachen. Eine erfolgreiche Bewältigung ihrer individuellen Probleme und das Erlernen neuer Verfahrensweisen hängen von der Anerkennung dieser Unterschiede ab. Es ist ein medizinischer Grundsatz, dass jedes Symptom verschiedenartige Ursachen haben kann. So können beispielsweise Kopfschmerzen durch Angespanntheit, schlechte Körperhaltung, Allergien, Hormonstörungen, einen Kater, eine Gehirnerschütterung, einen Gehirntumor usw. verursacht werden. Die erfolgreiche Behandlung des Symptoms, des Kopfschmerzes, hängt vom Erkennen und von der Behandlung seiner Ursachen ab. Zweifellos können Aspirin und andere Schmerzmittel in vielen Fällen Kopfschmerzen lindern; wenn aber ursächliche Abläufe nicht verändert werden, kehren die Schmerzen wahrscheinlich wieder und verschlimmern sich in manchen Fällen.

Mind-reading-Probleme können, je nach den Umständen, wie andere psychologische Symptome ebenfalls auftauchen und verschwinden. Lebenseinschnitte, Todesfälle und eheliche Spannungen gehören zu den Dingen, die Probleme bei der sozialen Wahrnehmung verschärfen können. Ein Gespräch mit einem verständnisvollen Zuhörer ist wie Aspirin für Seele und Geist. Ob Therapeut, Lehrer, Freund oder Geistlicher – eine Unterhaltung mit einem nachdenklichen Zuhörer kann oftmals ein kleineres Mind-reading-Problem lösen, eines, das durch Stress oder eine abrupte Veränderung aufgetreten ist. Wenn es sich jedoch um ein ernstes Problem handelt und der zugrunde liegende Ablauf bestehen bleibt, wird das Symptom wieder auftreten, und zwar manchmal heftiger als zuvor.

Die Mind-reading-Probleme bei Carol und Mike rühren von den für sie charakteristischen Vorgehensweisen zum Verstehen ihres sozialen Umfelds her, von ihren Interpretationsstilen. Bei Ariel lagen die Ursachen für ihre Schwierigkeiten in ihrer typischen Reaktion auf Angst und andere intensive Gefühle beziehungsweise in ihrem Temperament. Jeder Einzelne von uns lässt sich auf einer Skala hinsichtlich der Kriterien Interpretationsstil und Temperament einordnen, und auf diese beiden individuellen Merkmale sind sowohl unsere Schwächen als auch unsere Stärken zurückzuführen.

Meisterliches Bewusstseinlesen setzt nicht einen perfekt ausbalancierten Interpretationsstil oder ein stets ausgeglichenes Temperament voraus. Sollten uns Anlage und Umwelt diese Gaben mitgegeben haben, dann wurde uns ein Vorsprung eingeräumt. Doch ganz gleich, wie individueller Stil und Temperament beschaffen sein mögen: Ist man sich ihrer bewusst, hilft dies, Fehlurteile zu vermeiden, und ermöglicht die Entwicklung neuer Techniken zum sozialen Verstehen, sodass, nach einiger Übung, beides zur zweiten Natur werden kann.

Sogar Menschen, die von Interpretationsstil und Temperament

her zu Extremen neigen, können gut mit ihrem sozialen Umfeld zurechtkommen, obwohl sie anfälliger für Störungen sind, sobald etwas Unerwartetes geschieht. Vor zehn Jahren hätte ein Psychotherapeut bei jemandem, der im Allgemeinen gut zurechtkommt, aber plötzlich unvermutet Probleme mit dem sozialen Umfeld hat, zuallererst nach psychologischen Ursachen für die beeinträchtigten Fähigkeiten zum Bewusstseinlesen geforscht: Fühlt sich die betreffende Person schuldig, weil sie erfolgreich ist? Hat sie jüngst einen Verlust hinnehmen müssen? Heute gibt es da einen weiteren wichtigen Faktor zu berücksichtigen, wie Nicholas, ein anderer meiner Patienten, vor ein paar Jahren herausfand.

Nicholas ist ein beispielhafter Extremfall, sowohl vom Stil (emotional) als auch vom Temperament (niedrigreaktiv) her. Tatsächlich war es sein ausgeglichenes und unerschütterliches Temperament, das ihm die nötige Kontrolle ermöglichte, um die Vorzüge eines extrem emotionalen Stils genießen zu können. Gute Instinkte verliehen dem Kunsthändler Nicholas eine rasche Auffassungsgabe, und eindeutige Bauchreaktionen vermittelten ihm ein gutes Gefühl für Toleranzschwellen, also dafür, wie weit er bei anderen gehen konnte oder nicht. Letztere Eigenschaft war für den überschwänglichen, locker-spontanen Nicholas, der gern viel Geld mit vollen Händen ausgab, bei Geschäftsabschlüssen besonders dienlich. An- und Verkauf größerer Kunstwerke erfordert eine Zugriffsmöglichkeit auf großes Kapital. Keiner spürte besser, wann die Geduld eines Gläubigers kurz davor war, erschöpft zu sein, und keiner konnte einen aufgebrachten Vertragspartner mit einer Darlehensrückzahlung zum perfekten Zeitpunkt besser besänftigen; zumindest war keiner besser darin bis zum Sommer 2003, als Nicholas plötzlich von seiner geschärften emotionalen Wahrnehmung verlassen wurde und die Katastrophe über ihn hereinbrach.

Wie die Charaktere in *Rashomon* hatte auch jeder, der in jenem Sommer Zeuge von Nicholas' spektakulärem finanziellen Zusammenbruch wurde, eine andere Sichtweise. Für seine Frau Bethany hatte Nicholas einmal zu oft den »Obercoolen« gegeben; mitten in seinen Umschuldungsverhandlungen war er zu einem zweiwöchigen Großeinkauf von Kunstgegenständen nach Spanien verschwunden. Aus Sicht seiner Partner hat ihm seine Hybris das Genick gebrochen; er war sich so sicher gewesen, dass die Bank ein neues Darlehen gewähren würde, dass er das meiste davon schon ausgegeben hatte, als er von der Ablehnung seines Antrags erfuhr. Für Nicholas selbst glich der Kollaps seines Geschäfts dem Märchen von der verlorenen Zauberkraft. Auf mysteriöse Weise sei ihm sein »Händchen«, sein Gespür für Menschen, abhanden gekommen, was dazu geführt habe, dass er mit seinem letzten Darlehensantrag einen Schritt zu weit gegangen sei und seine Geldgeber überstrapaziert habe. »Ich hätte es besser wissen müssen«, sagte er mir in unserer ersten Sitzung.

Wie alle anderen, die Nicholas kannten, hatte auch ich mir eine Meinung zu seinem Absturz gebildet, und zwar eine, die die Ansichten seiner Familie und Freunde eher miteinbezog als sie widerlegte. Seit Kurzem ist die Boulevardpresse voll mit Berichten über die Verbindung zwischen Selbstmorden bei Heranwachsenden und Antidepressiva. Doch bei dem wütenden Aufschrei über diese Verknüpfung wurde ein wichtiger Zusammenhang übersehen: der zwischen Antidepressiva und emotionalem Funktionieren. Der physiologische Charakter dieses Zusammenhangs ist noch nicht vollständig dargelegt, doch zeigen einige Untersuchungen, dass *SSRIs* (*Selective Serotonin Reuptake Inhibitors*, »Selektive Serotonin-Wiederaufnahmehemmer«), also Medikamente wie »Prozac« (»Fluctin«) und »Zoloft« (»Sertralin«), wichtige Teilbereiche der emotionalen Prozesse abstumpfen, darunter Instinkt und Sensibilität, indem sie eine für das Bewusstseinlesen zentrale Gehirnstruktur beeinflussen, die Amygdala.

An dem Tag, an dem Nicholas zum ersten Mal zu mir in die Praxis kam, fragte ich ihn, ob es in den Monaten vor seinem Bankrott bedeutsame Veränderungen in seinem Leben gegeben habe.

Er dachte kurz nach und sagte dann: »Nein, außer der Tatsache, dass ich vor einem halben Jahr angefangen habe, Prozac zu nehmen.«

Die Verschaltung des Gehirns wird verändert
Vom Temperament her ist Nicholas unerschütterlich, optimistisch und furchtlos. Wenn er mit Menschen zu tun hatte, fühlte er sich so gut wie nie beklommen. Kam es doch einmal vor, wusste er intuitiv, dass etwas nicht stimmte. Dann übte er möglicherweise zu viel Druck auf jemanden aus oder stellte zu viele Forderungen. Spürte er diese Beklemmung, wusste er, dass er mit dem, was er gerade tat, aufhören und stattdessen seinen Charme sprühen lassen und sich genau anschauen musste, welche Wirkung er auf andere hatte. Mit anderen Worten: Beklemmung war für ihn ein Signal, von einem emotionalen auf einen kognitiven Stil sozialer Interaktion umzuschalten. Ohne das gewohnte Signal der Beklemmung trieb Nicholas andere nicht mehr nur bis fast an die Schmerzgrenze, sondern darüber hinaus.

Plötzlich funktionierte Nicholas' ansonsten zuverlässige Methode des Bewusstseinlesens nicht mehr. Nicholas war nie klinisch depressiv gewesen. Bei ihm gab es die üblichen Hochs und Tiefs, doch wie so viele heutzutage, nahm er Antidepressiva hauptsächlich zur Leistungssteigerung. Er hatte gelesen, man könne sich mit Prozac »besser als gut« fühlen.[8] Mit Prozac fühlte er sich energiegeladener, doch gleichzeitig wurde er weniger sensibel und analytisch. Die Wirkungen waren so subtil, dass er erst bemerkte, was vor sich ging, als es zu spät war. Prozac hatte etwas Elementares in der Verschaltung der *Mind-reading*-Schaltkreise in seinem Gehirn verändert.

Bei Nicholas veränderten die Antidepressiva die Sensibilität seiner Amygdala. Schon vom Temperament her ein risikobereiter und die Aufregung suchender Mensch, verlor er unter Prozac vollständig seine Fähigkeit, soziale Gefahrensignale zu lesen. Der Schaden war funktionaler Natur, d. h., im Hirngewebe gab es keine Läsionen oder Narben, und er war reversibel; ein paar Monate nach Abbruch der Medikation kehrte sein soziales Urteilsvermögen wieder zurück. Nicholas hatte Glück. Die Wissenschaft kann noch keine Aussagen über die Langzeitfolgen von Medikamenten machen, die das Gehirn verändern. Wir kennen einige psychiatrische Medikamente, Neuroleptika, die zu dauerhaften Schäden führen können. Viele gewichten die Vorteile höher als die Risiken. Allerdings muss man wissen, dass Antidepressiva hochwirksame Medikamente sind, die direkt die Verschaltung des Gehirns beeinflussen. Diejenigen, die sie einnehmen, sind möglicherweise ahnungslose Teilnehmer an einem Langzeitexperiment, dessen Ausgang alles andere als gewiss ist.

Bei einigen Patienten, die ich erlebt habe und die vom Temperament her so scheu sind wie Ariel, können Antidepressiva eine hyperaktive Amygdala dämpfen, Sozialangst verringern und dadurch die *Mind-reading*-Fertigkeiten verbessern. Aber eigentlich wird die Diagnose »Depression« viel zu oft bei Menschen gestellt, die sich über soziale Isolation oder Einsamkeit beklagen. Solange Patienten die Phase der Medikation nicht nutzen, um soziale und *Mind-reading*-Fertigkeiten zu erlernen, solange besteht die Gefahr, dass die Sozialangst zurückkehrt, sobald das Medikament abgesetzt wird.

Schon das einfache Wissen, ob man zu den kognitiven oder emotionalen Interpreten zählt, kann schnell dazu beitragen, den individuellen Stil näher in Richtung Balance zu verschieben und uns stärker in Einklang mit den *minds* um uns herum zu bringen. Sobald der kognitive Interpret Mike seinem Unbehagen Aufmerksamkeit schenkt, verstärkt er die emotionale Komponente, und wenn die emotionale Interpretin Carol genau zuhört, verstärkt sie die kognitive. Beide verschieben sich dann näher zur Mitte hin. Das Gehirn hört nie auf, sich zu verändern. Wenn man lernt, die Bewusstseinszustände anderer genauer zu lesen und die Interpretationen besser auszubalancieren, dann richtet man dadurch die neuronalen Pfade ein, die für deutlichere und schnellere Verbindungen zwischen dem Neocortex und der Amygdala sorgen. Der Zugriff auf die Empfindungen unseres Herzens und auf unsere Bauchgefühle wird erleichtert, und sie gelangen stärker unter die Kontrolle unseres denkenden Gehirns. Unser Denken verläuft weniger abgehoben von den Gefühlen.

Die Fähigkeit der Emotionen, die Kognition zu beeinflussen, und der Kognition, die Emotionen, ist stark ausgeprägt und immer wieder neu formbar. Zwar ist die Biologie ein gewichtiger Faktor, aber sie ist kein Schicksal. Im dritten Kapitel haben wir uns mit Jerome Kagans Forschungen befasst, die ergaben, dass viele von Natur aus scheue Kinder zu geselligen Jugendlichen und Erwachsenen werden. Gehemmte Erwachsene können genau wie scheue Kinder ebenfalls ihre Vorstellungskraft zum eigenen Vorteil nutzen, besonders wenn sie dabei von einem für sie wichtigen Menschen unterstützt werden. Ein mir bekannter scheuer junger Mann war in eine lebhafte junge Frau verschossen. Beim ersten Rendezvous bedrängte sie ihn temperamentvoll, er möge mit ihr zum örtlichen Rummelplatz gehen, weil sie es aufregend fand, auf der Achterbahn im ersten Wagen zu fahren. Er wollte sie nicht enttäuschen, hatte aber Angst, ohnmächtig zu werden oder in Panik zu geraten. Er war noch nie zuvor Achterbahn gefahren. Während sie in der Schlange standen, erinnerte er sich plötzlich an eine Szene aus einem Dokumentarfilm über die ersten Astronauten. Die Beschleunigung einer Rakete sei um ein Vielfaches größer als die der schnellsten Achterbahn, hatte einer der Astronauten gesagt. Der junge Mann stellte sich bildlich vor, er wäre ein furchtloser Astronaut bei den letzten Startvorbereitungen. Er hielt die Hand der jungen Frau und stieg in den Wagen. Die beiden sind nun nicht nur seit vielen Jahren verheiratet; jetzt liebt auch er Achterbahnen.

Sechstes Kapitel
UNGUTE GEFÜHLE

¿Cómo estás?, Comment ça va?, How are you?, Wie geht's? – so wird auf der ganzen Welt tagtäglich Milliarden Male zur Begrüßung gefragt. »Gut«, lautet erwartungsgemäß die Antwort. *Frage, aber sage nichts*, heißt die Regel. Es wird nicht erwartet, dass man die Frage wahrheitsgetreu beantwortet; und falls man es täte, was würde man sagen? »Wie fühlst du dich?« ist nicht immer eine Frage nach dem seelischen, sondern eine nach dem körperlichen Befinden. Haben Sie am Vortag Ihre Erkältung erwähnt, wird Ihr Mitarbeiter vielleicht fragen: »Wie fühlst du dich heute?« Wird mit der gleichen Frage ernsthaft nach unserem Gefühlszustand gefragt, führt das oft zu verlegenem Gestotter und ausweichenden Antworten. Die Frage von Therapeuten nach der Gefühlslage wird oft beantwortet mit: »Ich glaube, ich fühle mich so…« oder mit: »Wahrscheinlich fühle ich mich eher so…«, oder: »Woher soll ich wissen, was ich fühle?« Zu fühlen, zu spüren, zu empfinden und Emotionen zu durchleben macht zum großen Teil das Wesen unserer Existenz aus. Ist es da nicht merkwürdig, dass wir so oft gar nicht wissen, was wir fühlen?

Hungrig, lüstern oder angstvoll?

Saras Mann Bill macht schon wieder Überstunden im Büro. Es ist Freitagabend. Die Kinder sind ausgegangen. Sara hat es sich auf dem Sofa vor dem Fernseher gemütlich gemacht. Sie zappt durch die Programme und stößt auf einen alten James-Bond-Film. »Sean Connery war wirklich sexy ... ein bisschen aufregender könnte es in meinem Leben schon zugehen ... und der Sex in der Ehe ist auch nicht mehr das, was er mal war ... wenn Bill heimkommt, vielleicht ... warum wird es denn bei ihm schon wieder so spät ... ob da irgendwas läuft?«, sinniert sie und greift nach ihren Lieblingsplätzchen. Ist Sara hungrig, lüstern oder angstvoll?

»Emotion« und »Gefühl« sind Synonyme. Emotionen sind Gefühle, Körperempfindungen. Doch was unterscheidet ein Gefühl vom anderen? Was Furcht von Aufregung? Hunger von Erschöpfung? Das Herz schlägt vor Freude *und* vor Wut schneller. Wir schlagen die Augen nieder aus Traurigkeit *und* aus Scham. Hat jedes Gefühl seine eigene Körpersignatur, seine eigene und einzigartige Kombination physischer Signale? Oder werden alle Emotionen vom Körper geweckt und mit Energie gespeist, um dann vom Geist benannt und mit Bedeutung versehen zu werden? In einem der wichtigsten Experimente in der Geschichte der Psychologie unternahmen Stanley Schacter (Columbia University) und Jerome E. Singer (Pennsylvania State University) den Versuch, diese Frage zu beantworten.[1] Sie warben 184 Collegestudenten an, denen sie einen Notenbonus oder Geld für die Teilnahme an einem Projekt anboten, das sie ihnen als wissenschaftliche Untersuchung über Vitamine beschrieben. Sie erklärten den Studenten, dass man ihnen eine Vitaminspritze verabreichen und hinterher ihre Sehfähigkeit testen wolle. Was die Studenten nicht wussten, war, dass man ihnen statt Vitamine entweder Adrenalin oder Kochsalzlösung injizierte.

Wie im vierten Kapitel angesprochen, wird Adrenalin in die Blutbahn ausgeschüttet, wenn die Amygdala eine Gefahr spürt. Es fordert den Körper auf, entweder zu fliehen oder zu kämpfen. Puls, Blutdruck und Atemfrequenz werden gesteigert und damit die Versorgung mit energiespendendem Sauerstoff. Der Magen verkrampft sich; und der Mund wird trocken, das Blut aus dem Verdauungsapparat fließt ab und dorthin, wo es am dringendsten gebraucht wird. Die erweiterten Pupillen machen das Auge aufnahmebereiter für kleinste Bewegungen. Man schwitzt in der Vorbereitung auf aktives Handeln. Injektionen mit Adrenalin erzeugen die gleichen Wirkungen. Die Studenten wurden auf eine Gefahrensituation vorbereitet. Sie erlebten alle Gefühle von Furcht, doch es gab nichts zu fürchten.

Die Hälfte der an dem Experiment teilnehmenden 184 Studenten erhielt eine Adrenalininjektion, die andere bekam Kochsalzlösung gespritzt. Während sie auf ihre Adrenalininjektionen warteten, und auch während diese verabreicht wurden, informierte man einige der Studenten, dass die »Vitamine« Nebenwirkungen hervorrufen könnten wie Schweißausbrüche, Zittern und Pulsbeschleunigung; den anderen wurde gesagt, es handle sich um ein harmloses Medikament, von dem keinerlei Unannehmlichkeiten zu erwarten seien.[2] Nach der Injektion wurde jeder Student in einen Warteraum zu einem anderen »Studenten« gebracht. Dieser war in Wirklichkeit ein professioneller Schauspieler, ein von den Versuchsleitern bezahlter Mitwirkender. Sobald der Student und der Schauspieler unter sich waren, mimte der Schauspieler große Gefühlsaufwallungen. Bei der Hälfte der studentischen Probanden tat er so, als wäre er total happy, aufgedreht und ganz euphorisch wegen des Experiments. Bei der anderen Hälfte gab er vor, unglücklich, niedergeschlagen und verärgert zu sein.

Weil bei so vielen Gruppen in der Versuchsbeschreibung leicht Verwirrung aufkommt, wende ich mich gleich dem Hauptpunkt zu. 92 Studenten hatten Adrenalin bekommen und deshalb die gleichen körperlichen Empfindungen verspürt wie bei Furcht. 46 dieser Probanden hatten dafür eine *eindeutige Erklärung*: Sie erlebten eine Nebenwirkung der Vitaminspritze. Die anderen 46 hatten *keine Erklärung*, warum sie das fühlten, was sie fühlten.

Die Probanden *mit* einer Erklärung wurden von dem Schauspieler nicht beeinflusst. Sie begriffen verstandesmäßig, dass sie eine körperliche Reaktion spürten, und erlebten kein starkes Gefühl.

Probanden *ohne* Erklärung wurden durch den Schauspieler beeinflusst. Spielte er den Verärgerten, wurden auch sie verärgert; spielte er den Euphorischen, wurden sie euphorisch. *Die absolut gleichen Körperempfindungen produzierten völlig unterschiedliche Emotionen, je nach sozialer Umgebung.* Diese lieferte eine plausible Erklärung für die unerklärliche Erregung.

Zur Erinnerung: Es gab noch 92 weitere Probanden, die eine Injektion mit Kochsalzlösung erhielten. Ihnen sagte man überhaupt nichts über die Wirkungen der Injektion, weil es keine Wirkungen gab. Interessanterweise durchlebten die Studenten mit der Kochsalzlösung auch die Emotionen des Schauspielers, zwar nicht so häufig und nicht so intensiv wie die Adrenalinprobanden *ohne* Erklärung, aber häufiger als die Adrenalinprobanden *mit* eindeutiger Erklärung.[3] Aller Wahrscheinlichkeit nach verspürten die mit Kochsalzlösung injizierten Probanden eine von Furcht ausgelöste Erregung – schließlich fürchten sich die meisten vor einer Spritze; diese Erregung wurde dann von der sozialen Umgebung kognitiv umgewandelt entweder in eine leichte Hochstimmung oder in Verärgerung.

In späteren Experimenten[4] neigten jene Probanden, denen man Adrenalin verabreicht, aber nichts über Wirkungen gesagt und sie auch nicht in Richtung einer bestimmten Emotion manipuliert hatte, zu stärkeren negativen Empfindungen, und sie verbanden mit dem Versuch negativere Erinnerungen als jene, die Kochsalzlösung erhielten. Ihr Gedächtnis war affiziert worden, ohne dass sie den Grund kannten. Nicht erklärte, unerwartete Erregung wird normalerweise negativ erlebt als Beklommenheit oder Angst und wird naturgemäß mit Furcht verbunden.

Es kommt recht häufig vor, dass man sich in einem Zustand unerklärlicher und unbehaglicher Erregung befindet. Solange dieser nicht zu intensiv wird, versuchen wir, ihn zu ignorieren. Das verlegene Gestotter, das oft auf die Frage folgt: »Wie fühlst du dich?«, ist eine Konsequenz dessen, dass man gezwungen wird, diese Gefühle unter die Lupe zu nehmen und sie zu benennen. Stress, Ärger, Überforderung, Unbehagen, Angstgefühl und Gereiztheit sind einige der Vokabeln, mit denen dieser Zustand oft umschrieben wird. In solchen Zuständen neigt man oft zu Überreaktionen. Dann schreit ein Elternteil, dessen Nerven blank liegen, vielleicht sein Kind an, weil es seine Spielsachen nicht aufgeräumt hat. Paradoxerweise ist die Empfindung von Müdigkeit oder Niedergeschlagenheit oft eine Reaktion auf den Stress einer ungeklärten chronischen Furcht-Erregung.

Eine neuere Studie zeigt, dass die meisten Menschen, wenn sie eine durch unbewusste Wahrnehmung ausgelöste Emotion verspüren, forschend ihre Umgebung nach der Ursache absuchen und bereitwillig eher jede halbwegs vernünftig klingende Erklärung akzeptieren, als ihrem unbewussten Bauchgefühl zu vertrauen. *Bewusst aufnehmbare Informationen unterdrücken unbewusstes Wissen.* Die Verfasser dieser Studie räumen fast mürrisch ein, dass ihre Befunde »mit dem Freudschen Mechanismus der aktiven Unterdrückung unbewusster Informationen durch Bewusstheit im Einklang zu stehen«[5] scheinen. Fühlt man sich ängstlich oder verärgert, ohne zu wissen warum, kann das unordentliche Kind eine verstandesmäßig akzeptable Erklärung liefern. Fühlt man sich verärgert wegen etwas, das der Bauch mitteilt und das man nicht wissen will – Ihr Mann hat wieder angefangen zu trinken, beispielsweise –, dann kommt Ihnen Ihr Kind vielleicht gerade recht, um Ihnen einen Grund für Ihre Verärgerung zu liefern.

Trotz der Versuche, sie zu ignorieren, dauern die Reaktionen des Gehirns auf unbewusst verarbeitete Informationen an, besonders wenn diese Furcht einflößend sind.[6] Das kann zu einem anhaltenden Gefühl von Unruhe oder Unsicherheit wegen einer Einschätzung oder Entscheidung führen. In *Blink!* schildert Malcolm Gladwell, wie das Getty Museum einmal knapp zehn Millionen Dollar für eine falsche antike griechische Statue bezahlte, weil die Experten im Aufsichtsrat eine Entscheidung auf Grund der verfügbaren Sachinformationen gefällt hatten, anstatt ihrem Bauchgefühl zu folgen. Gestützt auf eine fragwürdige Dokumentation und unvollständige wissenschaftliche Untersuchungen kamen sie zu dem Schluss, die Statue sei echt. Einige hatten ein ungutes Gefühl bei dieser Skulptur, andere wussten in ihrem tiefsten Innern, dass irgendetwas nicht stimmte. Ein Kunsthistoriker geriet beim Anblick der Statue sogar in helle Empörung, doch weder er noch die anderen konnten genau sagen, was ihre Reaktionen auslöste. Hätte es sich um eine echte Statue gehandelt, wäre sie eine bedeutende Bereicherung der Sammlung des Museums gewesen, und der Wunsch, es möge so sein, veränderte die Balance zugunsten der Kognition, zum Nachteil der Emotion.

Angst – das Chamäleon der Gefühle

Die Begriffe »Furcht« und »Angst« werden oft austauschbar verwendet: »Ich fürchte mich davor herauszufinden, dass er eine Affäre hat, wenn ich der Sache nachgehe«, und: »Ich habe Angst davor herauszufinden, dass er eine Affäre hat, wenn ich der Sache nachgehe«, haben die gleiche Bedeutung. In der Psychologie wird gelegentlich unterschieden: »Furcht« gilt als die Reaktion auf eine reale Gefahr und »Angst« als die auf eine eingebildete. Wenn unser Haus brennt, empfinden wird Furcht. Wenn wir überlegen, ob wir vergessen haben, den Herd auszuschalten, empfinden wir Angst. Wir fürchten uns, wenn wir einen Bären sehen; wir ängstigen uns, wenn wir durch den Wald spazieren und uns vorstellen, es könnte ein Bär auftauchen. Die körperlichen Auswirkungen von Furcht und Angst sind die gleichen: das gleiche Herzklopfen, die gleichen Schweißausbrüche, die gleiche Kurzatmigkeit. Sie fühlen sich gleich an, und es ist oft schwirig herauszufinden, welche der beiden wir empfinden. Woher kommt dieser Knoten im Magen, wenn ich daran denke, dass mein Mann noch so spät im Büro ist? Ist das Angst auf Grund einer irrationalen Unsicherheit oder Furcht auf Grund realer Wahrnehmungen, oder beides? In vielen Fällen ist es eine Frage der Einschätzung, ob ein realistischer Anlass für Furcht vorliegt. Soll man sich fürchten, Motorrad zu fahren, ein Pferd zu reiten, einen Pitbull zu streicheln, mit dem

Fallschirm abzuspringen? Soll man sich vor Rindfleisch fürchten wegen BSE, vor Thunfisch wegen Quecksilber, vor abgepacktem Gemüse wegen Kolibakterien und vor Butter wegen Cholesterin? Allein die Liste der Nahrungsmittel, vor denen sich manche fürchten und andere nicht, ließe sich endlos fortsetzen. Zwar ist es durchaus möglich, diesbezüglich rationale Entscheidungen zu treffen, doch die meisten Menschen tun dies nicht. Der Bestseller von Levitt/Dubner, *Freakonomics* (dt. *Überraschende Antworten auf alltägliche Lebensfragen*), führt dramatische Beispiele für Leute an, die sich vor bestimmten Dingen unnötig fürchten, nicht aber vor solchen, bei denen sie das besser täten. Beispiel: Das Risiko, dass unser Kind durch eine Schusswaffe ums Leben kommt, ist etwa tausend Mal geringer als das, in einem Swimmingpool zu ertrinken. Dennoch ist den meisten Eltern bei dem Gedanken wohler, dass ihr Kind zum Spielen zu dem Nachbarn geht, der einen Swimmingpool hat, als zu einem, der eine Schusswaffe zu Hause aufbewahrt.

In den ländlichen Randbezirken von New York City sind gelegentlich gesichtete Bären häufiger Gegenstand besorgter Unterhaltungen. Doch im größten Teil der USA stellen Bären keine echte Gefahr dar. Das Risiko, von einem Bären im Wald angefallen zu werden, liegt bei etwa eins zu zehn Millionen.[7] Im Vergleich dazu liegt das Risiko, bei einem Verkehrsunfall zu Schaden zu kommen, bei eins zu einhundert. Der Bär im Wald ist die Erwachsenenversion vom schwarzen Mann im Keller. Oftmals glauben die Menschen lieber, sie fühlten gerade rationale Furcht statt Angst. Angst kommt uns als etwas Unentrinnbares vor, weil sie aus dem eigenen Bewusstsein kommt. Furcht bezieht sich auf ein Objekt, auf etwas, dem man aus dem Weg gehen kann. Es ist ein besseres Gefühl zu glauben, man gehe deswegen ungern allein im Wald spazieren, weil es dort Bären gibt, als zuzugeben, dass man noch immer die Angst des Kindes verspürt, ausgesetzt und aufgefressen zu werden.

Die falsche Etikettierung von Angst als Furcht wirkt sich in Leben und Alltag der Menschen auf besorgniserregende Art aus. Eine Phobie ist eine unbegründete Furcht, die sich aus einer unerkannten Angst nährt. Die am weitesten verbreiteten Phobien beeinträchtigen sowohl berufliche als auch Freizeitaktivitäten. Es gibt Schätzungen, wonach sich mehr als 85 Prozent der Bevölkerung davor fürchten, vor Publikum zu sprechen. Die Angst vor dem Fliegen betrifft etwa 25 Prozent. Einige Phobien wie die Angst, zum Arzt zu gehen, sind eindeutig risikoverstärkend. Andere können ein Risiko auf subtilere Weise erhöhen. Der 11. September hat die USA in den Grundfesten erschüttert, weil unsere Illusion von Unverwundbarkeit und Einzigartigkeit zerstört wurde und wir uns gezwungen sahen, unser Verhältnis zum Rest der Welt auf den Prüfstand zu stellen und schonungslos den Blick auf Dinge zu richten, die wir nicht sehen wollten. Statt nach innen zu blicken und dort die Ursachen unserer Angst zu analysieren, blickten wir – von unserer politischen Führung entsprechend ermutigt – auf der Suche nach den Ursachen unserer Furcht nur nach außen. Die Reaktion vieler Menschen bestand darin, irrational furchtsam zu werden. Natürlich gab es reale Feinde, die zu fürchten waren, doch unsere Furcht vor Terroristen stand, und steht noch immer, bei weitem in keinem Verhältnis zu irgendeiner realen Bedrohung. Die Angst nährt unsere Furcht. Wenige Wochen nach dem Anschlag ergab eine Umfrage, dass die Menschen ein fast fünfzigprozentiges Risiko für jeden Einzelnen aus der Bevölkerung sahen, im Verlauf des folgenden Jahres durch einen terroristischen Anschlag zu Schaden zu kommen.[8] Viele mieden das Flugzeug und fuhren stattdessen lange Strecken mit dem Auto. Im Oktober, November und Dezember 2001 kam es zu einem etwa dreiprozentigen Anstieg sowohl bei den gefahrenen Meilen als auch bei den tödlichen Verkehrsunfällen.[9] Man schätzt, dass ungefähr dreihundertfünfzig Menschen starben, die nicht gestorben wären, hätten sie wie sonst auch das Flugzeug genommen; dreihundertfünfzig Menschen, die nicht gestorben wären, hätten sie ihre Angst verstanden, anstatt eine Furcht daraus zu machen.

Angst kann jede Emotion nähren. Während Sara daheim vor

dem Fernseher sitzt, fühlt sie eine unerklärliche Angst. Vielleicht hat sie Angst, weil sie allein ist. Vielleicht weiß sie etwas über ihren Mann, das sie lieber nicht wissen will. Vielleicht macht sie sich Sorgen wegen der Kinder. Wer weiß? Beim Anblick des jugendlichen Sean Connery fühlt sie sich sexuell erregt. Weil ihre Lieblingsplätzchen griffbereit liegen, fühlt sie sich hungrig. Hunger und sexuelle Erregung sind geläufige Transformationen von Angst.

Die meisten Eltern reagieren auf ihre Babys, indem sie sie auf übertriebene, spielerische, fast karikaturistische Weise nachahmen. Wenn beispielsweise ein kleines Kind traurig oder bekümmert dreinschaut, imitieren Vater oder Mutter die Miene, aber mit clownsmäßigem Stirnrunzeln. Indem sie den Gesichtsausdruck des Babys übertreiben, teilen ihm die Eltern mit: »Ich verstehe, was du gerade fühlst, aber es ist nicht das, was ich gerade fühle. Mach dir keine Sorgen. Ich kümmere mich um dein Problem.« – Zum Teil lieben Kinder Cartoons ja deshalb, weil sie komplizierte Gefühle spielerisch darstellen.

Manchmal, wenn ein Baby eine schwer zu besänftigende oder verstörende Emotion zeigt, kommt es vor, dass die Eltern sie falsch zuordnen. Manche Eltern handhaben dies so inkonsequent und widersprüchlich, dass das Kind ein Misstrauen gegenüber Emotionen und für sich einen kognitiven Interpretationsstil entwickelt. Andere Eltern etikettieren komplizierte Emotionen ständig falsch, reagieren auf Kummer und Zorn, als handelte es sich um Hunger, und versuchen so gut wie immer, ihr quengelndes Baby dazu zu bringen, etwas zu essen. Unschwer sich vorzustellen, wie aus einem solchen Kind ein Erwachsener wird, der gern Kummer mit Hunger gleichsetzt. Etwas Ähnliches geschieht, wenn andere Eltern auf besorgniserregende Emotionen dadurch reagieren, dass sie ihr Baby mit Aufregungen ablenken: Sie hopsen mit ihm auf und nieder, werfen es in die Luft oder legen es in die automatische Schaukelwiege. Solche Babys werden zu Erwachsenen, die ihren gefühlten Kummer durch Auf- und Erregung besänftigen.

Die Angst ist das Chamäleon unter den Gefühlen. Sie fühlt sich haargenau wie Furcht an, wie jene Emotion, deren ursprüngliche, entwicklungsgeschichtliche Funktion es ist, das Individuum in einen Erregungszustand zu versetzen, damit es einer Gefahr sowohl begegnen als auch lernen kann, diese zukünftig zu meiden. In Abwesenheit einer konkreten Gefahr oder in Gegenwart von einer, die wir lieber nicht wahrnehmen – ein untreuer Ehepartner, ein uncharmanter Chef, eine karrieregeile Freundin –, suchen wir nach Erklärungen bei Dingen, mit denen wir scheinbar leichter umgehen können: Hunger, sexuelle Erregung, das unaufschiebbare Bedürfnis nach einem Paar neuer Schuhe. Innerhalb von Organisationen – in der Firma, in der Schule, in der Armee – nehmen ungebührliches sexuelles Verhalten, übermäßiges Essen und impulsives Einkaufen in dem Maße zu, wie es dort zu nicht geklärten Spannungen kommt. Nach meiner Ansicht rührt für den Zuschauer ein Teil der Attraktivität von Serien wie *Emergency Room* oder *CSI* daher, dass man genussvoll die Spannungslösung nachvollziehen kann, wenn Angst in sexuelle Erregung transformiert wird, während man sich gleichzeitig in kluger Entfernung von den Gefahren weiß, die diese Transformation begleiten.

Die Umwandlung von Angst in Erregung ist nicht immer schlecht. Sie kann uns zum Narren machen, aber auch zum Mutigen. Menschen, die sich kopfüber in Situationen stürzen, um Furcht und Ängste zu besiegen, nennt man gelegentlich »kontraphobisch«. Auch das ist wieder so eine unglückselige Pathologisierung von Andersartigkeit. Oft ist es adaptiver, mit Furcht und Angst fertig zu werden, indem man sich ihnen stellt, als dass man ihnen nachgibt. Wir haben schon gesehen, dass vom Temperament her scheue Personen Kontaktfreudigkeit dadurch erlernen können, dass sie sich in gesellige Situationen hineinzwingen. Und tatsächlich sind jene Kinder von scheuem Temperament, die später kontaktfreudig und gesellig werden, diejenigen, die von ihren Müttern ermuntert wurden, auch dann wagemutig zu sein, wenn sie Angst haben. Bei den meisten erfolgreichen Therapien gegen Phobien stellt man sich der Furcht schrittweise. Der Schlüssel für die Auseinandersetzung mit der Furcht liegt darin, eine Strategie zu haben, die zum Erfolg oder schlimmstenfalls zu einem gnädigen Ende, aber nicht zum Trauma führt. ›Stürz dich nicht auf die Tanzfläche, wenn du zuvor nicht ein bisschen tanzen gelernt und mit Freunden geübt hast; und dann probier es erst auf einer Hochzeit oder einer Bar-Mizwa aus, und nicht gleich im Ritz.‹ Was für die Sozialangst gilt, gilt auch für das Bewusstseinlesen. Fangen Sie damit bei Freunden an; spielen Sie eine entspannte Runde Poker, »Wer fragt, gewinnt« oder Pantomimen. Versuchen Sie zu erraten, wie sich ein Freund gerade fühlt und warum; finden Sie heraus, ob Sie recht hatten. Ziemlich bald schon werden Sie öfter richtig liegen, als Sie gedacht haben.

Es kann bemerkenswerte Auswirkungen haben, wenn man bei der Auseinandersetzung mit der eigenen Sozialangst ein positives Erlebnis erfährt. Daniel Tammets Schilderungen, wie er sich seiner Angst gestellt hat, sind ergreifend. Mit sechzehn schwärmte er plötzlich heftig für einen neuen Schüler an seiner Schule. Dieser war groß, voller Selbstvertrauen, gesellig und damit das genaue Gegenteil von Daniel. Daniel half ihm bei den Hausaufgaben und hängte sich an ihn. Weil seine Zuneigung kaum erwidert wurde, drückte er ihm eines Tages einen Zettel in die Hand, auf den er seine Gefühle niedergeschrieben hatte. Der Neue wartete nach Unterrichtsschluss auf Daniel. Er gab ihm den Zettel zurück und sagte schonungsvoll, er könne nicht derjenige sein, den Daniel gern in ihm sehen möchte. Man kann sich Daniels Erleichterung darüber vorstellen, nicht verspottet oder beschimpft worden zu sein, was die weitaus üblichere Erfahrung eines schüchternen, verlegenen Jugendlichen in der Pubertät gewesen wäre. Daniel Tammet hatte das Glück und, wie ich vermute, auch das emotionale Wissen, um sich schon damals und (auch künftig) Menschen zu suchen, die ihm freundlich begegnen, wenn er große Risiken eingeht. Seine beachtlichen Fortschritte zeigen, dass dies für uns alle eine gute Lektion ist.

Angst ist auch das Glutamat, der Geschmacksverstärker der

Emotion. Sie kann alles verstärken, was auch immer wir fühlen. Ihre Synergie mit Furcht ist, wie wir gesehen haben, besonders beeindruckend, weil beide in ihren Wirkungen ungefähr gleich sind, sich aber in der jeweiligen Einschätzung unterscheiden. Schauspieler bedienen sich ihrer Angst, um alle Gefühle intensiver zu spüren und auszudrücken; ein bisschen Lampenfieber ist eine gute Sache. Redner, Anwälte und andere Persönlichkeiten des öffentlichen Lebens, die Betablocker nehmen – Medikamente, die die körperlichen Symptome der Angst reduzieren –, beklagen sich manchmal über die Glanzlosigkeit ihrer Auftritte. Die Angst vor dem Unbekannten und Riskanten kann die sexuelle Erregung steigern, aber exzessive Angst kann sexuelle Funktionen beeinträchtigen. Psychologen sprechen vom optimalen Angstniveau für das Lernen: zu wenig Angst, und es gibt keine Motivation; zu viel, und der Blick aufs Wesentliche geht verloren. Auch negative Gefühle wie Ärger oder Traurigkeit werden durch Angst intensiviert. Angst macht Schmerz noch schmerzhafter und verstärkt die Qualen der Depression. Jemand, der deprimiert und voller Angst ist, kann eher erregt als teilnahmslos werden und gilt in besonderem Maß als potenzieller Selbstmörder.

Angst vor Erkenntnis
Bewusstsein lesen ist oft mit Angst befrachtet. Wollen wir wirklich wissen, was ein anderer denkt? Wenn das Wissen um den mentalen Zustand eines Dritten uns in eine peinliche oder unbehagliche Lage bringen könnte, dann kann die Angst davor unsere Wahrnehmung verzerren oder hemmen. Würden wir uns – wenn wir herausfinden, was einem anderen im Kopf herumgeht – wirklich davor fürchten? Denken wir nur an all die Ehepaare, die von der Entdeckung schockiert waren, dass ihr Partner eine Affäre hatte, und die doch gleichzeitig spürten, es schon immer gewusst zu haben. Als Kinder wollten wir wissen, dass unsere Eltern uns liebten und unsere Gefühle und Bedürfnisse einigermaßen verstanden; doch wir wollten nicht allzu viel über ihre Gedanken wissen, wenn sie wütend oder frus-

triert waren, oder den Kopf voll mit anderen Dingen hatten. Wenn man einem Kind ein solches Wissen aufzwingt, fühlt es sich überfordert. Um das Bewusstsein anderer zu lesen, muss man die Kindheitsangst vor dem Zu-viel-Wissen überwinden und anfangen, die Geheimnisse der Erwachsenenwelt aufzudecken.

Außerhalb des engsten Bekanntenkreises wollen die meisten Menschen nicht, dass man ihre Gedanken liest, und sie trachten auf allerlei Art, diese zu verbergen. Selbst in engen privaten Beziehungen versuchen wir, bestimmte Gedanken für uns zu behalten. Am heimtückischsten ist vielleicht jene Methode des Kaschierens, mit der versucht wird, beim potenziellen Gedankenleser eine Angst zu erzeugen und diese dann gezielt auszunutzen. Nehmen wir beispielsweise an, Bill hätte eine Affäre; dann wäre es vorstellbar, dass er Sara etwas vorjammert, dass ihn die viele Arbeit fast umbringt, dass er befürchtet, einen Herzinfarkt zu erleiden, dass er seinen Job verlieren könnte, dass sie ihre Ausgaben besser in den Griff kriegen müssen. Damit beschuldigt er Sara, zu viel Geld auszugeben. Jetzt verspürt Sara noch mehr Angst und schreibt diese zur Gänze ihrer Sorge um Bills Gesundheit und die finanziellen Probleme der Familie zu. Unter Umständen gibt sie sich selbst noch die Schuld und fühlt sich, wenn die Angst groß genug ist, zu gelähmt, um klar zu denken. In dem Filmklassiker *Gaslight* von 1944 macht sich ein charmanter, aber auf sadistische Weise hinterhältiger Ehemann daran, seine ihn naiv anhimmelnde junge Ehefrau dadurch in den Wahnsinn zu treiben, dass er sie davon überzeugt, sie bilde sich die von ihm selbst inszenierten, Furcht einflößenden Ereignisse nur ein. Wenn es ihm gelingt, will er sie um ihr Erbe bringen. Jeder Verdacht seitens der Ehefrau wird vom Ehemann zum Indiz für eine weiter fortschreitende mentale Instabilität erklärt. Der Ausdruck *gaslighting* bezieht sich heutzutage auf diese extreme Form der Bewusstseinsmanipulation (durch konstantes Entwerten der Wahrnehmungen und Erkenntnisse anderer). Gewissenlose politische Führer benutzen eine ähnliche Taktik. Sie steigern den Angstpegel der Bürger, indem sie eine real existierende

Furcht verstärken und neue Ängste schüren. Schuld an allem ist dann ein praktischerweise fremdländischer Feind. Aufkommende Zweifel werden zur unpatriotischen Laschheit oder als Verrat erklärt.

Manchmal flößen uns andere unabsichtlich Angst oder das Gefühl ein, wir seien nicht ganz normal. Gewisse Charaktertypen, gelegentlich als Borderline-Persönlichkeiten bezeichnet, manipulieren uns unmerklich und ohne bewusste Absicht, damit wir ihre schmerzvolle Hilflosigkeit spüren. Um das Bewusstsein anderer gut lesen zu können, muss man lernen, die Angst vor zwischenmenschlichem Umgang zu ertragen, scheinbar griffige Erklärungen ungeklärter eigener Gefühle zu hinterfragen, zumindest ab und zu die allseits beliebten Methoden sozialer Spannungslösung – Sex, Essen, Trinken, Einkaufen, Drogen und Medikamente – hinauszuzögern und sich mit der Möglichkeit zu befassen, dass die eigene Angst und andere Gefühle etwas Bedeutsames über die Person widerspiegeln, in deren Gegenwart wir uns soeben befinden oder mit der wir uns gerade beschäftigen.

Scham

Wenn es sich bei Furcht und Angst um die ursprünglichsten Emotionen handelt, so sind Scham und ihre Cousinen, Blamage und Demütigung, die schmerzhaftesten. Menschen töten, um ihr Gesicht zu wahren. Manchmal töten sie andere, manchmal sich selbst. Anders als bei Furcht, scheint es bei Scham kein Entrinnen zu geben. Scham spiegelt den Wert einer Person wider. Man hat Sie beurteilt und für zu leicht befunden. Sie erfüllen die Anforderungen nicht. Es gibt nichts, wovor Sie davonlaufen könnten; Sie selbst sind der Grund. Sie möchten für alle Zeiten in einem Loch im Boden versinken. Selbstmord beseitigt das Selbst; Mord beseitigt den Richter.

In *In Cold Blood* (dt. *Kaltblütig*) beschreibt Truman Capote den einsamen, ungeliebten Perry Smith mit seinen bei einem Autounfall schmerzhaft deformierten Beinen als einen beschädigten Menschen, den Visionen von eigener Großartigkeit heimsuchen. Mit seinem Kumpel Dick Hickock bricht er ins Haus der Clutters ein, wo er dreißigtausend Dollar zu finden hofft. Stattdessen findet er so gut wie nichts und muss schließlich unters Bett kriechen, um sich einen Silberdollar zu holen. Capote verbrachte zahllose Stunden im Interview mit Smith. Smith schilderte Capote die Situation:

»Mr. Clutter fragte mich – und das waren seine letzten Worte –, er wollte wissen, wie es seiner Frau ging, ob sie okay war, und ich sagte, ihr geht es gut und dass sie bald schlafen geht, und ich sagte, es sei ja nicht mehr lang hin bis zum Morgen, und irgendjemand würde sie am Vormittag alle finden, und dann wäre das Ganze jetzt und ich und Dick – das alles käme ihnen vor, als hätten sie's geträumt. Ich wollte ihm nichts vormachen. Ich wollte dem Mann nicht wehtun. Ich hielt ihn für einen sehr netten Herrn. Hatte eine angenehme Stimme. Ich mochte ihn bis zu der Sekunde, als ich ihm die Kehle durchschnitt ... Ich kniete neben Mr. Clutter auf dem Boden, und das Knien schmerzte so – ich dachte an diesen gottverdammten Dollar. Diesen Silberdollar. So eine Schande. Ekelhaft. Und *alle* hatten sie mir ja gesagt, ich soll mich bloß nicht mehr in Kansas blicken lassen. Aber ich habe gar nicht begriffen, was ich getan hatte, erst als ich dieses Geräusch hörte. Wie wenn jemand ertrinkt. Wie Schreien unter Wasser.«

Zum Glück erleben die meisten Menschen Scham niemals so intensiv. Doch führen viele ein Leben in der Furcht vor Kritik, sind beleidigt, aufgebracht und bereit, wütend auf jeden loszugehen, dessen zufälliger Blick oder beiläufiger Kommentar als Kritik missverstanden werden könnte. Noch mehr Menschen schränken ihre Aktivitäten ein, um einem Gefühl der Beschämung von vornherein aus dem Weg zu gehen. Es ist eine gängige Alltagserfahrung, aus Angst vor einer Bloßstellung öffentliches Sprechen, Auftreten, Tanzen oder

Singen zu vermeiden. Oft wollen die Menschen es nicht zugeben und schützen stattdessen einen Mangel an Interesse oder Können vor. Für das Bewusstseinlesen gilt das Gleiche. Man versucht es gar nicht erst, weil man Angst davor hat, sich zu blamieren. Eine noch größere Hemmung stellt die Angst dar, von dem, was man herausfindet, beschämt zu werden: Was denkt diese Person tatsächlich von mir? Will ich das wirklich wissen?

Schuld und Scham sind nicht das Gleiche, obwohl sie oft Hand in Hand gehen. Bei Schuld fühlt man sich schlecht wegen dem, was man getan hat. Bei Scham fühlt man sich schlecht wegen dem, der man ist. Wenn ich den teuren antiken Servierteller meines Freundes fallen lasse, fühle ich mich wohl schuldig, doch ich ersetze ihn oder lade meinen Freund zum Abendessen in ein Restaurant ein. Wenn ich meine Freundin betrüge und ihr damit das Herz breche, schäme ich mich. Das Gefühl von Scham vergeht nicht so schnell. Um es zu überspielen, kann ich den starken Mann markieren oder lügen, aber dann vergeht es sogar noch langsamer. Vielleicht weint man auch vor Scham und bittet um Vergebung. Doch ein Betrug ist schwer zu vergeben, und meine Anwesenheit bewirkt die ständige Erinnerung daran. Schuld kann überwunden werden durch Vergebung, Buße, Wiedergutmachung und Strafe. Jemand, der einer Straftat für schuldig befunden wurde, kann Vergebung erlangen oder wird vielleicht zu gemeinnütziger Tätigkeit verpflichtet, oder leistet eine Zahlung an das Opfer, oder geht ins Gefängnis. Schande muss ertragen werden, bis die Erinnerung an die Tat schwindet. Manche Kulturen und manche Menschen betrachten jede böse Tat als Offenbarung einer bösen Seele. Die Puritaner bestraften selbst kleinere Vergehen durch öffentliches Anprangern. Menschen, die sich leicht schämen, halten auf ähnliche Weise jeden kleinen Fehltritt für eine Widerspiegelung eines moralischen Makels.

Die Ursprünge der Scham

Stellen wir uns folgendes Erlebnis vor: Sie schlenderten plaudernd mit einer Freundin durch ein Museum. Sie betrachteten beide die ausgestellten Kunstwerke. Gerade haben Sie sich lebhaft über irgendetwas geäußert, als Sie den Kopf drehen und feststellen, Ihre Freundin ist gar nicht da und war schon eine ganze Weile nicht mehr neben Ihnen. Wie haben Sie sich in dem Moment gefühlt? Doch wenigstens ein bisschen peinlich berührt und beschämt, oder? Sie spüren wahrscheinlich noch im Nachhinein, wie Sie erschrocken verstummt sind und rot wurden. Stellen wir uns weiter vor, dass, als Sie den Kopf wenden, nicht nur Ihre Freundin nicht da ist, sondern dass Sie zu einer völlig fremden Person gesprochen haben. Zweifellos ist Ihre Beschämung jetzt größer, vor allem dann, wenn die Fremde Ihnen einen merkwürdigen Blick zuwirft; aber sie ist schnell verflogen, sobald die Dame lächelt und mit Ihnen in ein Gelächter einstimmt.

Warum schämen wir uns wegen einer solch augenscheinlich harmlosen Interaktion? Es ist das urtypische Erlebnis von Scham: Man erwartet, gehört zu werden, und begegnet stattdessen Schweigen oder, schlimmer noch, Missbilligung. Das Gefühl von Scham wird noch verstärkt, falls man sich voll innerer Erregung auf Lob eingestellt hat. Was gibt es Kränkenderes, als seine ganze Persönlichkeit in einen Auftritt zu legen, um dann auf Schweigen zu stoßen? Schon im Alter von zwei Monaten sind Babys irritiert, wenn Erwachsene nicht auf sie reagieren. Das *Still-face*-Experiment, das von Edward Tronick und seinen Harvard-Kollegen 1978 entwickelt wurde, ist mit seinen vielfältigen Varianten zum wichtigen Datenlieferanten der entwicklungspsychologischen Forschung geworden.[10] Wir können es selbst zu Hause nachvollziehen, wenn wir in der näheren Umgebung ein zwei bis sechs Monate altes Kleinkind haben. Wir setzen das Baby in die Kindertrage oder den Autositz und stellen es damit auf einen Tisch oder Tresen, sodass beide bequem miteinander von Angesicht zu Angesicht kommunizieren können. Zwei oder drei

Minuten lang scherzen wir mit dem Kind herum, lächeln, plaudern und schneiden Grimassen. Dann brechen wir ab. Wir verstummen und frieren unseren Gesichtsausdruck ein, zeigen zwei Minuten lang, falls wir es solange aushalten können, ein *still face*, eine reglose Miene. Danach verhalten wir uns wieder normal. Während der versteinerten Phase hören die meisten Babys auf zu lächeln, spielen mit ihren Händen oder Anziehsachen herum und wenden sich ab. Misst man ihren Puls, so ist dieser erhöht, was auf Erregung und Stress hindeutet. Manche Babys reagieren mit Geschrei auf eine reglose Miene, aber noch mehr fangen bei der Rückkehr zur Normalität an zu schreien. Die meisten Babys bleiben noch eine Zeit lang aufgeregt. Ich empfehle nicht, dies öfter als ein oder zwei Mal zu tun, weil unser Kleines ziemlich sicher aus der Fassung geraten wird; es wird sich schnell erholen, aber wir werden unweigerlich die Folgen unserer Verweigerung elterlicher Zuwendung zu spüren bekommen.

Ihr Kind kommt zu Ihnen hergelaufen und will Ihnen ganz aufgeregt sein jüngstes Bild zeigen; Sie aber haben gerade anderes im Kopf, schauen nur kurz hin und brummen ohne rechte Begeisterung: »Ganz toll.« Jeder ist einmal geistig weggetreten, in Gedanken verloren, starrt mit teilnahmsloser Miene vor sich hin. Eltern mit schweren Depressionen tun dies öfter. Die Kinder von depressiven Müttern werden später mit höherer Wahrscheinlichkeit zu traurigen, zornigen Kindern und deprimierten, suizidalen Erwachsenen voller Scham. Babys entwickeln unterschiedliche Strategien, um ihre Bezugspersonen zu animieren. Tronick beschreibt die Reaktion eines fünf Monate alten Kindes auf seine Mutter, die eine reglose Miene aufgesetzt hatte: »Der Kleine schaute seine Mutter an und lachte kurz. Nach diesem kurzen, nervösen Lachen pausierte er, schaute sie ernst an und lachte dann erneut, lange und laut, wobei er den Kopf zurückwarf.«[11] Die Mutter konnte nicht mehr an sich halten und brach selbst in Gelächter aus.

Komiker und andere Entertainer haben oftmals depressive Eltern.[12] Viele der Dinge, die wir als Erwachsene beschämend finden –

sabbern, spucken, furzen, sich beschmutzen, unbeholfen und tapsig sein, die falschen Wörter benutzen –, waren ganz und gar nicht beschämend, als wir Babys waren. Komödiantischer Klamauk kann uns das wunderbare Gefühl des Babydaseins wieder zurückbringen. Bei solchen Darbietungen wird über weite Strecken eigentlich Beschämendes gesagt oder getan, doch statt Schweigen und Abscheu provoziert es Gelächter. Auf ähnliche Weise erfreuen sich Verliebte gegenseitig an ihren Körpern, schmiegen sich aneinander, belecken und beschnuppern sich, saugen und lutschen, nehmen Gerüche und Flüssigkeiten auf, die, stammten sie von einer fremden Person, eklig wären. In erotisch aufgeladenen Momenten braucht Ekel nicht überwunden zu werden, denn eigentlich existiert er gar nicht, so, wie es in den Zeiten vor der Scham der Fall war.

Ekel ist eine urtümliche, eine der primitivsten und universalsten Emotionen. Exkremente, Erbrochenes, Mundgeruch, schweißnasse Handtücher, Nasenschleim, halb gegessene Nahrung, Spucke, Schweiß, verfaultes Fleisch, Maden, Grind und Ratten sind einige der Dinge, die Menschen in allen Kulturen ekelhaft finden. Wenn der Mensch etwas Verfaultes, Verdorbenes, Übelschmeckendes isst, ekelt er sich. Nehmen wir an, wir beißen in einen Hamburger und stellen fest, er ist verdorben und wimmelt von Maden. Was geschieht da mit unserem Gesicht? Vermutlich rümpfen wir die Nase, kneifen die Augen zusammen, öffnen den Mund, und uns wird leicht übel. Fast alle Säuger drücken sich ähnlich aus, wenn sie etwas Ungenießbares ablehnen. Für manche aasfressenden Säugetiere, wie beispielsweise unsere Hunde, ist so gut wie gar nichts eklig. Möglicherweise sind sie deshalb so leicht mit irgendetwas Fressbarem zufriedenzustellen. Doch sollte es uns gelingen, etwas zu finden, das unser Hund ins Maul nimmt, aber nicht hinunterschlucken will, dann wird sein Gesichtsausdruck Widerwillen zeigen. Menschen zeigen die gleiche Reaktion auch dann, wenn sie etwas als moralisch anstößig empfinden. Denken wir nur an die Reaktionen auf Priester, die Kinder missbrauchen, und auf Politiker, die zu Prostituierten gehen. »Das ist ja ekelhaft«, heißt es allgemein, wenn ein gewisses sexuelles Verhalten missbilligt wird, und man hat den Eindruck, als wollten die Leute ausspucken und damit sowohl die anstößige Tat als auch den Anstoßerreger loswerden. Auf jemanden zu spucken ist ein extremer Ausdruck von Ablehnung, nämlich Verachtung.

Verachtung ist eine Steigerung von Ekel. Sie ist Ekel im Verbund mit Zorn. Blickt ein Lebewesen ein anderes angeekelt oder verächtlich an, lässt es ihm eine Warnung zukommen, dass es ausgespuckt, ausgestoßen werden wird, wenn es mit dem weitermacht, was es gerade tut. Sozialpsychologen nennen dies eine Androhung der sozialen Ausgrenzung. Dergleichen Androhungen sind äußerst wirksame Verhaltenshemmer. Menschen, denen die Ausgrenzung angedroht wird, stellen normalerweise ihr Tun ein, senken den Blick und lassen beschämt den Kopf hängen. Das sind Signale der Unterwerfung, Bitten um Wiedereinbindung. Erröten, ebenfalls ein häufiger Ausdruck von Scham, ist in anderen Situationen ein Zeichen sexueller Erregung und wahrscheinlich ein angestammtes Signal sexueller Kapitulation.

Wenn Menschen durch andere beschämt werden, leiden sie; sie empfinden Schmerz, häufig intensiv. Oft werden auch Tränen der Erniedrigung vergossen. Es gibt Indizien, dass dieselben Teile des Gehirns (insbesondere der anteriore cinguläre Cortex), die körperliche Schmerzen signalisieren, auch die Schmerzen von Peinlichkeit und Scham signalisieren. Lange bevor es Waffen und Wörter gab, stattete die Natur die Primaten mit einer Methode aus, um anderen aus der Entfernung Schmerz zuzufügen: mit dem Gesichtsausdruck. Angewidertes Stirnrunzeln und verächtliche Blicke fügen Schmerzen zu und signalisieren: Hör auf mit deinem Treiben, kehr sofort zu uns zurück oder verschwinde auf Nimmerwiedersehen! Natürlich ist Unterwerfung nicht die einzige Zuflucht für das von solcher Mimik bedrohte Individuum. Flucht oder Kampf sind die instinktmäßigen Reaktionen auf Schmerz. Manche Individuen fliehen vor dem Schmerz der Beschämung und suchen Trost in der Gesellschaft anderer. Bei Primatengruppen schließt sich ein ausgestoßener Affe einer anderen Gruppe an oder versucht vielleicht, selbst eine neue zu bilden. Wenn bei den Menschen Familien auseinanderbrechen oder sich die Mitglieder zerstreiten, dann beruht das auf ähnlichen Reaktionen. Andere beschämte Individuen gehen zum Gegenangriff über. Gewalt und Brutalität sind, insbesondere im privaten Bereich, sehr oft eine Reaktion auf eine Beschämung. Es ist gefährlich, jemanden zu beschämen, der sich nicht unterwerfen kann und sonst nichts und niemanden hat, wohin er sich wenden könnte.

Entwicklung und Empfindung von Scham findet auf drei Ebenen statt: als unreflektierte Erregung, als Ekel und als Selbstverachtung. Etwa zwischen dem zwölften und dem achtzehnten Lebensmonat betritt die Scham die Bühne des Lebens. Die Kinder vollbringen in dieser Zeit zwei ganz wichtige Großtaten: Sie gehen auf eigenen Beinen und auf den Topf oder die Toilette. Allzu oft wird ihrer freudigen Erregung über diesbezüglich vollbrachte Leistungen mit Schweigen und Ekel begegnet. Alan Schore, Psychologe an der University of California in Los Angeles, hat ausführlich über die hemmende Wirkung exzessiver Scham geschrieben.[13] Umherrennende Kleinkinder, die angstfrei die Welt erkunden, bedürfen der Kontrolle. Gefahren lauern überall. Nach Schores Einschätzung sagen Mütter alle neun Minuten einmal »nein« zu ihren Kleinen! Manchmal wird das Nein ausgesprochen, manchmal wird es per Blickkontakt übermittelt. Fast jeder erinnert sich an missbilligende Mienen der Mutter. Wie der Gesichtsausdruck eines Erwachsenen, der bei moralischen Anstößigkeiten dem Übeltäter die Verbannung aus der Gemeinschaft androht, enthält auch die Miene der Mutter Elemente von Ekel, gelegentlich sogar Verachtung, doch werden diese zumeist abgemildert durch den Anflug eines Lächelns, gefolgt von Freude und Lob, wenn das Kind in seinem Treiben innehält und zuhört. Für das von den Eltern abhängige Kind sind, in weitaus stärkerem Maß als für Erwachsene, ungemilderte Ausdrucksformen von Ekel und Verachtung sowie deren verbale Entsprechungen außerordentlich wirksame Verhaltenshemmer, weil sie eine Trennung androhen und schlimme Schmerzen verursachen. Sie bringen Kinder dazu, in ihrem Tun abrupt innezuhalten, und stürzen, wenn sie zu massiv oder zu häufig sind, ihre Adressaten in ein schwarzes Loch der Scham. Das ist es, was Erwachsene, die als Kinder misshandelt wurden, mit der immer wiederkehrenden Aussage meinen: »Die Blicke und das Gebrüll waren schlimmer als die Prügel.« So seltsam es klingen mag: Eine nicht gesundheitsschädliche Tracht Prügel bedeutet eine körperliche Berührung und somit ein Minimum an Kontakt. »Du ekelst mich an, du bist zum Kotzen« und ähnliche Ausdrücke drohen ein Verlassenwerden an, und diese Etikettierung des armen Kindes als »ungenießbar« führt zu der chronischen Fragestellung: »Wer kann schon jemanden wie mich mögen?«

Die meisten Eltern kommen beim Aufwischen oder Windeln wechseln schnell über ihr Gefühl des Ekels hinweg. Männer, die über keinerlei Erfahrung mit Babys verfügen, erwarten von vornherein oft große Probleme und sind dann umso erleichterter, wenn sie stattdessen eine intime Verbindung mit ihrem Kind erleben. Einige Eltern jedoch überwinden nie ganz das Gefühl von Ekel angesichts der Exkremente ihres Babys; andere spüren, wie es mit Macht zurückkehrt, wenn ihr Kind mit seinem Kot kreativ umgeht und die Wände des Spielzimmers beschmiert oder, im Verlauf des Kampfes um die Windelentwöhnung, Verstopfung bekommt und entsprechende »Missgeschicke« passieren. Es ist kein Zufall, dass man sich, wenn man sich schämt, oft auch »beschissen« fühlt.

Du stehst nicht vor Gericht

Debra liebte ihren neuen Freund Eric von ganzem Herzen und fühlte sich auch ihrerseits von ganzem Herzen geliebt. Sie wusste, dass er intelligent, talentiert und einfühlsam war und dass sie ihm etwas bedeutete. Doch es verstörte sie, dass ihre Freundinnen ihn nicht genauso empfanden. Die hielten ihn in Wahrheit für einen blöden

Angeber, der andauernd dozierte, immerzu rechthaberisch war, zu allem schon eine fertige Meinung hatte und anscheinend nie zuhörte. Als sie ihm das erste Mal begegneten, waren die Freundinnen schlicht vor Ehrfurcht erstarrt. Eric sah gut aus, war fast zu gut angezogen, ein erfolgreicher Produzent, der die Reichen und Berühmten kannte. Doch schnell hatten sie es satt, wie er dauernd mit großen Namen um sich warf. Debra sagte immer wieder zu ihren Freundinnen: »Bei mir ist er ganz anders. Gebt ihm doch mal eine Chance.« Doch das schien nie zu funktionieren. Sie empfanden ihn nicht nur als Ärgernis, sondern auch als kalt.

Die Angst, beschämt oder gedemütigt zu werden, macht es fast unmöglich, das Bewusstsein anderer zu lesen. Da wird jeder zum Richter. In der extremen und chronischen Ausprägung wie bei Eric, einer narzisstischen Persönlichkeit, wird das Leben von dem Bedürfnis beherrscht, bewundert und gelobt zu werden. Permanente Beweihräucherung ist nötig, um tief inneren Gefühlen von Scham entgegenzuwirken. Jede Andeutung von Missbilligung oder mangelndem Interesse kann zu Verzweiflung und Zorn auf den missliebigen Kritiker führen. Narzissten scheren sich anscheinend nicht um das, was andere denken oder fühlen. Das heißt nicht, dass sie nicht zum Bewusstseinlesen in der Lage wären, doch meistens empfänden sie das als zu riskant: Was wäre, wenn sie erkennen würden, dass man ein Urteil über sie fällt? Also ist es sicherer, es nicht zu versuchen, sicherer, noch nicht einmal dem zuzuhören, was andere zu sagen haben. Sobald sich aber Narzissten in einer Beziehung wirklich sicher fühlen, können sie sich als bemerkenswert bindungsfähig erweisen. Wenn die narzisstische Persönlichkeit noch das Glück hat, zu den emotionalen Interpreten zu gehören, kann sie manchmal rasche Bauchentscheidungen darüber treffen, bei wem sie davon ausgehen kann, nicht kritisch beurteilt zu werden. Dies war der Fall bei Eric und Debra. Als sie sich kennenlernten, sah sie, dass er Angst hatte und verletzlich war; er sah sie als einfühlsam, unkritisch und bewundernd. Ihre Beziehung ist keineswegs ungewöhnlich: ein schwieriger, egozentrischer Leistungsmensch, meistens der Mann, und eine verständnisvolle Liebespartnerin. Der schwierige Leistungsmensch kann Schauspieler, Künstler, Wissenschaftler, Anwalt, fast alles sein; wichtig ist nur, dass er für seinen Auftritt bewundert wird. Die Rolle des Liebespartners besteht darin, diese Außendarstellung zu bewundern und ihn vor möglicherweise beschämenden Kritiken anderer dadurch zu schützen, dass diese abgewehrt oder mit Lob gekontert werden. Sollte die Bewunderung des Liebespartners nachlassen oder eine Kritik den Schutzschirm durchdringen, kann der Narzisst eisig werden. Eric hatte Angst vor Debras Freundinnen; er befürchtete, sie könnten Debras unkritische Bewunderung untergraben und seine Scham freilegen. Deshalb begegnete er ihnen mit Arroganz und Kälte.

Ein furchtsamer emotionaler Interpret kann die mentalen Verfassungen anderer nicht lesen, aus Angst vor dem Gefühl, kritisiert oder beschämt zu werden. Ein furchtsamer kognitiver Interpret hat den Vorteil, ein Instrumentarium zu besitzen, das er aus der Distanz einsetzen kann. Wenn jemand ständige Bewunderung braucht, sollte man auf Anzeichen für eine Empfindlichkeit gegenüber Beschämung achten. In extremen Fällen können eine flapsige Bemerkung oder ein sanfter Tadel den Betreffenden dazu bringen, verärgert davonzulaufen. Das Bewusstsein eines Narzissten zu lesen erfordert Geduld, Einfühlungsvermögen und den Verzicht auf kritische Wertungen. Therapeuten haben aus jahrzehntelangen Misserfolgen gelernt, dass es Wochen oder gar Monate braucht, ehe es einigermaßen möglich ist, einem narzisstischen Patienten etwas zu sagen, was er nicht schon weiß.[14] Nur wenn der Narzisst sich rundum sicher fühlt, wird er es nicht als Kritik auffassen, wenn man ihm etwas Neues sagt.

Der braune Hund der Depression

Wer selbst malt weiß, dass das Zusammenmischen zu vieler Farben ein schmutziges, mattes Graubraun ergibt. Mischt man immer weiter Farben hinzu, wird das Ganze noch brauner und dunkler.

Schließlich haben wir einen Brei, der beinahe schwarz aussieht, aber eben nicht richtig schwarz ist. Das Gleiche gilt für Emotionen. Viele halten es mit Winston Churchill und sprechen von ihrer Depression als dem »schwarzen Hund«, dem nur allzu vertrauten, der stets in der Nähe herumlungert. Ich kenne diesen Hund, und nach meiner Meinung hat er eine stumpfe schmutzig braune Farbe. Jede Depression ist ein Gemisch von Gefühlen, das Verlust, Angst, Wut, Scham, Schuld, Stolz und Hoffnung beinhalten kann. Die Depression ist das Leiden unserer Zeit. Sogar Börsen und Volkswirtschaften kriegen Depressionen.

Der Psychologe Sidney Blatt von Yale ist einer der wenigen Wissenschaftler, die die unterschiedlichen Arten von Depression erforschen. Er hat zwei große Gruppen ausgemacht, die abhängige und die selbstkritische Depression, jede mit verschiedenen Basisemotionen (*core emotions*).[15] Die Basisemotionen bei einer abhängigen Depression sind Einsamkeit, Hilflosigkeit und die Angst vor einer gleichgültigen Umwelt; die dafür Anfälligen verspüren ein großes Bedürfnis danach, geliebt und beschützt zu werden. Die Basisemotionen bei der selbstkritischen Depression sind Scham und Schuld; die dafür Anfälligen brauchen fortwährend Lob und Anerkennung. Man kann Debra als jemanden einstufen, der für eine abhängige Depression anfällig ist, und ihren Freund Eric als einen für die selbstkritische Art. Das heißt, sollten beide depressiv werden, würde sich bei jedem eine andere Form ausbilden und jeder würde etwas anderes benötigen, damit es ihm besser geht.

Im Unterricht ist eine meiner Lieblingsvokabeln »Heterogenität« im Sinn von Uneinheitlichkeit und Vielfalt. Gleichgültig, nach welchen Kriterien man eine Gruppe von Menschen definiert: Wenn man genau genug hinsieht, stößt man auf Heterogenität. Man kann Menschen nach Alter, Geschlecht, ethnischer Zugehörigkeit, sogar nach genetischer Ähnlichkeit gruppieren und wird noch immer in jeder Gruppe eine wundervolle und erstaunliche Vielfalt vorfinden. Das trifft ebenso zu, wenn man die Menschen nach psychiatrischen Diagnosen einteilt. Das DSM-IV, die 4. Auflage des *Diagnostic and Statistical Manual of Mental Disorders*, ist die Bibel der psychiatrischen Diagnostik; es bietet eine Liste von Symptomen an, darunter Traurigkeit, innere Leere, Schuldgefühle, Unzulänglichkeitsempfindung, Müdigkeit; Schlafsucht und Schlaflosigkeit, Gewichtsverlust und Gewichtszunahme, Teilnahmslosigkeit und Ruhelosigkeit. Hat man davon eine bestimmte Anzahl über einen bestimmten Zeitraum, ist man depressiv. Nehmen wir an, ich gebe Ihnen recht und bestätige: »Sie sind depressiv; Sie fühlen sich wirklich schlecht.« Aber was Depression für Sie bedeutet, kann sich stark von dem unterscheiden, was sie für mich bedeutet. Und obwohl sich jeder von uns auf seine eigene Weise schlecht fühlen kann, haben schlechte Gefühle die Tendenz, sich gruppenweise zusammenzuschließen. Psychiatrische Studien zeigen, dass mehr als die Hälfte aller mit »Depression« Diagnostizierten genauso gut mit »Angststörung« hätten diagnostiziert werden können. Man soll sich nicht allzu sehr von der Tatsache beeindrucken lassen, dass *ein* Antidepressivum gleich bei mehreren, unterschiedlichen Arten von Depressionen wirkt – was nicht heißt, dass alle Depressionen die gleiche Ursache haben. Aspirin wirkt bei Kopfschmerzen, die von einer Erkältung, von Allergien, einem schlimmen Bürotag oder einem Schlag auf den Kopf herrühren. Es ist ein Grundprinzip der Medizin, dass hinter jedem Symptom eine Heterogenität von Ursachen liegt.

Was aber allen Depressionen gemeinsam ist, ist dieses schmutzig braune Gemenge ohne klare Konturen und Farben, eine komplexe, überwältigende und oft in sich widersprüchliche Mischung von Emotionen, die sich alle unerträglich anfühlen. Das Ergebnis ist ein Gefühlsnebel. Wenn sie mitten in diesem schlammigen Gemenge drinstecken, haben Menschen mit Depression Probleme, ihr eigenes Bewusstsein zu lesen. Freunde haben da oft viel bessere Vorstellungen von dem, was vor sich geht, welches Ereignis, welcher Verlust oder welche Enttäuschung die Depression ausgelöst haben kann, und sie wissen oft, welche Emotionen sich hinter einer versteinerten

Miene verbergen. Freunde spüren eine Verbesserung oft, bevor die depressive Person sie verspürt. Die Standardfrage eines Psychiaters in den Wochen nach Verschreibung eines Medikaments lautet: »Haben Ihre Freunde irgendeine Veränderung bei Ihnen bemerkt?« Kognitive und emotionale Interpreten, die denselben depressiven Freund haben, können aus dessen Zustand Unterschiedliches herauslesen. Der emotionale Interpret nimmt beim Freund vielleicht eine Verärgerung wahr, selbst wenn sich dieser einer solchen nicht bewusst ist. Ein kognitiver Interpret findet vielleicht heraus, dass die Depression des gemeinsamen Freundes bald darauf begann, nachdem dieser nicht befördert worden war. Sie können beide recht haben. Die Depression des Freundes kann Scham und Niedergeschlagenheit über die abgelehnte Beförderung genauso beinhalten wie Ärger gegenüber dem Chef, der sie abgelehnt hat.

Eine Depression hat unterschiedliche Auswirkungen auf die *Mind-reading*-Fähigkeiten von kognitiven beziehungsweise emotionalen Interpreten. Eine Depression schwächt jegliche Emotion. Für emotionale Interpreten, die sich auf ihr Bauchgefühl verlassen, wird es schwerer, die Menschen in ihrer unmittelbaren Umgebung zu verstehen. Umgekehrt fühlen sich dann Familie und Freunde missverstanden. Als Ergebnis fühlt sich dann der emotionale Interpret zunehmend isoliert und allein. Bei kognitiven Interpreten, die zunächst ein geringes emotionales Wissen zur Verfügung haben, kann eine Depression einen besonders kuriosen Effekt haben. Sie werden zu zwanghaften Datensammlern, weil sie hoffen, dass ihnen die riesigen Mengen zusammengetragener Informationen das sagen, was ihnen ihr Bauch nicht sagt. Doch im Chaos einer Depression wird niemals etwas klar. Depressive kognitive Interpreten können so unentschlossen werden, dass sie unter einer allgemeinen körperlichen Unruhe leiden. Bei allen beeinträchtigt eine Depression die Fähigkeit zum Bewusstseinslesen. Studien zeigen, dass sie sowohl die Fähigkeit beeinträchtigt, Emotionen aus Mienen abzulesen, als auch die, eine nuancierte Theorie vom mentalen Zustand anderer aufzustellen.[16]

Diese depressive Blindheit gegenüber Gedanken und Gefühlen anderer ist vielleicht die Wurzel für die soziale Isolation, die allen Formen der Depression gemeinsam ist.

Paranoia ist die vorprogrammierte Standardposition

Wenn wir nicht wissen, was vor sich geht, kriegen wir es leicht mit der Angst zu tun; wenn wir einen anderen Menschen nicht verstehen, werden wir leicht paranoid. Die Grundfunktion des Gehirns ist der Schutz des Organismus vor Gefahr, d. h., ihn von allem fernzuhalten, was ihm schaden könnte. Angst ist primär und bleibt für alle Zeiten die vorprogrammierte Emotion, auf die das System zu seiner eigenen Grundsicherung zurückfällt. Hat der Organismus keine soziale Anbindung, wird Paranoia zur voreingestellten Standardposition. Die Unmöglichkeit einer Verbindung zu anderen oder eines Verständnisses von anderen führt zu Furcht und Misstrauen. Gefangene in Einzelhaft, von allen Sinneseindrücken abgeschottete Testpersonen, die einsamen Alten, die chronisch Isolierten und Depressiven werden allesamt – mit ganz wenigen Ausnahmen – paranoid. Evolutionsgeschichtlich gesehen haben wir uns als Beute entwickelt, und unsere emotionale Standardverschaltung ist mehr die eines gejagten Lebewesens als die eines Jägers. Unbewusst nehmen wir angstvolle Mienen viel schneller wahr als freundliche, und wenn wir es mit widersprüchlichen Informationen zu tun bekommen, dann ist unsere emotionale Reaktion Angst. Wissenschaftler zeigten Probanden Bilder mit lächelnden Menschen. Gleichzeitig ließen sie Bilder mit Furcht einflößenden Gesichtern unterhalb der Wahrnehmungsschwelle aufblitzen, sodass sie nicht bewusst aufgenommen werden konnten; aber sie wurden unbewusst aufgenommen. Die Probanden verspürten Angst.[17]

Hunde sind sowohl Raubtiere als auch Aasfresser. Sie jagen, wenn sie es müssen und nicht selbst gejagt werden; also haben sie wenig zu befürchten. Stellen wir uns einen Hund vor, der von einem

Geräusch aus dem Schlaf aufgeschreckt wird. Vergleichen wir seine Reaktion mit der eines aufgeschreckten Rehs. Die meisten Hunde – ausgenommen misshandelte oder genetisch geschädigte »Reinrassige« – richten ihre Aufmerksamkeit sofort auf das Geräusch, und wenn sie dessen Ursprung nicht gleich erkennen, reagieren sie mit angriffslustigem Gebell. Falls Sie nicht gerade ein gewiefter Fährtenleser sind, haben Sie vermutlich noch nie ein schlafendes Reh zu Gesicht bekommen. Rehe erschrecken beim leisesten Geräusch und rennen davon. Einen schlafenden Hund zu finden wird kein Problem sein. Evolutionär betrachtet ähneln die Menschen eher dem Rotwild als dem Hund. Die Entwicklung von Waffen machte uns zum Raubtier, aber zu einem mit dem Herzen einer Beute. Ein leichter Schlaf, immer auf dem Sprung – vielleicht haben deshalb so viele Amerikaner das Bedürfnis, nachts ihre Schusswaffen bei sich zu haben.

Homo homini lupus, der Mensch ist des Menschen Wolf, ein altrömisches geflügeltes Wort, stellt womöglich eine Beleidigung der Wölfe dar. Zumindest während ihrer gesamten dokumentierten Geschichte haben die Menschen fast jede Gelegenheit genutzt, einander zu jagen und zu quälen. Lüge und Täuschung sind bei der Jagd auf menschliche Beute oft verwendete Taktiken. Zu deren Abwehr lässt sich *mind reading* einsetzen. Allerdings erscheint unsere Begabung für Lüge und Täuschung so unübertrefflich gut ausgeprägt zu sein, dass unsere Fähigkeit zu deren Entlarvung weit hinterherhinkt. Genau dieser Schwierigkeit, Lügen zu verstehen, werden wir uns nun zuwenden.

Siebtes Kapitel
SCHAUN SIE MIR MAL INS AUGE

In dem Filmepos *Exodus* von 1960, in dem es um die Gründung des Staates Israel geht, spielt ein junger, attraktiver Paul Newman den Führer des jüdischen Widerstands, Ari Ben Canaan. In der nachfolgenden Szene agiert Ben Canaan undercover und gibt sich als britischer Offizier aus. Er unterhält sich mit Major Caldwell, einem aufgeblasenen Antisemiten, den Peter Lawford spielt.

Lawford: Die Juden sind mir so oder so egal.
Newman: Aber sie sind Unruhestifter. – Soviel steht ja wohl fest, Sir ...
Lawford: Ja. Und die Hälfte von ihnen sind sowieso Kommunisten.
Newman: Ja, und die andere Hälfte Pfandleiher.
Lawford: Und außerdem sehen sie so komisch aus. Ich erkenne einen Juden schon auf eine Meile Entfernung.
Newman: Ob Sie mir wohl mal ins Auge sehen könnten? Fühlt sich an wie Asche oder Ruß.
Lawford: Klar. Und wissen Sie was? Viele versuchen sich ja hinter nichtjüdischen Namen zu verstecken. Aber es reicht ein einziger Blick ins Gesicht, und schon weiß man Bescheid. Mit ein bisschen Erfahrung kann man sie sogar heraus riechen. – Tut mir leid, ich kann nichts entdecken.
Newman: Muss wohl Einbildung gewesen sein. Danke.

In der Grundschule war ich das einzige jüdische Kind, und unter meinen Klassenkameraden gab es immer ein paar, die mich mit ihren ständigen Spötteleien und auch gelegentlichen Prügeln daran erinnerten. Ich glaubte, mit meinem Kraushaar, den dunklen Augen, aber ganz besonders mit meiner verräterisch großen Nase für immer gebrandmarkt zu sein.

Als ich im Alter von zehn verfolgte, wie Lawford Paul Newman direkt ins Auge schaut, hielt ich es vor Spannung kaum aus. Ich hatte Erzählungen von Verwandten gehört, die den Holocaust überlebten, weil sie sich als Christen ausgegeben hatten, doch vorstellen konnte ich mir das nur schwer. Als ich es auf der Leinwand sah, kam es mir realistischer vor. Ich konnte mir nun ausmalen, wie mein Vater und ein Cousin, die beide Newmans blaue Augen hatten, jenseits des Sperrbezirks meines imaginären Gettos Spionage betrieben. Doch ich selbst fühlte mich meiner klar erkennbaren Volksgruppenzugehörigkeit so verhaftet, dass ich mich in meiner Fantasie mit der Rolle von Sal Mineo als jüdischem Widerstandskämpfer begnügen musste. Die Ironie dieser ethnischen Grenzüberschreitung entging damals meinem vorpubertären Verstand, und erst kürzlich kam ich dahinter, dass Regisseur Otto Preminger bewusst mit ethnischen Klischees gespielt hatte.

Sechs Jahre später besuchte ich erstmals Montreal. Ich war beeindruckt von der Freundlichkeit, die mich empfing, wenn ich ein Geschäft betrat. Dann bemerkte ich, dass mich alle für einen Frankokanadier hielten. *Voilà!* Ich war über eine neue Ethnizität gestolpert, die zu meinem Aussehen passte; ich ging als Frankokanadier durch. Zwar war meine neue Identität kurzlebig, da ich so gut wie gar kein Französisch sprach, doch die Erfahrung war eine befreiende Offenbarung. Seitdem bin ich Franzose, Ungar, Baske, Libanese und sogar Engländer gewesen. Ob ich es als Schwede schaffen würde, weiß ich nicht, aber vielleicht versuche ich es mal eines Tages. Jetzt, vierzig Jahre nach meiner Epiphanie in Montreal, steht die Erforschung von kultureller und ethnischer Identität im Mittelpunkt meiner akademischen Tätigkeit. Gelegentlich ermuntere ich meine Studenten auszuprobieren, ob man ihnen eine andere Volksgruppen- oder soziale Schichtzugehörigkeit abnehmen würde. Jedes Jahr ist das Ergebnis das Gleiche: Die meisten versuchen es nicht, weil sie Angst haben, ihr Täuschungsversuch könnte blamabel auffliegen; diejenigen, die es versuchen, staunen jedoch, wie leicht und einfach es geht.[1] Mehr als zwanzig Jahre Forschung zum Thema Täuschung weisen auf folgendes Paradoxon hin: Lügen ist sowohl schwer als auch leicht, und das Gleiche gilt für das Aufspüren von Lügen.

Harmlose Lügen

Mit dem coolen Lügner, dem Geheimagenten, dem verdeckten Ermittler können wir uns identifizieren und diese auch bewundern. Die meisten Leute scheint es nicht zu kümmern, wenn Menschen in führenden Positionen lügen, solange sie der Ansicht sind, es geschehe für eine gute Sache. Wir können gute Lügner, die keinem helfen außer sich selbst, sogar bewundern, wie z. B. den hochstapelnden Helden in *Catch Me if You Can*. Die meisten Menschen erwarten, belogen zu werden, und die meisten lügen selbst, auch wenn sie generell unterschätzen, wie oft sie lügen. Der Psychologe Robert S. Feldman und seine Mitarbeiter an der University of Massachusetts haben heimlich 121 Studenten gefilmt, die jeweils eine zehnminütige Einzelunterhaltung mit einem anderen Studenten führen mussten, den sie zum ersten Mal trafen.[2] Die Studenten hatten gelesen, dass es Zweck der Studie sei zu untersuchen, wie sich Menschen verhalten, wenn sie jemanden neu kennenlernen. Einem Drittel der Studenten hatte man weiterhin gesagt, die Wissenschaftler interessierten sich besonders dafür, wie jemand reagiert, der eine sympathische Person kennenlernt, weshalb sie versuchen sollten, sympathisch zu sein; dem zweiten Drittel sagte man das Gleiche, aber mit dem Auftrag, kompetent zu wirken; die Studenten des letzten Drittels sollten sich natürlich geben. Danach zeigte man den Studenten die Videobänder und bat sie, alle Lügen zu benennen, die sie erzählt hatten. 60 Prozent identifizierten mindestens eine, öfter zwei oder drei Lügen. (Wir wissen nicht, wie viele von den 40 Prozent, die sagten, sie hätten die Wahrheit gesagt, logen!) Professor Feldman sagte in einem Interview[3], die Studenten seien überrascht gewesen: »Als sie sich selbst in den Videos beobachteten, stellten sie fest, dass sie viel öfter gelogen hatten, als sie dachten.« Den meisten war nicht bewusst gewesen, dass sie logen, bis sie sich das Band angesehen hatten. Die Lügen reichten von der Aussage, jemanden zu mögen, den sie nicht mochten, bis zur unwahren Behauptung, Star einer Rockband zu sein. Männer und Frauen erzählten die gleiche Anzahl von Lügen, aber »Frauen logen eher dann, wenn sie erreichen wollten, dass sich ihr Gesprächspartner gut fühlte, während Männer meistens logen, um sich selbst in ein besseres Licht zu rücken«, sagte Feldman.

Wie zu erwarten, logen die Studenten, die kompetent oder sympathisch erscheinen wollten, öfter (mehr als zwei Lügen im Schnitt) als die Studenten, die sich natürlich gaben; doch sogar diese kamen im Schnitt auf eine Lüge in zehn Minuten. Jetzt können wir uns annähernd vorstellen, wie oft Menschen unter dem Druck eines echten Vorstellungsgesprächs lügen. Weiterhin muss festgehalten werden, dass nur wenige bloß einmal logen. Anscheinend verhält es sich so: Hat man es einmal getan, fällt die Wiederholung leichter.

Das Lügen beginnt schon frühzeitig, und Kinder lügen viel öfter, als sich ihre Eltern vorstellen. Wissenschaftler haben 40 Familien mit kleinen Kindern zu Hause und bei ihren normalen Tagesabläufen beobachtet.[4] Jede Familie stand sechsmal für jeweils 90 Minuten unter Beobachtung. In vorausgegangenen Umfragen sagten etwa 20 Prozent der Eltern, dass ihre Kinder lügen.[5] Von den 80 beobachteten Kindern logen 96 Prozent mindestens einmal; es gab nur drei, die nicht logen. Sechs logen mehr als fünfzehn Mal in den neun Stunden der Beobachtung. Die Lügen umfassten alles, vom einfachen Leugnen (»Das war ich nicht!«) und dem Beschuldigen anderer (»Das war der Hund!«) bis zu ausgeklügelten falschen Schilderungen (»Ich habe ihn nicht geschlagen. Er ist vom Dreirad gefallen und hat sich den Kopf angehauen. Deswegen heult er jetzt.«) Das Lügen nahm auch mit dem Alter zu: Die Zweijährigen logen etwa einmal in fünf Stunden, die Vierjährigen etwa alle zwei Stunden und die Sechsjährigen etwa alle 90 Minuten. Obwohl Eltern fast immer sagen, Lügen sei inakzeptabel, haben nur zweimal die Eltern bei den 621 registrierten Lügen ihrem Kind direkt gesagt, es soll nicht lügen. Die Eltern waren eher geneigt, die Lügen zu ignorieren oder zu glauben, als sie anzusprechen.

Jean Piaget, der vielleicht bedeutendste Entwicklungspsychologe der Geschichte, schrieb 1932: »Die Neigung zu lügen ist eine natürliche Neigung und so spontan und universell, dass wir sie als wesentlichen Teil der egozentrischen Denkweise des Kindes ansehen.«[6] Damit meinte er, dass Kinder unbekümmert und oft lügen, weil sie sich keine Gedanken darüber machen, welche Auswirkungen ihre Lügen auf andere haben. Heute wissen wir, dass die Ichbezogenheit des Kindes im Erwachsenen weiterlebt, beim einen mehr, beim anderen weniger, und dass Erwachsene die größten Egozentriker von allen sein können. Dies wird durch Studien bestätigt, die aufzeigen, dass Collegestudenten – Durchschnittsalter neunzehn – etwa doppelt so oft lügen wie andere Erwachsene, Durchschnittsalter vierunddreißig.[7]

Frank Abagnale jr. vergötterte seinen Vater. Dieser führte erfolgreich ein Geschäft für Bürobedarf an der Madison Avenue, war ein politisch aktiver sozialer Aufsteiger, ein Mann von erheblichem Einfluss in der Lokalpolitik der Republikaner. Franks Mutter war die gelangweilte Vorstadthausfrau, ausschließlich für die vier Kinder da, die es ihrem Mann verübelte, dass er sie vernachlässigte. Als ihr Sohn Frank zwölf war, erklärte sie, sie werde sich von ihrem Mann trennen. Frank jr. war geschockt, hatte aber gleichzeitig dieses Gefühl (»eigentlich hätte ich wissen müssen, dass da etwas nicht stimmt«), das man eben hat, wenn man nicht wissen will, was man schon weiß.

Eine von Frank juniors ersten Betrügereien bestand darin, dass er auf der Kreditkarte seines Vaters gigantische Schulden anhäufte. Er kaufte damit Waren, die er gegen Bares wieder an den Verkäufer zurückverkaufte. Als sein Vater die Abrechnung über mehrere Tausend Dollar erhielt, sah er lässig darüber hinweg, ja billigte sogar stillschweigend den cleveren Trick seines Sohns. Er ließ sich nicht anmerken, dass es mit seinem eigenen Geschäft bergab ging und dass die Kreditkartenschulden seine Belastung erheblich vergrößerten. Als Frank jr. vor ein paar Jahren gefragt wurde, ob er irgendwelche Gewissensbisse verspürt habe, während er seinen Vater ausnahm, erwiderte er: »Ich war halt noch so jung ... ich hab's einfach getan und gar nicht weiter darüber nachgedacht, wer das alles bezahlt oder was das für Folgen hat.«[8] Als dann aber sein Vater Pleite machte, empfand Frank jr. schreckliche Schuldgefühle; gleichzeitig lernte er eine für alle Schwindler wichtige Lektion: Es gibt Menschen, die bei einer Vertuschungsaktion mitmachen, um ihr eigenes Versagen zu verbergen und ihr Image zu wahren; viele, die betrogen wurden, zeigen dies nicht an, weil sie sich dafür schämen, hereingelegt worden zu sein.

Frank saß gerade im Unterricht der zehnten Klasse, als man ihn überraschend herausholte und in den Gerichtssaal brachte. Das Scheidungsverfahren stand kurz vor dem Abschluss, und der Richter forderte ihn auf sich zu entscheiden, ob er beim Vater oder bei der Mutter leben wolle. »Da sagt mir plötzlich ein wildfremder Mensch, ich müsse mich zwischen den beiden Menschen entscheiden, die ich am meisten auf der Welt liebte«, erinnerte er sich.[9] Er brach in Tränen aus – von denen wir nie wissen werden, ob sie echt waren –, und der Richter unterbrach die Verhandlung. Frank floh und verbrachte die nächsten fünf Jahre damit, ein anderer zu sein. Er beraubte Frauen ihrer Tugend, Männer ihres Stolzes und jeden, bei dem es möglich war, seines Geldes. Er fügte vielen großes Leid zu, während er damals sich selbst einredete – und heute uns –, das Ganze sei nur ein Spiel gewesen.

Tun sich Schicksal, Talent und gutes Aussehen zusammen, um

die unwahrscheinliche Chance, pubertäre Fantasien auszuleben, Wirklichkeit werden zu lassen, dann ist das Ergebnis oft tragisch. Die Adoleszenz ist eine Phase lebhafter Vorstellungen, wobei die Grenze zwischen Tagtraum und Realität oft verschwimmt. Wie viele Teenager träumen wohl vom Dasein eines Stars, und für wie viele von denen, die urplötzlich ihren Traum leben können – wie Rockstars, Schauspieler, Models –, kommen sich dabei unwirklich vor? Die Adoleszenz ist auch eine Zeit wechselnder Identitäten und Zielsetzungen. Viele glauben in der Pubertät, sie könnten alles werden: Werde ich lieber Arzt, Anwalt, Pilot oder Professor? Frank Abagnale tat so, als wäre er Arzt, Anwalt, Pilot oder Professor, doch nichts davon war real. Er kam sich vor, als spiele er irgendein grandioses, spannendes Spiel, wie heutzutage manche Teenager, deren Leben sich um eine Fantasy-Welt im Internet dreht. Ab und zu wurde ihm klar, dass er nicht nur große Unternehmen und Banken prellte, sondern auch die einfache Angestellte und die Kassiererin, deren Lohn gekürzt wurde, weil Frank sie beschwatzt hatte, sich nicht an die Vorschriften zu halten. Dann verspürte er Schuldgefühle, doch die gingen schnell wieder vorbei. Manchmal, wenn keine schöne Frau neben ihm lag, weinte er sich in den Schlaf.

Frank wusste, dass er irgendwann auffliegen würde, und vermutlich war er erleichtert, dass man ihn schnappte, bevor irgendjemand durch seine »Bravourstückchen« ernsthaft körperlich zu Schaden kam. Als er sich einmal als Kinderarzt ausgab, hätte sein Mangel an Fachwissen fast zum Tod eines Säuglings wegen Sauerstoffmangels geführt. Er erinnert sich an ein weiteres Beispiel, als er bei der Untersuchung eines Neugeborenen herumpfuschte: »Keiner weiß wirklich sicher, ob neugeborene Kinder Gedanken haben oder sich bewusst sind, was um sie herum vorgeht. Das heißt: keiner außer mir. Dieses Kind wusste, dass ich ein Scharlatan war. Ich konnte es in seinem Gesicht sehen.«

Viele zwanghafte Lügner wollen gefasst werden. Sie wollen damit aufhören, die Lüge zu leben. Sie wollen das Gefühl haben, dass jemand ihr Bewusstsein lesen kann und weiß, wer sie wirklich sind. »Das ist kein glamouröses Leben; es ist ein sehr einsames Leben, weil jeder, den du triffst, glaubt, du wärst jemand, der du nicht bist ... und deshalb kannst du dich auf niemanden einlassen.«[10]

In *Die Verbrecher aus Schuldbewusstsein* stellt Freud die Theorie auf, dass Menschen manchmal Straftaten begehen, um bestraft zu werden. Er beschreibt einen Patienten, der »unter einem drückenden Schuldbewusstsein unbekannter Herkunft« litt, »und nachdem er ein Vergehen begangen hatte, war der Druck gemildert. Das Schuldbewusstsein war wenigstens irgendwie untergebracht.«[11]

Heute, da er auf die sechzig zugeht, arbeitet Frank als Berater in ebenjenem Bankgewerbe, das er so erfolgreich prellte. Er verbrachte fünf Jahre im Gefängnis und wurde im Alter von sechsundzwanzig unter der Bedingung entlassen, dass er für das FBI arbeitet, was er seither getan hat, ohne Bezahlung. Wenn man seine Interviews liest, scheint es offensichtlich zu sein, dass es sich bei ihm um einen ausbalancierten Interpreten handelt. Mit Sicherheit hatte er ein Bauchgefühl dafür, womit er bei wem durchkam. Kognitiv war er in der Lage, Menschen und Situationen blitzartig einzuschätzen. Er kann das noch heute. Er ist ein ansprechender Charakter, weil er kein Psychopath ist und eigentlich nie ein richtiger Schwindler war. Er war ein verstörter Heranwachsender, der die Chance bekam, seine pubertären Fantasien auszuleben.

Wusstet ihr, dass das Wort »leichtgläubig« nicht im Lexikon steht?
Dies ist einer der beliebtesten Späße, mit denen Kinder ihre Eltern oft dazu bringen, zum Wörterbuch zu laufen. Anscheinend möchten wir gerne glauben, dass wir nicht lügen, und genauso gern möchten wir glauben, dass auch andere nicht lügen. Wie fänden Sie das, wenn ich Ihnen sagen würde, dass wir – und zwar wissenschaftlich gesichert – Ihr Persönlichkeitsprofil und das von anderen, die Bücher wie dieses lesen, ganz gut kennen? – Das sind Sie:

Sie stellen sich auch ganz gern als unabhängigen Denker dar, der Behauptungen anderer ohne eine zufriedenstellende Beweisführung nicht übernimmt. Allerdings halten Sie es für unklug, sich allzu freimütig gegenüber anderen zu öffnen. Sie haben das Bedürfnis, von anderen gemocht und bewundert zu werden, neigen aber dennoch dazu, sich selbst kritisch zu betrachten. Zwar haben Sie auch einige persönliche Schwächen, doch sind Sie im Allgemeinen in der Lage, diese zu kompensieren. Sie besitzen beträchtliche ungenutzte Fähigkeiten, die Sie bislang noch nicht zu Ihrem Vorteil eingesetzt haben. Nach außen geben Sie sich diszipliniert und beherrscht, innerlich sind Sie eher der unsichere Bedenkenträger. Mitunter hegen Sie ernsthafte Zweifel, ob Sie die richtige Entscheidung getroffen oder das Richtige getan haben. Sie brauchen ein gewisses Maß an Veränderung und Abwechslung und werden unzufrieden, wenn man Ihnen Vorschriften macht und Beschränkungen auferlegt. Sie können sowohl extrovertiert, umgänglich und gesellig sein als auch introvertiert, argwöhnisch und reserviert. Einiges von dem, was Sie sich vorgenommen haben, dürfte eher unrealistisch sein. Eines Ihrer großen Ziele im Leben ist Sicherheit.

Falls Sie das Ganze für einen Trick halten, haben Sie recht. Diese Beschreibung von »Ihnen« war Teil eines klassischen psychologischen Experiments, das Professor Bertram R. Forer (University of California, Los Angeles) 1948 durchführte.[12] Neununddreißig Studenten füllten ein Formular für einen Persönlichkeitstest aus. Eine Woche später erhielt jeder sein Testergebnis ausgehändigt und wurde gebeten, dessen Stimmigkeit mit Werten von 0 (ungenügend) bis 5 (hervorragend) zu beurteilen. Die meisten Studenten bescheinigten den Ergebnissen eine überragende Stimmigkeit, und die ermittelte Durchschnittsnote war 4,3. Von den neununddreißig Probanden vergaben nur fünf eine schlechtere Wertung als 4! Forer hatte seine »Ergebnisse« in Wirklichkeit aus Horoskopen zusammengestellt.

»Jede Minute kommt ein Dummer zur Welt«, wird dem berühmten amerikanischen Schausteller P. T. Barnum zugeschrieben, und »Barnum-Effekt« ist der Begriff, den Sozialpsychologen für jene Neigung der Menschen haben, das zu glauben, was man ihnen erzählt. Bei der Erforschung dieses Effekts haben Psychologen herausgefunden, dass die Leute leichtgläubiger sind, wenn die Botschaften überwiegend positiv sind.[13] Zwar bevorzugen die Menschen positive Botschaften, aber sie akzeptieren auch negative, solange sie vom Negativen nicht überwältigt werden. Forers Persönlichkeitsbeschreibung weiter oben ist nicht rein positiv; unverhohlene Schmeichelei könnte Verdacht erregen.

Vielleicht ist Ihnen schon aufgefallen, dass sich diejenigen, die sich der Dienste von Hellsehern und Astrologen bedienen, selten an unzutreffende Vorhersagen erinnern. Man nennt dies eine »Bestätigungsneigung« *(confirmation bias)*. Die Leute tendieren dazu, sich an Zutreffendes zu erinnern und Nichtzutreffendes zu vergessen. In Dutzenden von Büchern und Artikeln werden die Tricks von Wahrsagern, Jenseitsmedien und dergleichen detailliert beschrieben. Doch die Sehnsucht der Menschen, verstanden zu werden, zu erleben, dass ihr Bewusstsein gelesen wird, ist so stark, dass beinahe sechzig Jahre wissenschaftlicher Forschung zum Nachweis des Barnum-Effekts bei allen Formen »hellseherischer« Phänomene so gut wie gar nicht dazu beigetragen haben, die Bereitschaft der Menschen abzubauen, sich täuschen zu lassen.

»Cold reading« – spekulatives »Gedankenlesen«
Verkäufer, Wahrsager, Detektive und Interviewer benutzen die Technik des *cold reading*, des scheinbaren »Gedankenlesens«, um ihre Klientel davon zu überzeugen, sie wüssten weitaus mehr über sie, als sie es tatsächlich tun. Der »Gedankenleser« beginnt mit einer allgemein gehaltenen Aussage, ähnlich denen im Forer-Experiment. Ein Autoverkäufer, der einen Mann mittleren Alters umschlüssig vor einem Sportwagen sieht, könnte vielleicht so anfangen: »Es ist ja wirklich schwer zu entscheiden, was das Sinnvollste ist. Einerseits möchte man gern ein Auto für den reinen Spaß am Fahren, andererseits meint man, praktisch denken zu müssen.« Diese Aussage trifft

auf so gut wie jeden zu. Der potenzielle Kunde fühlt sich verstanden und erzählt jetzt vielleicht ein wenig mehr von sich und wonach er sucht. Eine Wahrsagerin könnte so beginnen: »Sie sehen ein bisschen deprimiert aus.« Fast jeder hat immer wieder trübe Gedanken, bei denen man nicht länger verweilen will. Die meisten bekommen aber jetzt ein Gefühl von Verbundenheit und sagen ein wenig mehr über ihre Stimmung oder gehen in die Defensive und erklären, warum sie nicht deprimiert sind. »Nein, ich bin bloß müde, ich hatte letzte Nacht zu wenig Schlaf.« Darauf kann die Wahrsagerin so eingehen: »Zu viel Arbeit?« oder so: »Tatsächlich? Was ist denn los?«

»Der Schrotschuss« *(shotgunning)* ist eine Variante des *cold reading*, bei der z. B. die »Gedankenleserin« eine Reihe von Beobachtungen herunterrasselt und dabei genau auf Reaktionen wie zustimmendes Kopfnicken, Seufzer und überraschte Mienen achtet. Darauf aufbauend präzisiert sie ihre Beobachtungen: »Ich sehe da eine Droge, ein Alkoholproblem bei einem nahestehenden Menschen, bei einem Freund, nein, einem Familienmitglied, einem etwas älteren, einem Vater, einem Großvater, einem Onkel, einem Cousin ...« Wenn man diese Beispiele jetzt liest, sind sie scheinbar wenig überzeugend. Man kommt sich vor wie im Film, wo man zusieht, wie jemand übertölpelt wird, und sich fragt: Warum durchschaut der das nicht? Doch der reine Wortlaut übermittelt nicht das Emotionale des Dialogs, die Geschicklichkeit der »Gedankenleserin« und das Bedürfnis der gelesenen Person, verstanden zu werden. Erinnern wir uns an das vorherige Kapitel, wonach Menschen in einem für sie nicht erklärbaren Zustand von Furcht und Erregung – Angst, Kummer, Depression – bereit sind, sich an jede vernünftig klingende Erklärung für ihre Gefühle zu klammern. Und das sind diejenigen, die am anfälligsten dafür sind, hereingelegt zu werden.

Möchten Sie die Wahrheit wirklich wissen?
In den meisten unserer persönlichen Beziehungen zerbrechen wir uns nicht weiter den Kopf darüber, ob wir belogen werden, es sei

denn, die Stimmung ist angespannt und wir vermuten eine Affäre. Lügen tauchen auf unserem Radarschirm nicht auf. Wir nehmen kleine Lügen als Selbstverständlichkeit hin und machen uns nichts aus ihnen. Wenn die Freunde anrufen, um eine Verabredung zum Abendessen mit der Begründung abzusagen, ihr Kind sei krank geworden, wir aber argwöhnen, dass sie sich in Wahrheit streiten: Was macht uns das schon aus? Wenn wir wissen, dass unsere Freunde gerade eine schlimme Zeit durchmachen, versuchen wir sogar, die Lüge dadurch zu entschärfen, dass wir antworten: »Hoffentlich geht's Joey bald besser. Sagt Bescheid, wenn ihr was braucht.«

Die Ersten, die uns anlügen, sind unsere Eltern, und wir nehmen aus gutem Grund an, dass sie das zu unserem Wohl tun. Die meisten ihrer Lügen fallen gar nicht auf. »Mami muss jetzt aufhören, Mensch-ärgere-dich-nicht zu spielen, weil sie ganz wichtig telefonieren muss.« (Mami langweilt sich zu Tod und will mit ihrer Freundin plaudern.) »Papi geht es nicht gut.« (Papi hat einen Kater.) »Eis ist keines mehr da.« (Ich habe keine Lust, mich schon wieder mit dir herumzustreiten.) Und welches Kind will wirklich wissen, was da passiert, wenn die Eltern sich am Samstagnachmittag ins Schlafzimmer zurückziehen, um »ein Nickerchen« zu machen! Wenn Kinder hinter die Lügen der Eltern kommen, entschuldigen sie diese oft und versuchen sogar mitzuhelfen, dass die Lügen glaubwürdiger werden. Kinder von Alkoholikern und andere, deren Eltern hilfsbedürftig und gebrechlich zu sein scheinen, neigen dazu, die Lügen der Eltern zu leugnen oder zu übertünchen, weil sie sich verantwortlich fühlen, für ihre Eltern zu sorgen und deren Leid zu lindern. Man nennt solche Kinder gelegentlich »parentifizierte« Kinder oder *caretaker children* (»Kümmerkinder«), die sich später als Erwachsene oft in Beziehungen mit hilfsbedürftigen, unselbstständigen Partnern wiederfinden und nicht in der Lage sind zu erkennen, wenn man sie ausnutzt, belügt oder gar missbraucht. Wir brauchen uns nur vorzustellen, wie erschreckend es für Kinder sein muss, die eigenen Eltern für egoistisch, gleichgültig oder gemein zu halten.[14] Die meisten werden alles tun, um eine solche Erkenntnis zu verdrängen, und sie versuchen, mittels verzerrter Wahrnehmung und verdrehter Logik, eine andere Erklärung für das Verhalten ihrer Eltern zu finden. Ihre *ToM* gestattet es ihnen nicht, als Ursachen für das Verhalten eines geliebten Menschen Selbstsüchtigkeit, Sadismus oder Bösartigkeit anzunehmen. Folglich ist es anscheinend unmöglich, sie im Erwachsenenalter davon zu überzeugen, jemand, zu dem sie sich hingezogen fühlen, könnte lieblos, manipulativ oder hinterhältig sein. Positiv gesehen betätigen sich solche Personen in ihrer fast heiligmäßigen Blindheit gegenüber den dunklen Seiten der menschlichen Natur gern in helfenden Berufen und kümmern sich um die am meisten Bedürftigen, um diejenigen, von denen sich andere abwenden.

Für Kinder ist die erste Lüge eine große Leistung. Sie beweist, dass wir für unsere Eltern nicht durchsichtig sind. Wir haben ein eigenes Innenleben, ein eigenes Bewusstsein. Autoritäre Eltern, die rabiat jede Lüge aufzudecken suchen, laufen Gefahr, Kinder heranzuziehen, die keine eigenständige Selbstwahrnehmung zu haben glauben. Manche Kinder, oft solche, die sich ihren Eltern sehr nahe fühlen, müssen erst eine längere Phase des Lügens durchmachen, um eine eigene Selbstwahrnehmung auszubilden. Eltern können sprachlos und enttäuscht vor einer solchen Situation stehen und sich sogar hintergangen und als Versager vorkommen. In Wirklichkeit ist das Lügen ein natürlicher Teil der Ablösung und des Heranwachsens, und bei den meisten Kindern ist beharrliches Lügen eine vorübergehende Erscheinung.

Gute Lügen
Uns ist klar, dass lügen nicht gleich lügen ist. Wenn wir, wie im Beispiel mit Paul Newman zu Beginn des Kapitels, von Feinden umgeben sind, dann dient das Lügen dem Selbstschutz und stellt das psychologische Gegenstück zur Tarnung dar. Andere Lügen sollen Menschen schützen, um die wir uns sorgen. Stellen Sie sich vor, Sie fahren eine dunkle Landstraße entlang. Vor sich sehen Sie einen Autounfall. Es

handelt sich um ein einzelnes Fahrzeug, erheblich beschädigt, auf dem Dach liegend, überall verstreute Trümmer. Es sieht danach aus, als hätte das Auto eine Kurve nicht gekriegt und wäre von einem Baum abgeprallt. Sie laufen hin, schauen ins Wageninnere und sehen eine schwer verletzte, blutende Gestalt. Entsetzt wenden Sie sich ab und sehen, dass sich im Gras am Straßenrand etwas bewegt. Benommen gehen Sie hin und erblicken ein kleines, verängstigtes Kind. Sie heben den Kleinen auf. Er fragt: »Ist Mami okay?« Wenn Sie so sind, wie die meisten Menschen, dann lügen Sie jetzt. Was würde es bringen, die Wahrheit zu sagen? Sie sagen: »Die Ärzte werden sich um deine Mami kümmern. Komm, wir fahren ins Krankenhaus.« Polizisten, Feuerwehrleute und medizinisches Personal haben es regelmäßig mit solchen Situationen zu tun: mit den verängstigten Eltern eines verletzten Kindes, mit einem in Panik geratenen Angeschossenen, mit einem schluchzenden Kind in einem Brunnenschacht. Manchmal ist es das Beste zu lügen.

Hielte sich ein unbeteiligter Beobachter an der Unfallstelle auf, vielleicht jemand mit einer Ausbildung für menschliche Verhaltensweisen wie ein Polizeibeamter oder Psychologe – wäre für diesen die Lüge offenkundig? Paul Ekman, Psychologieprofessor an der University of California in San Francisco, widmete seine wissenschaftliche Laufbahn dem Studium des Lügens und befasste sich in einer seiner bedeutsamsten Versuchsreihen mit genau dieser Frage. Er warb dafür Schwesternschülerinnen an, denen er sagte, sie müssten lernen zu lügen; es gehöre zu ihrem Beruf.[15] Er führte ihnen zwei Videos vor. In dem einen sahen sie eine stimmungsvolle Szenerie am Meer. Während sie es betrachteten, wurden sie von einem Interviewer, der den Bildschirm nicht sehen konnte, über ihre Empfindungen befragt. Die Schülerinnen waren aufgefordert worden, Fragen so ehrlich wie möglich zu beantworten. Danach sahen sie sich das zweite Video an, das grausigste, das Ekman zur Verfügung hatte. In einer Szene, die aus einem der bei vielen Teenagern populären unappetitlichen Horrorfilme hätte stammen können, wurde ein schwer entstelltes

Brandopfer während einer besonders blutigen Amputation gezeigt. Vorausgehende Studien hatten ergeben, dass Amputationen und Verbrennungen intensive negative Emotionen bewirken. Die Schülerinnen waren zuvor instruiert worden, sie sollten ihre wahren Gefühle vor dem Interviewer verbergen und so tun, als sähen sie schöne Blumen im Park. Die angehenden Krankenschwestern wurden dabei auf Video aufgenommen.

In den vergangenen dreißig Jahren hat Ekman diese Aufnahmen allen möglichen Leuten vorgespielt und jeweils gefragt: »Lügt sie?« Die meisten Menschen glauben, Lügen erkennen zu können. Sie liegen falsch. Die meisten haben eine Trefferquote von fünfzig Prozent, was nicht besser ist, als würde man eine Münze werfen. Entgegen ihrer eigenen Überzeugung hatten sie keine Ahnung, ob die Schülerinnen logen oder nicht. Das galt für Experten wie Richter, Anwälte, Polizeibeamte und Psychiater genauso wie für normale Menschen. Es spielt keine Rolle, wie selbstsicher sich Menschen auf ihre Fähigkeit berufen, Lügen aufdecken zu können, oder welche Ausbildung sie haben: Die meisten können es nicht. Einige wenige können es. Und ganz selten, in einem von tausend Fällen, ragt eine Person als exemplarischer Lügenaufdecker heraus – mal ein Kriminalkommissar, mal ein gut ausgebildeter Psychiater – mit einer Trefferquote von mehr als 80 Prozent. Doch schnitten Polizeibeamte und Therapeuten im Allgemeinen nicht besser ab als alle anderen; sie lagen genauso oft daneben, wie sie richtig lagen.

Scheinbar ist es paradox, dass uns die Evolution ein Gehirn mit der bemerkenswerten Fähigkeit beschert hat, sowohl das Bewusstsein anderer lesen zu können als auch uns selbst ganz leicht täuschen zu lassen; doch das ist es nicht. Wie bei anderen Primaten bestand die soziale Umgebung, in der sich die Menschen entwickelten, aus kleinen Gemeinschaften verwandter Familien, die sich gegenseitig halfen und füreinander sorgten. Der Einzelne hatte keinen Grund zu argwöhnen, dass er belogen wird, jedenfalls nicht auf eine Weise, die ihm hätte Schaden zufügen können. Die Menschen entwickelten die

Fähigkeit, das Bewusstsein anderer zu lesen und das zu glauben, was sie lasen, weil es keinen Grund gab, es nicht zu tun. Selbst wenn wir das Gefühl haben, jemand könnte uns nicht die Wahrheit sagen, neigen wir dazu, es zu ignorieren, weil – wie im vorherigen Kapitel gezeigt – bewusst aufnehmbare Informationen unbewusst Wahrgenommenes übertrumpfen.

Als Babys hat man uns zu unserem eigenen Wohl angelogen, um uns davor zu bewahren, von Angst oder Furcht überwältigt zu werden. »Keine Angst, der Löwe tut dir nichts« – von der Mutter dem Kind ins Ohr geflüstert, während sie sich aneinandergekuschelt in ihrer Höhle verstecken –, ist der evolutionäre Vorfahre der Lüge jeder Krankenschwester und jeder Mutter, die ohne rechte Überzeugung sagt: »Wird schon wieder gut.« Warum sollten wir auf das Aufdecken von Lügen programmiert sein, wenn wir wollen, dass sie wahr sind?

Wer kann einen Lügner überführen?
Bei nachfolgenden Untersuchungen fand Ekman heraus, dass Agenten des US-Geheimdienstes bessere Lügenaufdecker als andere Gruppen waren.[16] Etwa ein Drittel von ihnen, meist die jüngeren, punkteten in der höchsten Kategorie mit Trefferquoten von über 80 Prozent. Andere Forscher entdeckten, dass Schlaganfallopfer, die ihre Fähigkeit, Sprache zu verstehen, verloren hatten, ebenfalls gute Lügenaufdecker waren.[17] Was haben Schlaganfallopfer, Geheimdienstagenten und andere gute Lügenaufdecker gemeinsam? Sie schauen der Person nicht nur in die Augen und hören nicht nur, was sie sagt. Sie achten auch auf Hinweise, die die meisten Menschen ignorieren: Tonfall, Körpersprache und feine mimische Regungen. Des Weiteren legt die Forschung nahe, dass auch chronisch misshandelte Kinder bessere Lügenaufdecker sein können[18], selbst wenn sie nicht besonders gut im Lesen von Gefühlen sind.[19] »Was glotzt du so?«, ist eine gängige Zurechtweisung, mit der das Kind angeschrien wird, wenn es seinem Peiniger fragend ins Gesicht sieht. Vielleicht lernen misshandelte Kinder, indem sie sich von Gesichtern abwen-

den, mehr in der stärker verräterischen Körpersprache nach Anzeichen von Täuschung zu suchen, weshalb sie Feinheiten der Mimik weniger gut zu lesen lernen. Kinder lernen die Sprache der Gefühle daheim in der Familie. Wer in einer emotional wenig expressiven Familie aufgewachsen ist, ist gegenüber feinen Gefühlsausdrücken sensibler als jemand aus einer emotional ausdrucksbereiten Familie.

In einer Studie von 1999 fand Ekman heraus, dass sich einige Psychologen unter Interviewbedingungen, bei denen mutmaßlichen Lügnern Fragen gestellt wurden, als recht ordentliche »Lügendetektoren« erwiesen.[20] Dies ist ein gutes Beispiel für ortsgebundenes Lernen *(place dependent learning)*, wobei jemand in einer speziellen Situation eine Fertigkeit erwirbt, ohne dass er in der Lage wäre, dieselbe außerhalb dieser Situation anzuwenden. Geheimdienstagenten üben das Erkennen von Täuschungsmanövern aus der Distanz. Psychologen sind es gewohnt, Menschen aus unmittelbarer Nähe zu interviewen. Ortsgebundenes Lernen erklärt auch das Klischee vom Therapeuten, der im klinischen Alltag einfühlsam auf Menschen zugehen kann, sich aber in Gesellschaft unbeholfen und linkisch bewegt.

»Benehmen« bezieht sich auf das Gebaren einer Person, auf ihr Auftreten nach außen, auf das allgemeine Verhalten. »Wie hat sich der Verdächtige benommen?«, ist eine typische polizeiliche Frage, und es gibt gute Gründe zu glauben, dass »Benehmen« eine Rolle spielt, wenn es darum geht, ob jemand festgenommen und einer Straftat beschuldigt wird. Junge Leute, die sich respektvoll und ehrerbietig geben, wenn sie wegen eines Verkehrsverstoßes angehalten werden, müssen weniger wahrscheinlich mit einem Strafmandat rechnen als diejenigen, die gleich in die Defensive gehen und übellaunig reagieren. Ein Angeklagter, der wenig oder gar keine Angst zeigt, wird eher nicht für schuldig befunden als derjenige, der herumzappelt, stottert, nuschelt und Blickkontakte vermeidet.[21] Offenes Lächeln, fester Blickkontakt, aufrechte Haltung, sicherer Gang und deutliche Aussprache sind einige der Verhaltensweisen, die als Zeichen von Vertrauenswürdigkeit gelten. »Benehmen« hat tatsächlich sehr wenig mit »Täuschung« zu tun.

Die meisten Menschen sind der festen Überzeugung, dass Wegschauen als Reaktion auf eine Frage ein Indiz für eine Lüge ist, während es als ein Zeichen von Ehrlichkeit gilt, wenn man dem Fragesteller in die Augen schaut. Aber viele Lügner sind durchaus imstande, ein liebenswürdiges Benehmen an den Tag zu legen; und zu lügen, während man dem anderen direkt in die Augen sieht, ist etwas Alltägliches. Außerdem weist unübliches Benehmen nicht immer darauf hin, dass jemand lügt. Viele werden aufgeregt, wenn sie befragt werden, und zeigen Anzeichen von Angst. Ein bemühtes Lächeln wird oft falsch als Beeinflussung des Fragestellers und inkorrekt als Indiz fürs Lügen interpretiert. Die Angst des Unschuldigen davor, dass man ihm nicht glaubt, sieht genauso aus wie die Angst des Schuldigen davor, dass man ihn überführt.[22] Als Ekman erstmalig Polizeibeamte auf ihre Fähigkeit hin testete, Lügen aufzudecken, stuften diese jeden als Lügner ein mit der Erklärung: »Jeder lügt, besonders gegenüber der Polizei.«[23] Eine solche Einstellung ist deswegen besonders verstörend, weil Ekman und andere ein Instrumentarium entwickelten, das der Polizei bei ihren Verhören helfen könnte. Doch wenden die Polizeibehörden überall in den USA weiterhin Methoden an, die sich für die Aufdeckung von Täuschungsversuchen als unbrauchbar erwiesen haben. Viele dieser Behörden bezahlen sogar für Kurse und Videos, um ihre Beamten in einer Methode zu schulen (*Reid Technique*), die speziell dafür entwickelt wurde, um Geständnisse zu erzwingen, ohne Rücksicht auf die tatsächliche Schuld oder Unschuld des Betroffenen.[24]

So sehen Berufskrankheiten aus: Die Polizei sieht in jedem einen Lügner, der Schwindler sieht in jedem einen Trottel, der Pfarrer sieht in jedem einen Sünder, und für den Psychotherapeuten haben alle ein Problem. Die *ToM* jedes Einzelnen wird nicht nur durch Biologie und Entwicklung geformt, sondern auch durch die Gruppe, zu der der Betreffende gehört. Fremde Volksgruppen werden weniger gut gelesen und für weniger vertrauenswürdig gehalten als vertraute. Angehörige von Mehrheitsgruppen lesen die emotionalen Äußerungen von Minderheiten viel schlechter als umgekehrt; Schwarze lesen Weiße besser als Weiße Schwarze.[25] Das äußere Erscheinungsbild beeinflusst ebenfalls das Urteil. Attraktive Menschen gelten als vertrauenswürdiger als unattraktive. Die Kleidung spielt eine Rolle. Als ich zum ersten Mal im Krankenhaus arbeitete, hatte ich schnell begriffen, dass ich mit Jackett und Krawatte überall hingehen konnte, ohne dass jemand Fragen stellte, auch wenn ich verschlafen daherkam und unrasiert war. Wann immer möglich, neigen die Menschen dazu, ihre Aufmerksamkeit auf das zu richten, was ihnen ihre Befangenheit nimmt. Ein afroamerikanischer Kollege zeigte sich eines späten Abends überrascht über seine Mitfahrer in der U-Bahn, die ihm gegenüber ungewöhnlich entspannt und freundlich zu sein schienen. Sonst fühlten sich Weiße in seiner Gegenwart eher leicht bedroht. Doch an jenem Abend hatte er den Eindruck, sie stünden dichter bei ihm; einige lächelten sogar und sagten »Hallo«. Als er sich am Kopf kratzen wollte, stellte er fest, dass er unbeabsichtigt den Leuten etwas vorgeschwindelt hatte. Er trug noch immer das Gebetskäppchen, das er aus Anlass der Hochzeit eines Freundes an diesem Abend aufgesetzt hatte.

Schon wieder die Amygdala

Welche Antwort haben die Neurowissenschaften auf die Frage, warum wir dem einen Menschen vertrauen und dem anderen nicht? Erneut richten wir unseren Blick zum Queen Square in London.[26] Dort wurden Probanden gebeten, Gesichter nach dem Grad ihrer Vertrauenswürdigkeit einzustufen. Die Wissenschaftler hatten die neutralsten Gesichter ausgesucht, die sie finden konnten. Alle gehörten normal aussehenden Weißen, die eine nichtssagende Miene zur Schau trugen. Obwohl es zwischen ihnen keine offensichtlichen Unterschiede gab, wurden dennoch manche als vertrauenswürdig eingestuft und andere nicht. Dann legten die Wissenschaftler diese Bilder anderen Probanden vor und scannten gleichzeitig deren Gehirne im Kernspintomografen. Im einen Fall wurden die Testpersonen aufgefordert, die Vertrauenswürdigkeit der Gesichter zu beurteilen, im anderen, das Alter zu schätzen. Nicht vertrauenswürdige Gesichter bewirkten heftige Aktivitäten der Amygdala selbst bei jenen Probanden, die nur das Alter schätzen sollten. Mit anderen Worten: *Nicht vertrauenswürdige Gesichter machen uns Angst, ob wir uns auf sie konzentrieren oder nicht.*

Wodurch erschienen manche Gesichter vertrauenswürdig und andere nicht? Zwar bemühten sich die Neurowissenschaftler, Gesichter mit neutralem Ausdruck auszuwählen, trotzdem waren darin noch einige Emotionen erkennbar. Die Ergebnisse zeigten, dass Zufriedenheit und Heiterkeit mit Vertrauen verbunden wurden, Traurigkeit und Verärgerung mit Misstrauen. Wir wissen, dass uns ein Lächeln keine Angst macht – obwohl es das vielleicht tun sollte, weil es ja ohne Weiteres ein falsches sein könnte. Aber warum machen traurige und verärgerte Mienen uns Angst? Trauer und Verärgerung lassen sich beide bei einer Depression nachweisen. Einmal mehr sind wir gezwungen, uns der Tatsache zu stellen, dass einige unserer wichtigsten Einschätzungen auf unseren primitivsten und infantilsten Reaktionen beruhen: Mami lächelt, und wir sind glücklich; Mami ist verärgert oder traurig, und wir kriegen Angst. Glücklicherweise gab es seinerzeit bei den öffentlichen Lincoln-Douglas-Debatten zur Sklavenfrage noch keine TV-Berichterstattung, sodass sich »Honest Abe« Lincoln nie schutzlos den heutigen Naheinstellungen ausliefern musste. Im Scheinwerferlicht der Kameras haben es Kandidaten mit Anzeichen von Depression schwer: Nixon, Dukakis, Gore, Kerry. Wir bevorzugen die lächelnde Miene, auch wenn sie gelegentlich einen substanzlosen Geist maskiert. Man sollte hervorheben, dass viele Gesichter aus keinem erkennbaren Grund als nicht vertrauenswürdig eingestuft wurden. Die Wissenschaftler sind nun dabei herauszufinden, warum.

Grobe Lügen

Lügen sind meist leicht auszusprechen und schwer aufzudecken; vielleicht ist es zutreffender zu sagen: Wir bemühen uns gar nicht, sie aufzudecken. Das kommt daher, dass die Menschen oft überhaupt nicht bemerken, dass sie lügen, und dass sie keine äußeren Anzeichen für eine Täuschung erkennen lassen. Die meisten Lügen sind harmlos; einige dienen sogar dem Zweck, dass sich der Zuhörer besser fühlt, und viele dienen dem Schutz. In den meisten Beziehungen wollen wir Vertrauen schenken und erhalten.

In der Politik und im Krieg ist das anders. In Beziehungen, die durch Konkurrenz und Gegnerschaft gekennzeichnet sind, versuchen wir, unseren Gegner zu lesen, um herauszufinden, bis zu welcher Grenze wir gehen können. Soziale Wahrnehmung und Täuschung werden zu Waffen. Wenn nur einer Partei bewusst ist, was vor sich geht, handelt es sich um einen Schwindel; wenn es beiden bewusst ist, arbeitet Spion gegen Spion; wenn man ein Spiel daraus macht, ist es Poker. Unter all den genannten Bedingungen gilt: Je größer die Fähigkeit, das Bewusstsein anderer zu lesen, desto größer auch die Fähigkeit zur Täuschung.

Im Allgemeinen belügt man Menschen, die einem nahestehen, weniger oft. In einer großen Untersuchung Erwachsener[27] (die Hälfte von ihnen Collegestudenten) erzählten die Teilnehmer jenen Menschen weniger Lügen, mit denen sie häufiger Umgang hatten, und (bei den Nicht-Collegestudenten) jenen, die sie länger kannten. Bei jeder Testperson war Nähe der wichtigste Faktor. Lügen schaffen Distanz: Der Lügner muss dauernd auf der Hut sein, sich nicht zu verraten, und ein guter Lügner muss ein gutes Gedächtnis haben. Doch die Studie ergab auch einen alltäglicheren Befund: In engen Beziehungen werden Lügen mit größerer Wahrscheinlichkeit aufgedeckt. Menschen, die uns kennen, kommen unseren Lügen besser auf die Schliche.

Interessant ist allerdings auch, dass sich Testpersonen ihren Müttern und Liebespartnern zwar sehr eng verbunden fühlten, ihnen jedoch genauso oft etwas vorlogen wie anderen. Es war sogar so, dass Collegestudenten ihre Mütter so oft belogen wie niemanden sonst, in mehr als 50 Prozent aller Fälle! Anscheinend verspüren die Menschen ein großes Bedürfnis, sowohl ihren Müttern als auch ihren Liebespartnern zu imponieren, allerdings aus unterschiedlichen Gründen, wie man annehmen darf.[28]

Wie man einen Lügner ertappt
Bei entsprechender Übung ist es nicht schwer, einen Lügner zu ertappen. Gerade mal zwei Verhaltensweisen – erhöhte Stimmlage und falsches Lächeln – können in 86 Prozent der Fälle Lügner von denen unterscheiden, die die Wahrheit sagen, zumindest unter Versuchsbedingungen.[29] Ein echtes Lächeln, auch »Duchenne-Lächeln« genannt nach dem französischen Neurologen des neunzehnten Jahrhunderts, der es als Erster beschrieb, aktiviert nicht nur die Muskeln um die Lippen herum, sondern auch die um die Augen. Ein echtes Lächeln zu fälschen ist schwer. Das falsche Lächeln, zu Ehren der allerersten Stewardessen manchmal auch »Pan-American-Lächeln« genannt, beansprucht nur die Muskeln um die Mundpartie. Dieses Dauerlächeln von Spielshow-Moderatoren und Teilnehmerinnen am Miss-America-Wettbewerb wird heutzutage schon von jedem x-beliebigen Verkäufer und von vielen im Dienstleistungsgewerbe Tätigen verlangt, obgleich es eindeutig falsch ist. Falls Sie es bei jemandem feststellen, der gerade versucht, Ihr Vertrauen zu gewinnen, wie beispielsweise ein Finanz- oder Immobilienmakler, dann sollten Sie mit Hilfe anderer Informationsquellen prüfen, ob man Ihnen die Wahrheit sagt.

Wenn Ihnen eine nahestehende Person ein falsches Lächeln zuwirft, können Sie ziemlich sicher sein, dass es etwas zu vertuschen gibt. Das falsche Lächeln weist nicht notwendigerweise auf eine schwerwiegende Lüge hin; es verrät Nervosität, weil etwas ans Licht kommen könnte. Das Geheimnis kann etwas Gutartiges sein, beispielsweise eine geplante Überraschungsparty. Wenn allerdings das falsche Lächeln asymmetrisch ist – eine Seite höher als die andere –, dann ist das üblicherweise ein Zeichen von Geringschätzung.

Eine erhöhte Stimmlage zu bemerken ist schwerer, man kann es aber durch Übung lernen. Während es etwas schwierig ist, das Bewusstsein eines anderen über die erhöhte Stimmlage zu lesen, ist das Lesen der Körpersprache einfach. Die meisten können es eigentlich von Natur aus. Die Ironie liegt darin, dass wir zwar eine naturgegebene Fähigkeit zum Lesen von Körpersprache haben, dass wir aber dazu neigen, diese Fertigkeiten nicht zum Aufdecken von Lügen oder zum Lesen von Bewusstsein einzusetzen. Woher wissen wir dann, dass wir diese Fertigkeiten haben? Es gibt Indizien dafür, dass die Menschen ihre Fähigkeit zum Lesen der Körpersprache dazu benutzen, um Stimmungen, nicht aber mentale Verfassungen einzuschätzen. Wissenschaftler haben festgestellt, dass wir, wenn wir die Stimmung eines Babys einschätzen wollen, stärker auf die Körpersprache als auf den Gesichtsausdruck achten; wollen wir die Stimmung eines Erwachsenen einschätzen, schauen wir auf die Körpersprache *und* den Gesichtsausdruck.[30] Warum tun wir das nicht, wenn wir die Vertrauenswürdigkeit eines Menschen beurteilen?

Zum einen kann jemand, der missverstanden und fälschlich beschuldigt wird, genauso dreinblicken wie ein Schuldiger, mit genau den gleichen Anzeichen von Nervosität und Angst. Wir alle wissen, wie man sich fühlt, wenn man fälschlich beschuldigt wird, und wer wollte es schon riskieren, dies einem anderen anzutun? Falsche Anschuldigungen können Freundschaften beenden, zu dauerhafter Feindschaft und zu Schlimmerem führen. Manchmal werden wir getäuscht, weil wir getäuscht werden wollen; bereitwillig akzeptieren wir die Lügen der Schmeichelei und der Anteilnahme. Lügen und das Akzeptieren von Lügen sind Methoden, mit denen wir uns ein privates Bewusstsein zugestehen. Die meiste Zeit über ist das Leben einfacher, wenn es uns egal ist, ob wir angelogen werden. Stellen wir uns bloß vor, wie unser Leben aussehen würde, wenn wir jedem Freund

und Kollegen jede kleine Lüge unter die Nase reiben würden. Jemand, der jede noch so kleine soziale Lüge anprangert, käme uns reichlich merkwürdig vor wie der Privatdetektiv Monk aus der gleichnamigen Fernsehserie; und bei ihm könnte man sogar noch ein Asperger-Syndrom diagnostizieren.

Menschen wie Adrian Monk sind Getriebene, die auf jeden Widerspruch und jede Ungereimtheit in ihrer Umgebung hinweisen müssen; sie erscheinen unfähig, das Wichtige vom Unwichtigen zu trennen; sie lassen nichts durchgehen. Diese unerbittlichen Bewusstseinsleser sind ein Ärgernis für andere und sich selbst wahrscheinlich eine Last. Die meisten Menschen wollen nicht wie Adrian Monk sein und zwanghaft alles melden müssen, was ihnen auffällt. Was dagegen die meisten wollen, ist selbst entscheiden zu können, ob sie Informationen für sich behalten oder öffentlich machen; ob sie enthüllen oder verbergen wollen, was sie aufdecken; ob sie sich selbst oder andere vor Informationen schützen wollen, die schaden könnten. Die Fähigkeit, Bewusstsein lesen zu können, bietet uns diese Alternativen. Sie gibt uns Möglichkeiten, uns vor denen zu schützen, die uns betrügen und ausnutzen wollen, und Möglichkeiten, unser Leben mit Fertigkeiten zu bereichern, die uns mit anderen verbinden.

Achtes Kapitel
PRIVATE BEZIEHUNGEN

Wie man Familie, Freunde und Liebespartner liest

Bislang haben wird das Bewusstseinlesen als eine Fertigkeit besprochen, die uns in einer komplexen sozialen Welt zu überleben hilft. Diejenigen, die dies sehr gut beherrschen, haben in jedem Lebensbereich, der soziale Interaktion erfordert, einen Wettbewerbsvorteil gegenüber denen, die es nicht beherrschen. In der Welt von Arbeit und Kommerz und in oberflächlichen Beziehungen kann ein geschickter Bewusstseinleser zurückgehaltene Informationen aufdecken und zum eigenen Nutzen verwenden, manchmal zum Nachteil anderer. Der IBM-Manager Jack Sams wollte nicht, dass Bill Gates die schwache Position von IBM durchschaute. Gates tat dies aber, was ein Gewinn für ihn und ein Verlust für Sams war. Manchmal erzielt ein geschickter Bewusstseinleser einen Vorteil, ohne dass dies zum Nachteil der gelesenen Person geschieht. Als James (vgl. fünftes Kapitel) die Unerfahrenheit und Angst des Polizeibeamten las, befähigte ihn dies, den Beamten zu beruhigen und zu vermeiden, verhaftet oder möglicherweise erschossen zu werden. Der Beamte erlitt keine Nachteile, ja profitierte wahrscheinlich selbst davon, dass ihm geholfen wurde, vernünftig zu handeln und nicht gewalttätig. Allerdings war diese Hilfestellung für den Beamten unbeabsichtigt. James' Ziel war es gewesen, sich selbst zu helfen.

Private Beziehungen sind anders. Bei ihnen handelt es sich um »intime« Beziehungen, zunächst im Sinn der lateinischen Grundbedeutung (»innerst, vertrautest«), was sich neusprachlich u. a. umschreiben lässt mit »sehr nahe und vertraut; im Innern eines Menschen verborgen, tief innerlich; bis ins Innerste, bis in die verborgenen Einzelheiten vordringend; privaten Charakter habend«.[1] Zwar ist das, was man unter »intim« versteht, kulturellen und individuellen Schwankungen unterworfen, doch bewirkt die unerwünschte Bloßstellung von etwas, das jemand als »intim« empfindet, beim Betroffenen ein Gefühl von Beschämung und Verletztheit.

Private Beziehungen sind auf Vertrauen und Anteilnahme gebaut. Die Menschen legen ihre intimsten Angelegenheiten offen, wenn sie glauben, dass sie dies unbeschadet tun können. Wenn in einer privaten Beziehung einer das Bewusstsein des anderen liest und auf etwas stößt, das bisher noch nicht offengelegt wurde, dann ist große Behutsamkeit im Umgang damit erforderlich. Wir lesen das Bewusstsein derer, die wir lieben, zu ihrem Nutzen, um ihre Bedürfnisse zu befriedigen, um ihr Leid zu lindern.

Private Beziehungen variieren in Richtung und Tiefe. Eine Therapeut-Patient-Beziehung ist nur in eine Richtung privat, da nur die intimen Angelegenheiten des Patienten zur Sprache kommen; sie vertieft sich schrittweise, je mehr der Therapeut erfährt. Eine Eltern-Kind-Beziehung beginnt einseitig, bewegt sich aber immer mehr in Richtung Zweiseitigkeit, je reifer das Kind wird; ihre Tiefe schwankt im Verlauf eines ganzen Lebens auf komplizierte Weise. Freundschaften variieren hinsichtlich Gegenseitigkeit und Tiefe. Liebesbeziehungen sind idealerweise tief und beruhen auf Gegenseitigkeit.

Es ist immer die Verantwortung desjenigen, der über intimes Wissen von jemandem verfügt, sorgsam damit umzugehen. Es zu enthüllen, es auf eigennützige oder verletzende Weise auszunutzen ist ein Verrat an der Intimität. Private Beziehungen können uns große Freude bereiten, aber auch großes Leid. Diejenigen, die uns am besten kennen, können uns am schwersten verletzen. Jede private Beziehung beginnt voller Hoffnungen; allzu viele enden in Enttäuschung. Die Art und Weise, wie die Beteiligten das Bewusstsein des anderen lesen und wie sie diese gewonnenen Kenntnisse anwenden, macht oft den Unterschied aus.

Zwei Köpfe sind manchmal besser als einer

Intime Vertrautheit und das Lesen von Bewusstsein gehen Hand in Hand. Wir nehmen an, dass wir das Bewusstsein unserer Vertrauten kennen und dass sie das unsrige kennen. Je größer die Vertrautheit, desto größer das Wissen. In unserer intimsten Beziehung wünschen wir uns ein lückenloses Wissen, zwei Innenleben, die so offen daliegen, dass sie zu einem einzigen zu werden scheinen. Wir wollen nichts verbergen, keine Geheimnisse, keine Lügen. Die Verliebtheit liefert noch die Erotik dazu. In der Bibel bedeutet, jemanden zu »erkennen«, dass man sexuell intim ist. In einer Liebesbeziehung sind unser Körper und unser Geist für den anderen offen, und das Vergnügen des einen ist auch das Vergnügen des anderen.

In einer privaten Beziehung kann das eine Bewusstsein das andere ergänzen. Vertraute können einander als Spiegel benutzen. So wie man einen Freund oder eine Freundin fragen kann: »Passt das zusammen, was ich anhabe?« oder: »Hab ich ein Mohnkorn zwischen den Zähnen?«, genauso kann man sie fragen: »Ergeben meine Überlegungen einen Sinn? Übersehe ich da etwas Offensichtliches?« Die auf Dauer angelegte Natur einer privaten Beziehung liefert einen Rahmen, innerhalb dessen die Beteiligten ihre *Mind-reading*-Fertigkeiten praktizieren können und auf diese Weise zu einem immer tieferen Verständnis voneinander kommen. Weil sie nicht den unvermeidlichen blinden Flecken und Hemmungen unterworfen sind, die wir alle hinsichtlich unserer Wahrnehmung von uns selbst haben, können unsere Vertrauten uns auf mancherlei Weise besser kennen, als wir es selbst tun. Ein alter Freund kann besser nachvollziehen, warum ich so schlechter Stimmung bin, als ich selbst. Ihr Ehepartner weiß vielleicht schon, was Sie gern sagen möchten, auch wenn Sie vor Schüchternheit den Mund nicht aufbringen.

In privaten Beziehungen können zwei Köpfe besser sein als einer. Dadurch, dass sie sich gegenseitig lesen, können sich Vertraute gegenseitig helfen, Missverständnisse und Hemmungen zu überwinden. Sie können sich der Stärken des anderen bedienen, um eigene Schwächen auszugleichen; wenn ihnen das Glück zur Vertrautheit noch Lust und Leidenschaft schenkt, können sie mit dem anderen eins sein und sich zufrieden und voll und ganz als die Menschen fühlen, die sie sind.

Probleme der Vertrautheit

Bedauerlicherweise sind die Gewässer der Intimität selten friedlich. Auf engen privaten Beziehungen lastet das Gewicht unbewusster Wünsche, die nie vollständig erfüllt werden können. Offenheit bringt Verletzbarkeit mit sich und Bedenken, wie der Partner reagieren wird. Wird er/sie Sensibilitäten respektieren? Wird Vertrauliches vertraulich bleiben? Vertrauensbrüche sind unvermeidlich und schmerzlich, eine Wiedergutmachung ist stets schwierig. Wird er/sie sich wirklich darum bemühen? Jeder von uns hat seine eigenen Sensibilitäten, aber es bedarf keiner großen Verletzungen, damit sich jemand verschließt, argwöhnisch wird und die Barrieren emotionaler Distanz oder gar der Täuschung und des Betrugs errichtet.

Positive Übertragung (»Transferenz«)
Die Menschen sind mit ihren Erwartungen an eine private Beziehung oft unrealistisch. Werden solche Erwartungen nicht mit der Wirklichkeit in Einklang gebracht, sind Enttäuschungen unvermeidlich. »Transferenz« – die Neigung, eine neue Bekanntschaft durch die Brille wichtiger Beziehungen der Vergangenheit zu betrachten – ist universell; aber das, was eine spezielle Übertragung auslöst, ist individuell. Beispiel: Yoko lernt an ihrer neuen Arbeitsstelle Dave kennen und findet ihn recht sympathisch. Zwar fühlt sie sich nicht zu ihm hingezogen, doch hält sie ihn für jemanden, auf den sie sich verlas-

sen kann. Dass Yoko an ihren fürsorglichen Vater erinnert wird, als sie Dave vorgestellt wird, mag am Ton seiner Stimme liegen, an seiner Redeweise, Haarfarbe oder einer beliebigen Anzahl anderer Dinge, jedes für sich allein genommen oder alle zusammen. Yokos Übertragung auf Dave ist, wie die meisten Übertragungen, nuanciert. Yoko nimmt Dave auf subtile und unbewusste Weise wahr als ihrem fürsorglichen Vater ähnlich, und aus diesem Grund mag sie ihn. In diesem Beispiel sieht sie in Dave nicht ihren attraktiven, mitreißenden oder kritischen Vater, obwohl sie andere Männer auf alle diese Arten wahrnehmen kann.

Positive Übertragungen können Freundschaften und Liebesbeziehungen anstoßen. Die Menschen neigen dazu, auf Übertragungserwartungen zu reagieren, ohne sich dessen bewusst zu sein.[2] Vielleicht wird Dave im Rahmen seiner Möglichkeiten versuchen fürsorglich zu sein, und falls Yokos Erwartungen nicht unrealistisch sind, kann eine Freundschaft erwachsen. Andererseits könnte Yoko viel zu viel erwarten, wie zum Beispiel, dass man sie vor eigenen Fehlern am Arbeitsplatz bewahrt, und am Schluss wird sie sich dann verletzt und enttäuscht fühlen. Oder vielleicht gefällt Dave die Rolle des Beschützers nicht, und er weist Yoko mitsamt ihren Übertragungserwartungen ab, woraufhin sie vor dem Rätsel steht, warum jemand, den sie mag, sie nicht mag.

Charisma

Manche Menschen sind offenbar die reinsten Fliegenfänger für positive Übertragungen. Sie haben Charisma, sind kontaktfreudig, charmant, selbstbewusst, ausgeglichen und steigen schnell in Führungs- oder Machtpositionen auf. Andere fühlen sich durch ihre Gegenwart aufgewertet und geschützt und möchten ihre Freunde sein; doch viele Charismatiker geben keine guten Freunde ab. Der berühmte griechische Dichter Homer schrieb: »Einen großen Mann zum engen Freund zu haben, scheint denen angenehm zu sein, die es noch nie versuchten; die es taten, fürchten sich davor.«

»Nullbekanntschaft« (zero acquaintance)
Charisma ist die eine große Ausnahme von der Regel, dass Bewusstseinlesen eine Beziehung voraussetzt; Charisma kann mit einem einzigen Blick wahrgenommen werden. Wissenschaftler, die dieses Phänomen studierten, nannten es *zero acquaintance* (»Nullbekanntschaft«).[3] Mit einem schnellen Rundblick im Raum lässt sich leicht feststellen, ob jemand kontaktfreudig, umgänglich und selbstbewusst ist. Vielleicht hat die Evolution die Fähigkeit, potenzielle Anführer zu erkennen, in unsere Gehirne eingebaut. Eigenschaften, die die Grundlagen für mögliche Freundschaften und beständige Beziehungen sind, wie Engagement, Ehrlichkeit und Anteilnahme, können nicht auf die gleiche Weise taxiert werden. Um diese Eigenschaften fehlerfrei zu lesen, bedarf es einer Beziehung.

Charisma äußert sich, wie die meisten menschlichen Eigenschaften, in sehr unterschiedlicher Intensität. Vom Jugendlichen, der im Gymnasium zum »beliebtesten Schüler« gewählt wird, bis zum geliebten Staatsführer gibt es immer wieder charismatische Menschen, die herausragen und andere anziehen. Für die meisten ist Charisma ein Geschenk des Schicksals; so wie gutes Aussehen oder eine rasche Auffassungsgabe, kann es das Leben ein wenig leichter machen. Viele Führungspersönlichkeiten haben gelernt, ihr Charisma mit ihren *Mind-reading*-Fertigkeiten zu kombinieren und so ein geistiges Instrument von großer Wirksamkeit zu schaffen.

Charismatische Führer sind emotionale Interpreten, die andere schnell und fehlerfrei lesen. Kognitive Informationen verwerfen sie oft, weil deren Verarbeitung zu lange dauert. Sie reagieren auf andere unaufgeregt und ohne zu zögern. Kontakte stellen sie auf emotionaler Ebene her, und oft scheinen sie ein Gefühl besorgter Anteilnahme zu verströmen. Ihre Bewunderer sind loyal, und viele empfinden sich als Freunde. Sie provozieren diese Zuneigung und nehmen sie gern entgegen, erwidern sie aber nicht wirklich; Beziehungen werden rasch abgeschüttelt, sobald sie unbequem werden oder nicht mehr nützlich sind. Ronald Reagan und Bill Clinton sind neuere Beispiele charismatischer Führer. Sie wurden von vielen geliebt, aber keiner von beiden legte Wert auf enge Freundschaften. So fühlten sich schließlich diejenigen, die sich einst als ihre Freunde betrachteten, unweigerlich vernachlässigt, abgehalftert oder verraten. Für Reagan und Clinton war es sehr viel wichtiger, ihre Ziele zu erreichen, als Freundschaften zu pflegen. Aber bevor wir jetzt beginnen, Wertungen vorzunehmen: Ist es denn nicht genau das, was wir von unseren politischen Führern erwarten – dass ihr Einsatz für die Nation Vorrang vor privaten Beziehungen hat?

Menschen in einflussreichen Führungspositionen, ob in der Wirtschaft oder in anderen Bereichen, weisen oft ähnliche Charakterzüge auf. Einige sind als Patienten bei mir gewesen. Alle kamen zur Behandlung als Zugeständnis an Ehe- oder Liebespartner, die mehr von der Beziehung haben wollten. Beim Ersten lernte ich auf die harte Tour, dass man mich mit Charisma zu der Illusion verführen konnte, ich sei ein geschätzter Vertrauter. Diese Illusion, die wohl das Ausmaß meines Selbstbewusstseins widerspiegelte, wurde jäh durch den Schock einer fristlosen Entlassung zerstört, die von der Formulierung begleitet wurde: »Ich glaube, Sie sind mir nicht länger von Nutzen.« Mein Vorschlag, diese Entscheidung in Ruhe unter dem Gesichtspunkt zu betrachten, dass wir offenbar doch eine gute Arbeitsbeziehung miteinander hatten, wurde kühl abgelehnt. Im Nachhinein betrachtet, erfolgte meine Entlassung wohl zu dem Zeitpunkt, als wir gemeinsam einen ersten Blick auf einige Empfindungen des Bedauerns darüber gerichtet hatten, was mein Patient geopfert hatte, um in seine scheinbar so beneidenswerte Position zu gelangen.

In der Folge eignete ich mir eine milde Skepsis an, wenn sich in anderen, ähnlichen Fällen Patienten irgendwie positiv über die Therapie äußerten. Ich zweifelte alle Gewissheit über gewonnene Einblicke und meine Intelligenz an und machte mir Gedanken darüber, was solche Schmeicheleien hervorgerufen hatte. Meist reagierten die Patienten erleichtert, wenn sie feststellten, dass ihre Schmeicheleien und Verführungskünste bei mir nicht verfingen und dass ich ihre Manipulationen durchschaute. Von da an sahen einige dieser Charmeure die Möglichkeit, ich könnte ihnen von Nutzen sein.

Negative Übertragungen
Manchmal kann eine negative Übertragung potenzielle Freunde auf Dauer davon abhalten, das Eis zu brechen. Zu einer negativen Übertragung kommt es, wenn uns irgendetwas an einer neuen Bekanntschaft an eine schwierige alte Beziehung erinnert. Yoko lernt an ihrer neuen Arbeitsstelle Nancy kennen. Diese macht einen distanzierten Eindruck und erinnert Yoko unbewusst an ihre kritikfreudige ältere Schwester. Nancy reagiert auf Yoko subtil, indem sie subtil distanziert und kritisch ist. Solange die beiden nicht zusammengebracht werden, beispielsweise durch einen gemeinsamen Freund, der ihnen ihre gemeinsamen Interessen aufzeigt, oder sie nicht auf erträgliche Weise zusammenarbeiten, solange werden sie sich sehr wahrscheinlich in ihren jeweiligen durch die Übertragung bewirkten, verzerrten Wahrnehmungen bestärken und Distanz wahren.

Manche unnahbar erscheinenden Menschen kämpfen andauernd mit negativen Übertragungen, deren häufigste Ursachen überkritische Eltern oder ältere Geschwister sind. Geht man auf sie zu und erkennt ihre Sensibilität an, dann bemühen sie sich oftmals eifrig um Kontaktaufnahme. In betriebsinternen Seminaren, die sich über mehrere Tage erstrecken, werden Teilnehmer gezwungen, sich ihren negativen Übertragungen zu stellen; oft sind sie überrascht, wenn sie erleben, wie sich ihre Gefühle gegenüber denjenigen verändern, die sie zunächst nicht mochten.

Die Forschung legt nahe, dass anfängliche Übertragungen leicht überwunden werden können, wenn man sie systematisch angeht. Jemanden zur Rechenschaft für sein Verhalten zu ziehen ist eine solche Herangehensweise. Oft kann man Verzerrungen beseitigen und zu einer realistischen Beurteilung gelangen, wenn man jemanden schlicht dazu aufzufordern, seine anfänglichen Reaktionen gegenüber einer neuen Bekanntschaft vor einem Dritten zu rechtfertigen. Solche Verzerrungen lassen sich oft genug einfach dadurch ausräumen, dass man über die Details des ersten Kontakts nachdenkt.

Meistens werden einmal geknüpfte Freundschaften durch Übertragungen nicht dramatisch gestört. Je besser sich die Freunde kennenlernen, desto realistischer sehen sie sich. Zwei Menschen, die durch räumliche Nähe, geteilte Interessen oder die Lebensumstände verbunden sind und entsprechend Zeit miteinander verbringen, werden einander wohl immer näherkommen. Freundschaften tendieren zur Selbstkorrektur. Freundschaften haben ihre Krisen. Sie treten oft auf, wenn einer ein Problem hat. Der andere Teil glaubt zu verstehen, was im Bewusstsein des verstörten Freundes vor sich geht und was jener nicht selbst erkennen kann. Die Art und Weise, wie dieses Verständnis mitgeteilt und aufgenommen wird, kann dazu führen, dass sich beide noch näherkommen oder dass sie auseinandergehen.

Wie wir den Freunden sagen, was wir in ihrem Innern lesen
Seit Wochen planen Mary und ihre beste Freundin Jane, mal abends zusammen auszugehen. Beide haben am Arbeitsplatz und in der Familie ständig alle Hände voll zu tun, weshalb sie das gemeinsame Ausgehen ungeduldig herbeisehnen. Sie beschließen, am Samstagnachmittag zu besprechen, was sie unternehmen wollen. Mary ruft an und fragt, ob sich Jane etwas überlegt hat. Jane klingt lustlos und sagt: »Nein, eigentlich ist es mir egal. Schlag du was vor.«

Mary spürt, dass etwas nicht stimmt. Jane ist ein Kinofan und hat sonst immer tolle Vorschläge parat. Darauf hatte sich Mary verlassen. Außerdem ist Jane wählerisch. Jetzt befürchtet Mary, sie könnte etwas aussuchen, was Jane nicht gefällt, woraufhin ihnen beiden ein verpatzter Abend droht. Also fragt Mary ihre Freundin, was denn los sei.

Die sagt: »Eigentlich habe ich keine Lust auf gar nichts. Vielleicht ist das mit heute Abend keine so gute Idee.«

»Was ist los?«, fragt Mary.

»Nichts. Ich fühl mich einfach bäh. Ich würde dir bloß die Laune verderben.«

Mary weiß, dass Jane manchmal deprimiert und verschlossen ist, obwohl das schon eine ganze Weile nicht mehr vorgekommen ist. Aber sie macht sich Sorgen und fragt: »Bist du deprimiert?«

»Ja, kann sein«, antwortet Jane.

»Was ist denn passiert?«

»Ich weiß es nicht. Manchmal bin ich einfach so«, erwidert Jane.

»In letzter Zeit aber eher nicht«, überlegt Mary.

»Das stimmt«, gibt Jane zu.

»Als wir am Donnerstag miteinander geredet haben, da hast du total okay geklungen.«

»Echt? Mir kommt's viel länger vor«, sagt Jane.

»Das kommt einem immer so vor, wenn man deprimiert ist. Das kennst du doch schon.«

»Wahrscheinlich hast du recht«, erwidert Jane, und ihre Stimmung bessert sich.

»War am Freitag irgendwas in der Arbeit?«

»Nein, bloß das Übliche.«

»Zum Beispiel, was?«, drängt Mary. »Was war denn los am Freitag?«

»Die üblichen Besprechungen, die Wochenübersichten, ich hab diesen Vorschlag präsentiert«, brummelt Jane.

Mary erinnerte sich, wie begeistert Jane zuvor hinsichtlich des Vorschlags gewesen war. Sie wusste aus ihrer gemeinsamen Schulzeit an der Highschool, wie hart Jane gearbeitet hatte, um gute Noten zu erhalten. Sie hatte sich intensiv um Rat und Anleitung durch ihre Lehrer bemüht und sich in deren Aufmerksamkeit gesonnt. Auf dem College, einer großen staatlichen Institution, gewöhnte sie sich nur unter Schwierigkeiten an die überfüllten Vorlesungen und die Unzugänglichkeit der Professoren. Jane kämpfte während des ganzen ersten Jahres mit Niedergeschlagenheit, aber erst nachdem sie nur ein »Gut« für ein umfangreiches Marketingprojekt erhalten hatte, wurde sie so richtig verschlossen und mutlos. Als Mary mit ihr darüber redete, schien sich Jane besonders zu ärgern, dass es sie während des Semesters einige Mühe gekostet hatte, einen Termin bei dem Marketing-Professor zu bekommen; ihrem Eindruck nach hatte er sie damals ermutigt weiterzumachen. Sie gab sich selbst die Schuld, weil sie ihm nicht genau zugehört und sich mehr angestrengt hatte, und fiel in eine selbstkritische Depression, die einige Wochen anhielt. Aus der Erinnerung an jene Collegetage heraus fragt Mary jetzt Jane, wie ihre Chefin Sherri auf ihre Präsentation reagiert habe.

»Okay. Nicht so doll. Hingerissen war sie nicht gerade. Sie sagte, ich soll's machen, aber begeistert schien sie nicht zu sein«, antwortet Jane.

»Also hast du keinen Einser gekriegt.«

Jane muss beinahe lachen. Mit deutlich heiterer Stimme sagt sie: »Nein, eine klare Zwei.«

»Aber Sherri schien doch vorher positiv eingestellt gewesen zu sein, oder?«, fragt Mary.

»Ich dachte, sie fände es gut, aber ich glaube, die war viel zu beschäftigt, um es sich genauer anzusehen.«

»Was erwartet die denn, wenn sie dir nicht sagt, was sie will? Eine grobe Vorgabe hätte dir doch geholfen.«

»Ich denke schon.«

»Ich glaube, du bist sauer auf Sherri.«

»Ich glaube, da hast du recht.«

»Dann hör auf, dich selbst zu ohrfeigen. Du hast ein Recht, wütend zu sein. Komm, wir gehen irgendwo einen trinken und ziehen über Sherri her.«

»Gute Idee. Und dann können wir uns diesen neuen Thriller angucken, den ich gern sehen würde.«

Dieser Dialog veranschaulicht erneut den wichtigsten Punkt beim Lesen des Bewusstseins anderer: *Mind reading* setzt eine Beziehung voraus. Man kann nicht jemanden interpretieren, mit dem man nicht interagiert. Selbst wenn man etwas Bedeutsames über das Bewusstsein einer Person herausfindet, indem man Kleidung und Verhalten analysiert, setzt man sich zu ihr als Beobachter in eine Beziehung. Die von uns beobachtete Person macht uns ihrerseits durch ihre Kleidung und ihr Benehmen eine Mitteilung, die etwas über sie aussagen oder etwas verbergen oder uns gar täuschen soll. Natürlich bieten enge private Beziehungen mehr Gelegenheiten für wechselseitige Kommunikation und Bewusstseinlesen. Hinzu kommt, dass es sich die Beteiligten oft wünschen, gelesen zu werden. Im vorigen Fall wollte Jane, dass Mary mitbekam, was ihr im Kopf herumging, auch wenn sie sich dessen nicht völlig bewusst war. Sie wollte Marys Hilfe, um zu verstehen, warum sie selbst sich so elend fühlte, und sie brauchte diese Hilfe, weil das Elendsgefühl ihr Denken hemmte und verzerrte und sie in ihrer selbstkritischen Verzagtheit festhielt.

In engen privaten Beziehungen kommt es häufig vor, dass jemand komplizierte und verwirrende persönliche Gedanken ausdrücken möchte, ohne sie klar artikulieren zu können. Das beginnt vielleicht mit einer vagen Aussage wie: »Ich habe keine Lust auf gar nichts«, oder: »Ich fühl mich einfach bäh.« Ein interessierter und sensibler Zuhörer wird jetzt Fragen stellen und mögliche Erklärungen anbieten, um dem anderen zu helfen, den eigenen Zustand zu verstehen. Wenn es gut läuft, werden beide gemeinsam eine plausible Erklärung finden, eine brauchbare Theorie, die Klarheit in ein zuvor verwirrtes Bewusstsein bringt.

Das Richtige zum richtigen Zeitpunkt sagen
Weil private Beziehungen die Gelegenheit für ständige Gespräche und die Möglichkeit bieten, Theorien zu überprüfen und nachzubessern, bieten sie auch die beste Gelegenheit, ein anderes Bewusstsein zu lesen und umfassend zu verstehen. Doch das ist nicht immer einfach. Eine Aussage über die mentale Verfassung eines anderen zu machen, ist eine heikle Angelegenheit. Es ist ein Paradoxon privater Be-

ziehungen, dass sich Menschen schrecklich missverstanden fühlen können, während sie verstanden werden. Wir wissen, wie sinnlos es ist, einer Freundin zu sagen, dass sie schon wieder mit dem Falschen zusammen ist; oder dass sie zu viel trinkt; oder dass sie durch die Prüfung fällt, wenn sie so weitermacht. Oft wollen sich die Menschen nicht dem Offensichtlichen stellen und wollen nicht hören, was sie nicht sehen wollen. Therapeuten wissen schon lange, dass die Erkenntnis, wie das Bewusstsein unbewusst Probleme bereiten kann, nur einen ersten Schritt darstellt, um dem Betreffenden zu helfen, sich zu ändern. Genauso wichtig ist es, diese Erkenntnis auf eine Weise zu vermitteln, dass sie für den anderen akzeptabel und umsetzbar ist.

Jane gestattete Mary einen Einblick in ihre geistig-seelische Befindlichkeit. Hätte sie sich Mary vom Leib halten wollen, hätte sie lügen und eine E-Mail mit einer Ausrede schicken können, ohne einen Hinweis auf ihre Niedergeschlagenheit zu geben. Stattdessen sandte sie klare Signale trauriger Unzufriedenheit aus, die Mary zutreffend als Hilferuf las. Gemeinsam fanden sie heraus, dass Janes ungute Gefühle – Scham wegen ihrer Unprofessionalität, Schuldgefühl wegen ihrer Verärgerung, Nervosität wegen der Reaktion ihrer Chefin – ihre Wahrnehmung akzentuiert, verzerrt und Jane am klaren Denken gehindert hatte. Marys richtige Interpretation von Janes Deprimiertheit führte zu einer nützlichen Unterhaltung; allerdings kann man es sich leicht vorstellen, dass diese Unterhaltung auch einen ganz anderen Verlauf hätte nehmen können.

Was, wenn Mary sich abgewiesen fühlt, als Jane sagt: »Eigentlich habe ich keine Lust auf gar nichts. Vielleicht ist das mit heute Abend keine so gute Idee«? Sie würde dann vielleicht, um sich ihr Gefühl von Zurückweisung erklären zu können, ihr Gedächtnis nach etwas durchforschen, was sie gesagt und womit sie Jane verärgert haben könnte. In einer vorausgegangenen Unterhaltung wird sie fündig, und so sagt sie: »Ich überlege, ob du auf mich sauer bist. Es ging mich ja wirklich nichts an, wie Jack (Janes Ex-Mann) die Kinder behandelt. Tut mir leid, wenn meine Kritik dich gekränkt hat.«

Ziehen Sie keine voreiligen Schlüsse

In diesem zweiten Fall liest Mary das Bewusstsein ihrer Freundin falsch. Zwar liest sie Janes Verärgerung korrekt, aber die Theorie, die sie sich zur Erklärung bildet, beruht auf ihrer eigenen Besorgnis. Sie geht davon aus, dass Janes Verärgerung ihr gilt, doch anstatt Jane direkt zu fragen, kramt sie in ihrem Gedächtnis nach einer Erklärung. Mit anderen Worten: Sie zieht einen voreiligen Schluss. Hätte sie Jane ihre emotionale Interpretation mitgeteilt und gesagt: »Ich spüre, dass du verärgert bist. Ärgerst du dich über mich?«, hätte Jane die Chance gehabt, über Marys Reaktion nachzudenken und vielleicht den wahren Grund für ihre Verärgerung aufzudecken. Stattdessen kann Marys vorschnelle Erklärung Jane nur dazu verleiten, über etwas nachzudenken, was sie überhaupt nicht beschäftigt und was Verständnislosigkeit für ihre Niedergeschlagenheit signalisiert.

In privaten Beziehungen sind voreilige Schlüsse fast nie hilfreich. Selbst wenn die Schlussfolgerung richtig ist, kann sie noch immer alles verschlimmern. Stellen wir uns vor, Mary hätte auf Janes Stimmung so reagiert: »Bist du vielleicht deprimiert, weil deine Präsentation nicht so gut lief, wie du gedacht hast? Ich bin sicher, sie lief prima, aber ich weiß auch, was für eine Perfektionistin du bist.« Zwar wäre Marys Theorie korrekt, aber Jane wäre nicht in der Verfassung gewesen, sie sich anzuhören. Durch die verzerrende selbstkritische Brille der Deprimiertheit würde Marys wohlwollender Kommentar falsch als Wertung interpretiert werden. Jane leidet ja schon unter dem Gefühl von Unzulänglichkeit, weil sie es nicht richtig hinbekommen hatte, weil sie Sherri falsch las, weil ihre Präsentation nicht perfekt war. Würde sie Marys Erklärung für ihre gedrückte Stimmung akzeptieren, würde sie sich nur noch schlechter fühlen, weil sie nicht von selbst draufgekommen ist. Da sie sich aber nicht noch schlechter fühlen will, würde sie in die Defensive gehen und Marys Begründung verärgert zurückweisen.

Negatives Bewusstseinlesen
Selbst wenn Jane nicht deprimiert gewesen wäre, hätte sie mit Rechtfertigungen reagieren können. Menschen gehen meist dann in die Defensive, wenn ein anderer besser über ihre Gedanken Bescheid zu wissen vorgibt als sie selbst. Forschungsergebnisse zeigen, dass negatives Bewusstseinlesen oft zu Verärgerung, gepaart mit Rechtfertigungszwang, führt und in einer Beziehung Distanz schafft. Es bewirkt, dass jemand das Gefühl bekommt, etwas Falsches oder Unrechtes zu tun, wie wenn man beispielsweise zu dem Freund, der eine Verabredung rückgängig macht, sagt: »Ich weiß, dass du eigentlich gar keine Lust hast, etwas mit mir zu unternehmen.« Selbst wenn sie wahr wäre, wäre eine solchermaßen vorgetragene Aussage nicht hilfreich. Negatives Bewusstseinlesen trägt nie dazu bei, Probleme unter Freunden zu lösen oder die Freunde einander näherzubringen. Einen unsicheren Freund zu beschämen oder ihm Schuldgefühle zu vermitteln, wird ihn sehr wahrscheinlich nur noch schneller vertreiben. Einem Freund oder sehr gutem Bekannten das zu sagen, was man aus seinem Bewusstsein liest, kann die Beziehung stärken, doch nur dann, wenn es ohne Wertung, umsichtig und mit Zustimmung des Betroffenen vorgetragen wird.

Die Empfindlichkeit der Männer
Wenn mann gerade besonders sensibel ist, kann auch die leiseste Form alltäglichen Bewusstseinlesens, wie die Wahrnehmung einer Verärgerung, als Angriff aufgefasst werden. Viele Männer glauben, sich schlecht zu fühlen sei ein Zeichen von Schwäche. Sie stehen nicht zu ihrer Unzufriedenheit und reden nicht über ihre Gefühle, weil sie Angst haben, dafür angegriffen zu werden. In sozialen Situationen wird die Amygdala eines Mannes aus anderen Anlässen aktiviert als die einer Frau. Männer sind physiologisch für Gefahren präpariert.

Frauen werden in sozialen Situationen durch den Neurotransmitter Oxytocin auf Nähe eingestimmt. Frauen legen ihre Unzufriedenheit offen und reden über ihre Gefühle, weil sie erwarten, dass andere Anteil nehmen. Dies ist der Hauptgrund, warum Frauen viel öfter als Männer mit Depression und Borderline-Persönlichkeitsstörung (BPS) diagnostiziert werden. (Ich werde anschließend detaillierter auf die BPS eingehen.) Weitaus mehr Frauen als Männer begeben sich in Psychotherapie, und sie bleiben länger in Behandlung.

Eine wichtige Untersuchung[4] hat 2007 den Mythos entzaubert, Männer würden nicht so viel reden wie Frauen. Man fand heraus, dass Männer genauso viel reden, aber sie reden über technische Gerätschaften, Autos und Sport. Über Gefühle und Beziehungen zu reden ist untypisch für sie. Im Konfliktfall vermeiden es Männer eigentlich, überhaupt etwas zu sagen. Sie haben Angst, sich in ihrer Verletzlichkeit zu offenbaren, und sagen folglich keinen Piep mehr. Sie trinken, nehmen Pillen und benehmen sich schlecht in dem Versuch, ihre Gefühle zu verbergen und Stärke zu zeigen. Statt zu reden, schreiten sie zu Taten, und diese sind allzu oft impulsiv, aggressiv und letztlich selbstzerstörerisch. Die Gefängnisse sind voller Männer, die nicht in der Lage sind zuzugeben, dass irgendetwas mit ihnen nicht stimmt. Gemessen an der Gesamtbevölkerung gibt es dreimal so viele Frauen mit einer BPS-Diagnose als Männer; in der Gefängnispopulation hat man bei Männern öfter eine BPS diagnostiziert als bei Frauen (23 Prozent gegenüber 20 Prozent).[5]

Stellen wir uns Mary und Jane kurz als zwei Männer namens Mike und Jim vor und dazu einige der Möglichkeiten, wie deren Unterhaltung verlaufen könnte:

1. Jim lässt sich gegenüber Mike nichts anmerken, dass er sich wegen Sherris Reaktion auf seine Präsentation aufregt; oder er schlägt Mike vor, einen trinken zu gehen statt ins Kino, und Mike stimmt zu. In beiden Fällen erhält er keinerlei Hilfe von Mike. In der Firma beeinflusst die Verärgerung seine Arbeit, und er tut etwas, das ihn in Schwierigkeiten bringt.

2. Jim schlägt vor, aufs Kino zu verzichten und einen trinken zu gehen. Aus früherer Erfahrung hält Mike dies für ein Indiz, dass Jim

verärgert ist, und fragt, was denn los sei. Jim geht in die Defensive und verstummt. Später provoziert er einen Streit mit Mike.

3. Jim schlägt vor, aufs Kino zu verzichten und einen trinken zu gehen. Mike hält dies für ein Indiz, dass irgendetwas nicht stimmt, sagt aber diesbezüglich nichts. Stattdessen sagt er, dass er eigentlich gern ins Kino gehen würde. Jim schlägt einen brutalen Horrorfilm vor. Mike sagt, dass er für so was nichts übrig habe. Er habe gehofft, Jim werde einen guten Film vorschlagen. Jim sagt, das sei ihm scheißegal; er wolle sich keinen langweiligen Film anschauen. Darauf sagt Mike: »Zuerst schlägst du vor, einen trinken zu gehen. Dann willst du dir einen *Splatter* angucken. Dann wirst du stinksauer, wenn ich nicht mit will. Sind wir jetzt wieder in der Schule? Was ist denn los?«

Worauf ich bei diesem Beispiel hinaus will, ist: Will man einen Mann, der »schlecht drauf« ist, zum Reden bringen, darf man ihn nicht handeln lassen. Mike lehnt Trinken und Horrorfilm ab, bevor Jim irgendetwas sagt, was auf seine Verärgerung hindeuten könnte. Wie Kinder zeigen viele Männer eher durch Taten, dass sie aufgebracht sind, als durch Reden. Sie gehen auch schneller in die Defensive, wenn man ihnen sagt, was ihnen im Kopf herumgeht. Verbirgt ein Mann seine Nöte und will man mit ihm darüber reden, muss man versuchen, seine Aktivitäten in einer Weise einzuschränken, die er nicht als unangenehm empfindet – bei einer Spazierfahrt oder einem Spaziergang. Warten Sie, bis er selbst seiner Verärgerung Luft macht, und bieten Sie Ihre Meinung zu seinen Empfindungen erst dann an, wenn er zugibt, welche zu haben.

Problematische Beziehungen
Für einige Menschen ist Intimität mit Problemen behaftet. Ihre Beziehungen scheinen anfänglich gut zu laufen, werden dann aber schnell hitzig und enden schmerzhaft oder fahren sich in einer Dauerkrise fest. Tanya war eine lebhafte, sportliche, ehrgeizige Künstlerin Anfang zwanzig, als ich ihr zum ersten Mal begegnete. Sie schloss leicht Freundschaften, doch nach einer Phase der Begeis-

terung und gegenseitigen Idealisierung wurden ihre Freundschaften unweigerlich turbulent und verschlechterten sich, und am Schluss kam sich Tanya verletzt und verlassen vor. Nach dem gleichen Schema liefen ihre Liebesbeziehungen ab, und die drei vorhergehenden Therapien ebenfalls.

Als mich Tanya gegen Ende unserer ersten Sitzung direkt anschaute und mit Nachdruck sagte, sie habe das Gefühl, endlich einen Therapeuten gefunden zu haben, der sie wirklich verstehe und ihr helfen könne, wusste ich, dass sie Ähnliches schon den Therapeuten vor mir gesagt hatte. Im Nachhinein hielt sie dann alle auf irgendeine augenfällige Weise für unfähig und fragte sich, wie sie je hatte annehmen können, dass sie ihr helfen könnten. Mir war klar, dass ich bald das Schicksal meiner Vorgänger teilen würde, wenn ich ihr nicht sagte, was ich über ihre mentale Verfassung wusste.

Ich sagte ihr, dass sie sich nach meiner Ansicht oft leer fühlte und selbst nicht wusste, wer sie war. Wenn ihr jemand Aufmerksamkeit widmete, wurde sie schnell ganz aufgeregt und war davon überzeugt, endlich einen besonderen Menschen gefunden zu haben, der an ihr Anteil nahm. Doch die Dinge entwickelten sich nie so, wie sie hoffte. Beim ersten Anzeichen, dass die neue Bekanntschaft nicht uneingeschränkt für sie da war, fühlte sie sich verletzt und geriet in Wut. Manchmal hatte sie das Gefühl, dass es ihr Fehler sei und dass irgendetwas mit ihr nicht stimme, und bat dann um Verzeihung. Doch letztlich funktionierte es nie mit einer Beziehung. Ich sagte ihr, dass wir während einer eventuellen Zusammenarbeit ganz genau auf das achten müssten, was zwischen uns beiden vor sich gehe, und dass wir unsere Aufmerksamkeit auch auf ihre unrealistischen Erwartungen richten müssten. Außerdem forderte ich sie auf, selbst dann zum Gespräch zu kommen, wenn dies nach ihrer Meinung sinnlos sei. Tanya sagte anschließend, sie sei traurig. Sie war jetzt nicht mehr aufgeregt, sondern stimmte zu, dass mein Vorschlag sinnvoll sei.

Viele normale Menschen hatten einmal in ihrem Freundeskreis

jemanden vom Typ Tanya. Tanyas offizielle Diagnose lautet: Borderline-Persönlichkeitsstörung. Man schätzt, dass zwei Prozent der Bevölkerung in den USA, das sind sechs Millionen Menschen, eine BPS haben. Das typische Merkmal der Betroffenen ist ihre Neigung zu »spaltenden Denkvorgängen« beziehungsweise Schwarz-Weiß-Denken, was bedeutet, dass andere Menschen von ihnen entweder als durch und durch gut oder durch und durch schlecht erfahren werden. Neue Beziehungen gehen sie mit radikal gespaltenen Übertragungen ein: Jede Person ist sowohl potenzieller Lebensretter als auch potenzieller Verräter. Jeder mit dem Anschein von Aufmerksamkeit wird augenblicklich als Retter gesehen. Sobald sein Interesse zu schwinden scheint, verwandelt sich der Betreffende sofort in einen Verräter. Dieselbe Person kann mehrmals täglich abwechselnd als das eine oder das andere gesehen werden.

Tanya zog andere Menschen durch ihre Intensität und Direktheit an. Sie sagte, was sie fühlte, was vom Gegenüber zunächst unweigerlich als schmeichelhaft empfunden wurde. Idealisiert zu werden kann sich wunderbar anfühlen, besonders wenn der eigene Alltag stumpfsinnig ist. Umgekehrt wurde auch Tanya oft idealisiert. In der Knechtschaft gegenseitiger Idealisierung hielten ihre neuen Freunde und Liebespartner sie für schrullig, kreativ, impulsiv und unkonventionell. Sobald ihre Wutanfälle und Anklagen begannen, hielten sie sie für exzentrisch, unaufrichtig, rücksichtslos und unreif.

Lassen Sie mich an dieser Stelle sagen, dass ich »Borderline« für einen fürchterlichen Begriff halte. Er ist ein historisches Artefakt aus den 50er Jahren des vorigen Jahrhunderts, aus einer Zeit, da die US-Psychiatrie in ihrer Herangehensweise an Patienten ungemein streng und herablassend war. Patienten, die das autoritäre und unengagierte Auftreten ihrer Psychiater schlecht verkrafteten – indem sie gelegentlich wütend oder rebellisch wurden, andererseits voller Selbsthass verzweifelten –, galten als durch die schulmäßige einsichtsorientierte Psychotherapie nicht behandelbar. Die Psychiater bestimmten, dass solche Patienten gefährlich nahe an der Grenze zur

Psychose waren und dass der Stress einer richtigen Psychotherapie sie völlig in den Wahnsinn treiben könnte. Man verlieh ihnen das Etikett »Borderline-Psychotiker«. So wurde »Borderline« zu einem spöttischen Begriff mit den Bedeutungen »schwierig« und »nicht behandelbar«.

Als wir dann sowohl den Irrglauben der Psychiatrie als auch die mentalen Verfassungen dieser Patienten begriffen, wurde klar, dass diese in keiner Weise auch nur in der Nähe von Psychosen anzusiedeln waren. Einige von ihnen kommen schlecht im Alltag zurecht, aber viele ganz gut. Was diese Patienten zusätzlich zu ihrer Neigung zu spalten gemeinsam haben, sind eine stark ausgeprägte Sensibilität gegenüber Zurückweisung sowie Schwierigkeiten bei der Kontrolle von Emotionen. Sobald Therapeuten dies verstehen und umsichtig auf die Reaktionen ihrer Patienten eingehen und deren Gefühle zutreffend lesen, schlägt eine Therapie gut an, und am allerbesten tut dies eine »echte« einsichtsorientierte Therapie.[6] Leider hält sich der Begriff »Borderline« mit seinen negativen Assoziationen noch immer hartnäckig. Auch »Persönlichkeitsstörung« beinhaltet negative Assoziationen. Trotz meines Widerwillens gegen diese Begriffe möchte ich das übliche Kürzel BPS sowohl für eine Person mit der Diagnose »Borderline-Persönlichkeitsstörung« als auch für die Störung selbst benutzen. So kann ich holperige Umschreibungen vermeiden und zumindest ein klein wenig auf Distanz zu den eigentlichen Begriffen gehen.

Gefühlsansteckung (emotional contagion)
Freunde und Liebespartner von Menschen mit BPS beschreiben typischerweise ihre Erlebnisse, »als würde man emotional Achterbahn fahren« oder »als hätte man es mit Jekyll und Hyde zu tun«. Einer meiner Patienten schilderte, wie er mit der geliebten Ehefrau im Arm einschlief und am Morgen bei einer tobenden Irren aufwachte, die ihn anschrie, er sei die Ursache ihres ganzen Elends. Er hatte keine Ahnung, was er getan hatte, um diesen Stimmungs- und Verhaltens-

wandel auszulösen, denn schließlich hatte er ja bloß geschlafen. Alles, was er als Antwort auf Anschuldigungen vorbrachte, wurde mit aggressiven, gehässigen Gegenbeschuldigungen gekontert.

Sie sagte: »Du behandelst mich wie ein Dienstmädchen. Für dich ist das Haus nie sauber genug.«

Er sagte: »Ach ja? Es ist mir egal, ob du sauber machst oder nicht. Wenn du's nicht tust – auch recht.«

Sie sagte: »Das sagst du jetzt bloß so, aber ich weiß, dass du es nicht so meinst. Ich weiß, dass du mich satt hast. Wahrscheinlich willst du sogar, dass ich im Dreck lebe.«

Er verstummte und versank in hoffnungsloser Verzweiflung.

Sie sagte: »Du brauchst es gar nicht zu verbergen. Ich weiß, wie zornig du bist. Ich seh es dir an.«

War er zornig? Er war sich nicht sicher.

»Kannst du nicht zu dir selber stehen? Du bist ein solcher Waschlappen. Du kotzt mich an.«

Jetzt war er sich sicher. Er war wütend.

Das Leben eines BPS ist voll hoffnungsloser Verzweiflung und Wut. Dass mein Patient nun selbst empfand, was seine Frau empfand, ist ein Beispiel für eine Gefühlsansteckung. Diese ist eine Form von Kommunikation. Sie tritt auf, wenn ein Erlebnis zu überwältigend ist, um es in Worte zu fassen. Für den Menschen mit BPS ist es ein Weg, den Gefährten wissen zu lassen, wie schlimm er sich fühlt. Es ist ihm nicht bewusst, was er tut. Wenn mein Patient seine Frau fragte, warum sie ihn allmorgendlich anschrie, pflegte sie immer zu sagen: »Ich weiß auch nicht, was in mich gefahren ist.« Womit sie recht hatte.

Eine Gefühlsansteckung findet oftmals statt, ohne dass sich sagen lässt, wie das ungute Gefühl übertragen wurde. Man fühlt sich in Gegenwart eines anderen unwohl und weiß nicht, warum. Vielleicht hat es nicht bewusst registrierte Informationsübertragungen direkt zur Amygdala gegeben. Beispiel: Die Miene eines Freundes wird immer dann unvermittelt traurig, wenn Sie den Blick abwenden. Seine traurige Miene jenseits der Peripherie Ihrer bewussten Wahrnehmung wird von Ihnen emotional, aber nicht kognitiv verarbeitet, woraufhin Sie selbst sich unerklärlich traurig fühlen.

Oft heißt es, das Leben mit einem BPS-Betroffenen sei ein permanentes Drama. Es stimmt. Ein Dramatiker setzt mit Hilfe von Schauspielern etwas in Szene, das bei seinem Publikum nachhaltige Gefühlserlebnisse hervorruft; so versucht er, etwas über seine Auffassung vom Leben mitzuteilen. Ein BPS benutzt seine nähere Umgebung als Schauspieler und als Publikum, um etwas zu inszenieren, das seine eigenen emotionalen Befindlichkeiten in den anderen nachbilden soll, in der Hoffnung, etwas darüber mitzuteilen, wie er das Leben erfährt.

Es ist schwer, wenn nicht gar unmöglich, komplexe emotionale Zustände nur mit Worten zu vermitteln. Unsere kognitiven Werkzeuge wie rationales Denken und Sprache – ziemlich junge evolutionäre Errungenschaften – erscheinen oftmals schwach im Vergleich zu unseren archaischen Trieben und Emotionen. Der künstlerische Impuls will diese Kluft überwinden und Wege finden, das Unsagbare mitzuteilen. Versuchen wir doch nur, die emotionale Befindlichkeit von Lady Macbeth, Blanche DuBois oder Willy Loman zu beschreiben. Solange wir nicht zu den versierten Dichtern oder Romanautoren gehören, wird unsere Beschreibung im allzu Allgemeinen verharren und vermutlich auf eine ganze Bandbreite von Menschen zutreffen. Phrasen wie »schreckliche Schuld«, »panikartige Verzweiflung« und »erbärmliches Versagen« verblassen vor der Komplexität des seelischen Aufruhrs dieser Charaktere. Wenn aber der Dramatiker diese Charaktere handeln und mit anderen Figuren interagieren lässt, wird ihr mentaler Zustand in plastische Wirklichkeit umgesetzt, und wir können beinahe das fühlen, was sie fühlen.

Mein Patient konnte erkennen, dass seine Frau das Morgendrama inszenierte, um ihren mentalen Zustand mitzuteilen. Er verstand nicht, warum sie nach einem herrlichen Abend morgens in einem so erbärmlichen Zustand war. Ich sagte ihm, wie ich ihr Bewusstsein las: Nach meiner Ansicht fühlte sie sich, wenn sie beide im Bett lagen und er sie im Arm hielt, beschützt und geliebt. Ich überlegte, ob sie vielleicht ihren Kummer ausblendete, indem sie sich ganz dem angenehmen Gefühl seiner körperlichen Nähe hingab, bis sie einschlief. Beim Erwachen am Morgen verspürte sie Panik, dass er bald fort und sie allein sein würde. Sie hasste ihn, weil er sie verließ, und sie hasste sich, weil sie ihn so sehr brauchte. Sie verspürte eine hilflose, verzweifelte Wut. Sie wollte ihn wissen lassen, wie sie sich fühlte, in der Hoffnung, er möge bleiben.

Mein Patient hielt dies für eine plausible Erklärung. An den Wochenenden sei es auch viel besser, solange sie nicht denke, er wolle ausgehen. Dass er jetzt mehr über die Verfassung seiner Frau wusste, veränderte ihr Verhalten nicht, aber es stellte für ihn einen Schutzschild dar, der die Bedeutung ihrer ätzenden Bemerkungen veränderte; die sollten ihn ja nicht vertreiben, sondern in der Nähe halten. Jetzt versucht er, sie morgens fest an sich zu drücken und ihr zu sagen, dass er sie liebt. Er meint, jetzt sei es morgens besser.

Seine Theorie ihres Bewusstseins
Für meinen Patienten stellte es kein Rätsel dar, wie ihn seine Frau dazu brachte, dass er sich selbst so schlecht fühlte; das Rätsel war, warum sie es tat. Er hatte keine *ToM*, die den Sinn ihres Verhaltens erklärt hätte. Die fehlende Erklärung verwirrte ihn zusätzlich zu seiner Verärgerung und Verzweiflung. Zwar wollte er nicht glauben, dass sie ihn hasste, doch manchmal tat er es. Er verlor immer mehr die Hoffnung. Er hatte mit Überlegungen begonnen, sich bei der Arbeitsstelle ein Zimmer zu nehmen oder sogar ganz auszuziehen. Hätte er dergleichen in die Tat umgesetzt, hätte sich die Situation zweifellos verschlimmert und ihren Ängsten vor Zurückweisung und Verlassenwerden neue Nahrung gegeben.

Die von mir dargelegte Theorie von der mentalen Verfassung seiner Frau erklärte sowohl ihren dramatischen Stimmungswandel während der gemeinsamen Nacht als auch die Bedeutung ihrer Wutanfälle. Sie beendete nicht nur seine Verwirrung, sie diente ihm auch als Instrument, um andere Interaktionen zu überprüfen, und machte ihn sensibler gegenüber ihren Ängsten und Mitteilungsformen. Er begegnete ihr mit größerer Aufmerksamkeit, wenn sie beispielsweise die Stirn runzelte oder eine spontane Umarmung benötigte. Er begriff, dass sie einige scheinbare Banalitäten seinerseits – dass er den Blick nicht vom Fernseher wandte, wenn sie etwas sagte, oder dass er während der gemeinsamen Mahlzeit ein Telefongespräch entgegennahm – als Abwendung auffasste. Wann immer er sich auf unerklärliche Weise schlecht fühlte, überlegte er, ob es sich um eine Gefühlsansteckung handelte, und fragte sich, ob es irgendetwas gab, das sie ihm unbewusst mitteilen wollte.

Warum es wichtig ist, BPS und ähnliche Fälle zu verstehen
BPS ist verbreitet, und sogar noch mehr Menschen haben das, was Psychiater »Borderline-Tendenzen« nennen, d. h., sie haben einige, aber nicht alle Symptome einer BPS. Tatsache ist, dass schwarzweiße Weltsicht, jähe Gefühlsumschwünge, Hypersensibilität gegenüber Zurückweisung und Verlust, Unsicherheit hinsichtlich der eigenen Identität und unangemessene Verärgerung den meisten ab und zu widerfahren, besonders unter Stress. Erinnern wir uns an die Pubertät. Für einen Psychiater ist es oft schwer, den Unterschied zwischen einem normalen Heranwachsenden und einer BPS-Persönlichkeit festzustellen. Wird jemand mit Borderline diagnostiziert, heißt das, er zeigt so viele dieser Symptome und um so vieles hartnäckiger und intensiver als andere Menschen, dass das Leben für den Betroffenen, und gelegentlich auch für seine Umgebung, auf schmerzliche Weise schwierig wird. Die Fähigkeit, ein BPS-Bewusstsein zu lesen, kann das Leben für alle Beteiligten weniger stressig gestalten. Dass man BPS-Symptomen – im Gegensatz zu vielen anderen wie Zwangsvorstellungen, Halluzinationen oder Bulimie, um nur ein paar zu nennen – überall begegnet, macht diese Aufgabe umso leichter.

Es ist alles andere als hoffnungslos
Falls es bei BPS überhaupt eine »Borderline« gibt, dann ist dies die Grenzlinie zur Normalität, und die wird häufig überschritten. Im Gegensatz zur Meinung vieler Experten für geistig-seelische Erkrankungen, ist BPS kein chronischer Zustand. Seit über zehn Jahren untersuchen Wissenschaftler der Harvard University 290 Patienten, die mit der Anfangsdiagnose BPS in die Klinik geschickt wurden. Nach zwei Jahren waren 47 Prozent keine BPS-Fälle mehr, nach sechs Jahren 73,5 Prozent und nach zehn Jahren 88 Prozent. Ein erneutes Auftreten der Symptome gab es nur in einigen wenigen Fällen; insgesamt kam es lediglich bei einer Handvoll wieder zur BPS.[7] Die Wissenschaftler folgerten, dass »die Mehrzahl der Borderline-Patienten weitaus früher, als bislang bekannt, einen wesentlichen Rückgang ihrer Symptome erleben«. Und: Der wichtigste Faktor bei der Besserung des Befindens war die Empfindung, verstanden zu werden. »Sobald sie sich besser verstanden fühlen, sind sie oft in der Lage, adaptivere Praktiken zu erlernen, um mit ihren zahlreichen und verschiedenartigen Symptomen umzugehen.«

Leider will uns ein Großteil der verfügbaren populärwissenschaftlichen Literatur und der Informationen im Internet glauben machen, dass BPS-Betroffene gefährliche Manipulateure seien, die Nichtsahnende in ihr Spinnennetz locken und ihnen schreckliches Leid zufügen. Die Figur der Alex, die Glenn Close in *Fatal Attraction*, (dt. *Eine verhängnisvolle Affäre*) spielt, wird oft als beispielhafter Charakter zitiert.[8] In diesem Film von 1987 verführt Alex den von Michael Douglas gespielten Dan zu einem Seitensprung am Wochenende, während seine Frau und die Kinder fort sind. Für Dan stellte sich das Ganze als eine kurze, lustvolle Affäre dar, doch als er wieder zu seiner Familie zurück will, fängt Alex verzweifelt an zu klammern. Da Dan auf jeden Fall weiter sein gewohntes Leben führen möchte, unternimmt Alex einen Selbstmordversuch. Als auch dieser Dan nicht zurückbringt, behauptet sie, schwanger zu sein, beginnt seine Familie zu terrorisieren, verbrüht das Kaninchen der Tochter und versucht, seine Frau umzubringen.

»Hütet euch vor den BPSlern. Die sind schwierig und gefährlich«, scheint die weit verbreitete Ansicht zu sein. Doch in ihnen die bösen anderen zu sehen, stellt selbst eine Form von gespaltenem Denken dar. Tatsächlich werden wir von ihnen genauso angezogen wie verführt, und Beziehungen mit ihnen enden mit größerer Wahrscheinlichkeit damit, dass sie sich selbst schaden und nicht uns.

Viele aus meinem Bekanntenkreis waren einmal in einer engen privaten Beziehung mit einer BPS-Person. Viele erinnern sich mit bittersüßer Wehmut an eine Zeit der Intensität, an eine wertvolle Erfahrung trotz aller Schmerzhaftigkeit. Die Idealisierungen durch BPS-Partner sind total und überzeugend und vermitteln der idealisierten Person ein wunderbares Gefühl. BPS-Betroffene sind im Ausdruck ihrer Bedürfnisse und Wünsche direkt, sprengen die Beschränkungen der Konvention, widmen den geistlosen Dingen des Erwachsenenalltags wie Rechnungen bezahlen oder Hausputz oft nur flüchtige Aufmerksamkeit. Bei ihren Anliegen geht es ums Grundsätzliche, weshalb es immer um Leben und Tod geht: Werde ich uneingeschränkt geliebt oder gnadenlos im Stich gelassen? Gehe ich kaputt oder bleibe ich heil? Für sie gibt es keine Abstufungen von Intimität. Es heißt, alles oder nichts. Eine neue Freundschaft kann wie eine pubertäre Verknalltheit oder wie eine verrückte Liebesaffäre empfunden werden. Ich habe nicht wenige Patienten erlebt, die sich nur Borderline-Liebespartner gesucht haben, obwohl auf ein Scheitern gleich das nächste folgte. Die Erregung der Anfangsphase ist rauschhaft, und eine eher normale Langzeitbeziehung erscheint als Falle. Für diejenigen, die sich von solchen Beziehungen fernhalten wollen, gibt es leicht zu lesende Anzeichen; allerdings ziehen viele es vor, diese nicht zu sehen.

Idealisierungen – das Ersehnte wird potenziert und alles Gegenteilige ignoriert – sind die Gleitmittel neuer Beziehungen. Sie ermöglichen es den Menschen, über Peinlichkeiten, Hemmungen und kleinere Irritationen hinwegzukommen. Wenn alles gut läuft, werden die Idealisierungen von einer einigermaßen zufriedenstellenden Wirklichkeit abgelöst und nie mehr vermisst: Ihre neue Freundin weiß zwar nicht *alles* über moderne Kunst, aber sie weiß *eine Menge* darüber und noch über anderes; der neue Freund ist zwar nicht *total* cool, aber *cool genug* und sehr nett. Manchmal sind Idealisierungen so weit von der Realität entfernt, dass sie Enttäuschungen bereiten, aber doch nicht so weit, als dass sie sich wie Betrug anfühlen würden: Zwar ist Er nicht annähernd der Liebhaber, für den Sie ihn hielten, doch sind Sie der Meinung, dass es trotzdem klappen wird.

Die Idealisierungen durch Menschen mit BPS spiegeln eine Sehnsucht wider, die unmöglich zu erfüllen ist; die Erfüllung anderer Wünsche ist ihnen kein annehmbarer Ersatz. So ist das Gefühl, betrogen worden zu sein, unausweichlich. Alles, was gesagt wird, gleichgültig, wie überschwänglich es klingt, dient als Deckmantel für die unerfüllbaren Sehnsüchte. Selbst wenn sie sagt, Sie sähen wie ihr Idealtyp aus oder Sie könnten zuhören wie kein anderer – was sie meint, ist, dass Sie sie aus ihrer Not erlösen und ihr das Gefühl vermitteln, eine stabile und ganzheitliche Persönlichkeit zu sein. Wenn sie durch irgendetwas erkennt, dass dies nicht geschehen wird, fühlt sie sich an der Nase herumgeführt und betrogen. Leider werden BPS-Betroffene oft an der Nase herumgeführt und von jenen missbraucht, die ihnen die Erfüllung ihrer Sehnsüchte versprechen. Manche sind bereit, fast alles für jemanden zu tun, der verspricht, ihr Leiden und Sehnen zu beenden.

Wenn Sie keine enge Beziehung mit einer BPS-Person eingehen wollen – und es ist nicht schwer, den Ansatz zu erkennen –, dann bringen Sie die Seifenblase der Idealisierung schnellstmöglich zum Platzen. Weisen Sie Schmeicheleien zurück und stehen Sie zu Ihrer Unvollkommenheit. Lassen Sie sich nicht weismachen, Sie seien der Retter. Spielen Sie nicht den Helden, auch wenn sich das wunderbar anfühlt, falls Sie nicht bereit sind, den Absturz in Kauf zu nehmen. Haben Sie erst einmal Abstand von Drama und Erregung gewonnen und die Idealisierungen rechtzeitig gestoppt, können Sie, falls Sie es wollen, ein guter Freund für jemanden mit BPS sein. Am Arbeitsplatz haben Sie keine Wahl. Dort sind BPS-Beziehungen unvermeidlich. Man kann dazu beitragen, sie vernünftig zu gestalten. Lassen Sie sich nicht von jemandem einschüchtern, der das Etikett BPS mit sich herumträgt. Dessen mentaler Zustand ist kein großes Mysterium. Ein BPS-Bewusstsein zu lesen wird sogar dadurch einfacher, dass die Anliegen so fundamental und die Emotionen so intensiv sind.

Es gibt Grundregeln, um eine gute private oder eine Arbeitsbeziehung zu BPS-Betroffenen herzustellen. Sie sind gleichermaßen nützlich in einer Beziehung mit irgendjemand anderem, der anstrengend und anspruchsvoll ist und in Extremen denkt:

1. Durchkreuzen Sie Idealisierungen. (Man kann es nicht oft genug wiederholen.)

2. Lehnen Sie Schwarz-Weiß-Denken ab. Akzeptieren Sie keine Charakterisierungen anderer als total schlecht oder total gut. Fragen Sie nach und drängen Sie auf Differenzierungen.

3. Seien Sie sich stets der Empfindlichkeiten gegenüber Ablehnung und Verlassenwerden bewusst.

4. Versuchen Sie sich über Ihre eigenen Grenzen und über das klar zu werden, was für Sie akzeptabel ist. Denken Sie daran, dass zwar manche Etikettierungen hilfreiche Beschreibungen sein können, dass »Borderline« aber nicht dazugehört.

Liebesbeziehungen

In den meisten Beziehungen stellen unrealistische Idealisierungen ein Warnsignal für bevorstehende stürmische Zeiten dar. Niemand kann vollendet aufmerksam und fürsorglich sein; niemand kann auch noch das kleinste Bedürfnis eines anderen erfüllen. Sobald die Wirklichkeit nicht mit den Erwartungen in Einklang zu bringen ist, sind Enttäuschung und Verärgerung unvermeidlich. Wenn aber ein Paar sich anschickt, eine Liebesbeziehung einzugehen, kommt es erwartungsgemäß zu schwärmerisch überspannten Idealisierungen. Im Stadium der Verliebtheit sieht jeder den anderen als vollkommen und lebenswichtig an; beide glauben sie, den richtigen Menschen gefunden zu haben und dass es kein anderer sein könnte; und jeder meint, im anderen die einzig wahre Liebe gefunden zu haben. Im rosaroten Schein der neuen Liebe haben die beiden Romantiker das Gefühl, dass sie auf ewig beieinanderbleiben werden.

Trotz allen rationalen Wissens über die Probleme von Beziehungen und die Häufigkeit von Scheidungen, sind die Menschen noch immer auf der Suche nach einer Beziehung, die ewig hält. Die meisten glauben, dass die Entscheidung, wen man heiratet, die wichtigste ihres Lebens ist. Wenn man also davon ausgeht, dass sie einen Partner finden wollen, mit dem sie ein ganzes Leben lang zusammen sein können, sollte man annehmen, dass sie eine wohlüberlegte Wahl treffen. Alle Indizien weisen darauf hin, dass sie es nicht tun.

»Rational nicht erklärbar«, schlossen zwei Schweizer Ökonomen, die sich näher mit der Art und Weise befassten, in der sich Menschen in Europa und den USA Partner aussuchen. Überrascht stellten sie fest: 1. Die Menschen wenden nicht viel Zeit für die Suche auf. 2. Sie richten ihr Augenmerk hauptsächlich auf Faktoren, die mit Liebenswürdigkeit assoziiert werden (Aussehen, Wärme, Sinn für Humor), und ignorieren Alltagstaugliches (Zuverlässigkeit, Organisiertheit, Zielstrebigkeit). 3. Sie holen sich keinen Rat. 4. Sie unterschätzen das Scheidungsrisiko grotesk.

Die meisten Menschen finden »die eine wahre Liebe« in der eigenen Nachbarschaft, in der Schule oder am Arbeitsplatz. Leider führt eine zeitaufwändigere Suche nicht notwendigerweise zu einer besseren Ehe. Ein Zusammenleben vor der Ehe senkt nicht das Scheidungsrisiko. Hat man sich Hals über Kopf verliebt, sieht man Informationen und Ratschläge als unwichtig an. In vielen Kulturen suchen die Eltern die Partner für die Kinder aus, und Liebe spielt dabei keine Rolle. In den Kulturen, in denen die jungen Liebenden selbstständig einander suchen, ist Liebe das Einzige, was zählt. Die Eltern werden dann selten um Rat gefragt. Freunde und sogar Therapeuten haben geringen Einfluss. Ich habe Fälle erlebt, in denen der Freund den Freund anflehte, sich doch alles noch einmal zu überlegen – vergeblich; und andere, in denen Therapeuten warnend auf die zu erwartenden Probleme hingewiesen hatten – erfolglos.

Was für eine Liebe ist denn das?
Im alten Griechenland trafen sich abends Gruppen von Männern und aßen, tranken und plauderten. An manchen Abenden ging es wild zu; bis weit in die Nacht wurde ununterbrochen getrunken, nackt getanzt und gesungen. An anderen wurde es hitzig, wenn sie debattierten und philosophierten. Diese Zusammenkünfte hießen »Symposien«, griechisch für »Trinkgelage«. Platons *Symposion* (dt. *Das Gastmahl*) berichtet von einem solchen Treffen sieben guter Freunde in Athen vor fast 2500 Jahren. Als man mit dem Zechgelage beginnen wollte, bemerkte einer von ihnen, ein Arzt, dass sie ja noch immer verkatert seien vom Abend zuvor. Er regte an, sich mit dem Trinken zurückzuhalten und lieber eine seriöse Diskussion zu führen. Er schlug vor, abwechselnd Lobreden auf den Gott Eros zu halten. Männer, so sagte er, sprächen oft über Sex, Wein und Schönheit, doch selten über Liebe. Die anderen stimmten zu.

Die ersten drei Redner beziehen Stellung aus der Perspektive ihrer Berufe: Lob der Liebe in der Literatur, aus der Sicht des Rechtswesens und der Heilkunde. Dann ist Aristophanes an der Reihe. Dieser ist nicht nur ein populärer Komödiendichter, sondern auch aktiver Kriegsgegner und Feminist. Er beginnt mit der Feststellung, die Menschen hätten noch niemals die Macht der Liebe verstanden. Dann erzählt er eine Geschichte über den Ursprung der Liebe. Vor langer Zeit, sagt er,

»... war die ganze Gestalt eines jeden Menschen rund, sodass Rücken und Brust im Kreise herumgingen. Und vier Hände hatte jeder und Schenkel ebensoviel als Hände, und zwei Angesichter auf einem kreisrunden Halse einander genau ähnlich, und einen gemeinschaftlichen Kopf für beide einander gegenüberstehende Angesichter, und vier Ohren, auch zweifache Schamteile und alles Übrige, wie es sich hieraus ein jeder weiter ausbilden kann. Er ging aber nicht nur aufrecht wie jetzt, nach welcher Seite er wollte, sondern auch wenn er schnell wohin strebte, so konnte er, wie die Radschlagenden jetzt noch, indem sie die Beine gerade im Kreise herumdrehen, das Rad schlagen, ebenso auf seine acht Gliedmaßen gestützt sich sehr schnell im Kreise fortbewegen.«[9]

Nicht zwei Geschlechter habe es gegeben, sondern deren drei: männlich, weiblich und gemeinschaftlich. Diese doppelgesichtigen, achtgliedrigen Geschöpfe seien so mächtig und anmaßend gewesen, dass sie es wagten, die Götter herauszufordern. Zur Strafe habe Zeus sie in zwei Hälften zerschnitten und die Menschen dazu verdammt, sich auf ewig an ihre ursprüngliche Natur zu erinnern und ständig nach ihrer abhandengekommenen zweiten Hälfte zu suchen. Das Streben, aus zweien wieder eins zu machen, werde Liebe genannt. Liebe erkläre auch unsere Reaktion, wenn wir unsere fehlende Hälfte finden: Wir sind überwältigt von Zuneigung und Anteilnahme, klammern uns aneinander und wollen nie mehr auseinandergehen. Liebe sei mehr als Lust. Liebe sei unser größter Wohltäter, der uns zu unserer eigenen Natur zurückführe und uns Hoffnung für die Zukunft gebe, schließt Aristophanes.

Es ist eine wunderbare Geschichte und eine bemerkenswerte Theorie der Liebe, umso mehr, als sie stimmt. Erst mehr als zweitausend Jahre nach dem *Gastmahl* begann die wissenschaftliche Erforschung der Liebe, zunächst durch Freud und andere Psychoanalytiker in ihren Sprechzimmern, dann von Entwicklungspsychologen in Kindertagesstätten und von Experimentalpsychologen in Laboratorien; jetzt sind es die Neurowissenschaftler mit ihren Kernspintomografen, die die Gehirne von verliebten Menschen scannen. Alle zusammen haben wesentliche Aspekte von Aristophanes' Theorie bestätigt:
- Gleichgeschlechtliche Liebe ist genauso Teil unserer Natur wie die Liebe zwischen Mann und Frau.

- Die Triebkraft der Liebe ist das Suchen, nicht das Finden.
- Findet man jemanden, den man liebt, ist dies in Wahrheit ein Wiederfinden.
- Um zu lieben, suchen wir nach uns selbst.
- Liebe ist nicht Sex, und Sex ist nicht Liebe.
- Liebe heilt unsere Wunden.

- *Gleichgeschlechtliche Liebe*

Aristophanes hat gleichgeschlechtliche Liebe nicht gerechtfertigt. Er hat den Ursprung der Liebe erklärt, und dass sie für die Liebhaber von Männern und für die Liebhaber von Frauen das Gleiche ist. Ihm und seinen Freunden war die Vorstellung fremd, dass das Geschlecht der Person, die man liebt, eine Rolle spielen sollte. Alle hatten Ehefrauen und Familien, genauso, wie sie Liebhaber im Knabenalter hatten. Sie flirteten untereinander, und einige waren Liebespaare. Ich erwähne das zum Teil deshalb, weil viele aus den Reihen der Wissenschaft der Position des Aristophanes heute zustimmen: Sowohl Heterosexualität als auch Homosexualität sind natürlich und sind erklärungsbedürftig. Mit Bezug auf das Bewusstseinlesen lässt sich gut veranschaulichen, weshalb es manche in gewissen Fragen hinsichtlich Geschlecht, Rasse und Religion nicht akzeptieren können, dass andere Menschen anders denken. Sie sagen beispielsweise zu jemandem, dass nach Ihrer Ansicht schwul zu sein genauso natürlich sei wie hetero. Der andere gibt zurück: »Ich kann nicht glauben, dass du das wirklich denkst. Das sagst du doch bloß, um deine Sünde zu rechtfertigen.« Seine Aussage lässt auf ein falsches Lesen einer mentalen Verfassung schließen, das den Anspruch erhebt: ›Ich kenne dein Bewusstsein besser als du.‹ Ich habe homosexuelle Patienten erlebt, deren Eltern sie lieben, die aber in dieser Weise reagieren. Ich habe den Verdacht, dass bei solchen Eltern der Glaube ihr alleiniger Halt im Leben ist. Diesen überhaupt infrage zu stellen, ist für sie zu Furcht einflößend.

- *Die Triebkraft der Liebe ist das Suchen, nicht das Finden*

Man könnte den Satz auch so formulieren: Liebe ist ein »Motivationssystem«. Ein Motivationssystem treibt jemanden an, etwas zu suchen. Hunger ist ein Motivationssystem. Die Menschen tun, was sie tun müssen, um zu Nahrung zu kommen. Wenn sie genug gegessen haben, sind sie für kurze Zeit zufrieden, bis der Hunger den Vorgang erneut startet. Liebe treibt die Menschen an, jemanden zu suchen, den sie lieben können. Hat jemand seine Liebe gefunden, ist durch die Freude an der Verbindung seine Sehnsucht gestillt. Liebhaber werden nicht gegessen; sie verschaffen immer neue Befriedigung, solange die Verbindung andauert.

- *Liebe ist nicht Sex, und Sex ist nicht Liebe*

Auch Sex ist ein Motivationssystem. In der Zeit vor Kultur und Empfängnisverhütung trieb er die Menschen dazu, sich zu paaren und fortzupflanzen. Die Menschen sind anspruchsvoller hinsichtlich der Person, die sie lieben, als hinsichtlich der Person, die sie sexuell anziehend finden. Viele Männer fühlen sich von fast jeder Person angezogen. Neurowissenschaftler haben im Gehirn die Verbindungspfade sowohl von sexueller Erregung als auch von romantischer Liebe aufgespürt. Siebzehn junge Männer und Frauen, die »echt, wahnsinnig und total verliebt« waren, betrachteten Bilder von ihren Liebespartnern und Bilder von Freunden aus dem anderen Geschlecht, während ihr Gehirn im Kernspintomografen gescannt wurde. Beim Betrachten ihres Liebespartners erschien ein charakteristisches Muster von Gehirnaktivität auf dem Bildschirm. Die Liebe beeinflusst eine ganze Reihe von Gehirnstrukturen von der Amygdala bis zum Cortex, einschließlich Strukturen des Gedächtnisses und der sozialen Interaktion. Mit positiver Belohnung verknüpfte Areale wurden nach einem Muster aktiviert, das ähnlich aussah wie bei Kokain. Offenbar macht uns Liebe high. Von gleichem Interesse waren die Areale, die deaktiviert wurden. Jene, die mit Depression, Traurigkeit und Angst (schon wieder die Amygdala) verknüpft sind, wurden auf »Standby« geschaltet. Alles Positive wurde verstärkt, alles Negative herabgestuft. Jetzt erkennen wir, warum Verliebte wie auf Wolken schweben.

Es gab keine Überlappungen zwischen der Gehirnaktivität bei Liebe und der bei sexueller Erregung. Vorhergehende Studien zur sexuellen Erregung hatten Aktivitäten in dem Areal ergeben, das die visuelle Wahrnehmung verarbeitet.[10] Areale, die körperliche Erregung und Angst auslösen – der Hypothalamus und die Amygdala –, waren ebenfalls aktiv, bei Männern stärker als bei Frauen.[11] Dadurch wurde das Interesse am Betrachten gesteigert. Einige Männer unter den Probanden wurden von fast jedem Bild »angetörnt«.

Sex ohne Liebe ist ein Hauptthema unserer Kultur. Es im Gehirn wiederzufinden ist keine Überraschung. Warum erscheint Liebe ohne Sex als eine merkwürdige oder zweitklassige Vorstellung? Im weiteren Verlauf von Platons *Gastmahl* preist Sokrates die Kreativität als eine andere höhere Form von Liebe. Heutzutage scheinen wir die platonische Liebe entweder als oberflächlich oder als Feigenblatt für eine Affäre abzutun. Man erwartet von uns, dass wir unsere sehr engen gleichgeschlechtlichen Freundschaften, in denen es nicht um Sex ging, mit der Pubertät hinter uns lassen, sobald wir beginnen, uns mit »richtiger« Liebe zu befassen.

Obwohl sich Sex und Liebe im Gehirn nicht überlappen, kommen sie einander nahe. Sie sind auch durch angrenzende Strukturen verbunden. Das eine kann eindeutig das andere stimulieren, und Angst und Furcht stimulieren beide. Ein älterer Freund und ehemaliger Soldat erzählte mir, der beste Sex sei der im Krieg gewesen. Im Zweiten Weltkrieg hatte man ihn in Frankreich mit dem Fallschirm hinter den feindlichen Linien abgesetzt, um Informationen aus der Landbevölkerung zu beschaffen. Er sagte, die jungen Frauen seien mehr als glücklich gewesen, sich mit ihm zu treffen. Angst und Furcht können die Leidenschaft steigern, und die Nähe des Todes baut Hemmungen ab; so wird intensive Lust zu Trost inmitten der Schrecken des Krieges.

Krieg und Intensität können auch Liebe stimulieren. Viele Soldaten heirateten Frauen, mit denen sie sich sprachlich nicht verständigen konnten, doch mit denen sie intensive Gefühle erlebten und in den meisten Fällen auch wahre Leidenschaft. Spielt es eine Rolle, ob Liebe durch großartigen Sex oder durch Krieg zustande kommt? Sind die normalen Auslöser – Nähe und Aussehen – in irgendeiner Weise besser? Hat die Liebe erst einmal angefangen, macht sie anscheinend selbstständig weiter.

- *Findet man jemanden, den man liebt, ist dies in Wahrheit ein Wiederfinden. Um zu lieben, suchen wir nach uns selbst*

Die Idealisierungen der Verliebtheit sind nichts, wovor man sich fürchten müsste. Zunächst sind sie ein kokettes Spiel, in dem Enttäuschungen nicht vorkommen. Wurde eine Ehe mit vierzehn geschlossen, dann hat das verliebte Paar vielleicht tatsächlich alles geglaubt, was es damals sagte. Meine Patienten, die Ende zwanzig, dreißig oder vierzig heiraten, wissen, dass die Aussage: »Du bist die schönste Frau der Welt«, objektiv nicht wahr ist. Sie bedeutet: »Für mich bist du die schönste Frau der Welt und wirst es immer bleiben.« Öfter noch sagen sie Dinge wie: »Du bist der interessanteste Mensch, den ich je getroffen habe«, oder: »Keiner bringt mich so zum Lachen wie du.« Die Idealisierungen der Liebe erfordern keine Vergleiche mit der Realität. Die alte Frau, die ihren gebrechlichen Mann im Pflegeheim besucht, kann noch immer sagen: »Du bist und bleibst mein schneidiger Soldat.«

Was in der romantischen Liebe idealisiert wird, ist die Fähigkeit des Verliebten zu lieben. Der Verliebte will seine Geliebte lieben mit der bedingungslosen Liebe einer Mutter zu ihrem kleinen Kind. Natürlich geht das nicht, doch dies ist das Ideal der Liebe. Was wir in der Liebe wiederfinden, ist dieses Erlebnis der Mutterliebe: als wir einander so nahe waren, dass wir uns eins fühlten; als sie unsere Bewegungen nachahmte und unsere Bedürfnisse vorwegnahm und wir ständig zusammen waren wie ein mächtiges Wesen mit vier Armen und vier Beinen.

Jeder Verliebte liebt sich im anderen selbst. Immer wieder haben Wissenschaftler nachgewiesen, dass sich die Menschen Liebespartner suchen, die wie sie selbst sind. Sie fühlen sich zumeist zu Menschen hingezogen, die ihnen ähnlich sind bei solchen Kriterien wie Intelligenz, gutes Aussehen, sozioökonomischer Status, Religion, Sportlichkeit und anderen. Mithilfe von entsprechender Bildbearbeitungssoftware erstellten Psychologen der schottischen University of St. Andrews »Fotografien« von Gesichtern mit deutlichen Wesenszügen der Testpersonen, die aber in das jeweils andere Geschlecht übertragen worden waren. Die Probanden erkannten die Ähnlichkeiten nicht, wurden aber mehr von den Gesichtern angezogen, die den ihrigen nachgebildet waren.[12] Ich halte es für dienlich, diese Ähnlichkeiten als übertragene Auslösereize zu sehen, die den Beginn einer Liebe bewirken. Unsere Liebespartner brauchen nicht genau so zu sein wie wir, doch müssen wir genug von uns im anderen entdecken, um das Gefühl zu bekommen, einen Teil von uns gefunden zu haben.

Gegensätze ziehen sich nicht an. Wissenschaftler haben herausgefunden, dass eine Partnerwahl nach ausgeprägt gegensätzlichen Kriterien hinsichtlich Stil oder Charakter meist damit endet, dass die Beziehung schnell in die Brüche geht. Viele dieser Beziehungen werden zu dem, was die Forscher *fatal attractions* (»verhängnisvolle Affären«, »unheilvolle Konstellationen«) nannten. Die Person, in die man sich zunächst wegen ihrer Andersartigkeit verliebt hat, wird zum Schluss deswegen gehasst.[13] Eine Ausnahme bildet das Temperament. Die Menschen suchen sich gern einen Liebespartner, dessen Temperament wie ein ausgleichender Elternteil wirkt. Auf diese Weise ergänzen sich die Temperamente der Partner gegenseitig. Paare, bei denen der eine Partner hochreaktiv, nervös, ängstlich und übererregbar ist, der andere niedrigreaktiv, cool und nicht aus der Ruhe zu bringen, trifft man überall. Der hochreaktive Partner bringt den coolen in Schwung, der coole beruhigt den hochreaktiven.

- *Liebe heilt unsere Wunden*

Die Wissenschaft liefert immer mehr Befunde, wonach eine liebevolle Beziehung die körperliche Gesundheit verbessert. Umarmungen senken den Blutdruck. Sex hilft dem Herzen. Lloyd Silverman, wissenschaftlich tätiger Psychologe an der New York University, hat aufgezeigt, dass in einer Liebesbeziehung das Gefühl, mit dem anderen eins zu sein, viele seelische Wunden heilt. In zahlreichen Experimenten ließ Silverman Bilder unterhalb der Wahrnehmungsschwelle (»subliminal«) aufblitzen, d. h. so kurz, dass die Probanden sich gar nicht bewusst waren, überhaupt etwas gesehen zu haben. Das in Silvermans Experimenten am häufigsten verwendete Bild war eine Zeichnung von einer Mutter, die ein Kind hielt, mit dem Satz: »Mami und ich sind eins.« Silverman stellte fest, dass dieses außerhalb des Bewusstseins präsentierte Bild Patienten entspannen und manchmal heilen konnte.[14]

Silvermans erste Testpersonen waren hospitalisierte Patienten mit Schizophrenie, einer schweren und kraftraubenden Geisteskrankheit. Er fand heraus, dass deren Symptome, einschließlich des unlogischen Denkens und unangemessenen Verhaltens, abnahmen, nachdem die Patienten subliminal »Mami und ich sind eins« gesehen hatten. Silverman und seine Kollegen führten mehr als fünfzig Studien durch und andere Forschungsgruppen noch einmal weitere fünfzig. »Mami und ich sind eins« reduzierte die Symptome bei einer ganzen Reihe von Problemen, darunter Schüchternheit, pubertäre Verhaltensprobleme, Phobien, Essstörungen und Rauchen. Jeden Tag lernen wir mehr über die heilsamen Wirkungen der Liebe. Vieles müssen wir erst noch lernen. Doch wenn schon ein im Millisekundenbereich aufblitzendes Bild eine solche Kraft hat, dann kann man sich vorstellen, was eine dauerhafte Liebesbeziehung erreichen kann.

Mind-reading-Probleme in Liebesbeziehungen

Was Verliebtheit auslöst, ist oft unklar. Soweit wir wissen, ist es eine Kombination von Auslösereizen, die den Beteiligten das Gefühl vermittelt, der andere sei wie man selbst. Zusätzlich muss jeder das Gefühl haben, dass sich der andere lieben lässt. Unzufriedenheiten in Liebesbeziehungen rühren öfter daher, dass man nicht lieben darf, als dass man nicht geliebt wird. Manches tritt offen zutage: Er lässt nicht zu, dass ich ihn liebe. Sie lässt nicht zu, dass ich ihr helfe. Anderes muss erst interpretiert werden: Er hört nicht zu. Sie reagiert nicht auf meine Berührung.

Probleme entstehen, wenn jemand so unbedingt bei der Lösung eines Problems helfen will, dass er der restlichen Persönlichkeit kaum Aufmerksamkeit schenkt. Ein Mann findet sich beispielsweise zum wiederholten Mal in einer Beziehung mit einer Frau, die sexuell nicht auf ihn reagiert. Er verspürt ein so starkes Bedürfnis, ihr Problem zu beheben, um sich selbst als richtiger Mann zu fühlen, dass er dabei übersieht, dass die Frau aus ganz eigenen Gründen nicht angefasst werden möchte. Manchmal heiratet ein solches Paar in dem Glauben, es werde sich im Lauf der Zeit schon alles geben. Nach meiner Erfahrung tut es das so gut wie nie.

Ein emotionaler Interpret
David Demajian, einer meiner Patienten, suchte sich immer wieder den gleichen Frauentyp aus. Als wir uns kennenlernten, hatte der achtunddreißigjährige David bereits zwei Versionen dieses Typs geheiratet und arbeitete sich jetzt, eher kläglich, durch eine lange Prozession der geschiedenen Variante. Obwohl Davids spezielle Interpretation von *Groundhog Day ... und täglich grüßt das Murmeltier* auf interessante Weise multikulturell war – Ehefrau eins war Jüdin, Ehefrau zwei Italienerin und die aktuelle Freundin hispanisch: gleichgültig, von welcher Volksgruppenzugehörigkeit, alle seine Ehefrauen und Freundinnen waren chronisch bekümmert, entsetzlich ängstlich und klammerten sich Hilfe suchend an ihn.

Eines Tages fragte er halb scherzhaft, halb verzweifelt: »Warum lande ich jedes Mal bei der gleichen Frau?«

In Davids Fall war die offensichtliche Antwort auf diese Frage auch die zutreffende. Unbewusst versuchte er stets aufs Neue, die Beziehung zu seiner Mutter nachzubilden, die selbst eine chronisch bekümmerte und ängstliche Frau gewesen war. Wenn er sie beruhigte, konnte er sich eins mit ihr fühlen. David störte sich nicht an diesem speziellen Problem bei seinen Ehefrauen. Es befriedigte ihn, wenn er ihre Ängste beschwichtigen konnte, und er fühlte sich geliebt, während er es tat. Aber sein emotionaler Interpretationsstil, der ihn unwiderstehlich zu bekümmerten Frauen hinzog, ließ ihn nicht erkennen, wie verstört sie waren. Er stellte die emotionale Gleichung auf: Je mehr sie unter ihren Ängsten leidet, desto mehr wird sie mich brauchen und lieben. Als Sklave seiner Sehnsucht konnte er nicht erkennen, dass die Frauen, die er sich aussuchte, zu verstört waren, um allein zu sein, und auch durch seine Liebe nicht geheilt werden konnten. Unausweichlich fühlte er sich schließlich in der Falle und musste davonlaufen.

Eine kognitive Interpretin
Linda James wuchs in Nobelvororten auf, doch ihre Eltern gehörten zur Arbeiterschicht. Ihre Mutter hatte einen Job im Supermarkt Kmart, und ihr Vater arbeitete als Rasenpfleger. In der Schule schämte sie sich als Kind von niederen Angestellten und weil sie Kmart-Kleidung trug. Zudem lebte sie in einer Problemfamilie. Der Vater trank und schlug die Mutter. Sie war entschlossen, auszubrechen und wie die Leute zu werden, die sie beneidete. In der Mittelschule fiel dem Sportlehrer auf, dass sie schnell war. Sie kam als Sprinterin in die Leichtathletikgruppe und wurde bald zum Star. Auf Grund ihrer Intelligenz und ihrer sportlichen Fähigkeiten erhielt sie ein Stipendium an einem ausgezeichneten College. Danach machte sie ihr Examen an einer der besten juristischen Fakultäten und bekam eine Stelle in einer renommierten Firma.

Sie wollte heiraten, in eine reiche Vorstadtgegend ziehen und eine Familie gründen. Es war weniger ihr Herzenswunsch als die Überlegung, das sei einfach das Richtige für sie. Schon früh in ihrer Kindheit hatte sie aufgehört, Gefühle zu haben, um Schmerzen zu vermeiden. Sie traf alle ihre Entscheidungen durch Abwägen der Fakten. Linda suchte sich ihre Liebespartner nach deren Lebensläufen aus. Sie hatte mehrere gefunden, die ihre Kriterien erfüllten. Sie kamen von den Eliteuniversitäten der Ostküste, waren sportlich, stammten aus wohlhabenden Familien mit guten Verbindungen. Sie glaubte, diese Männer würden ihr helfen, sich authentisch zu fühlen und nicht wie eine Schwindlerin, die ihre Vergangenheit vertuschte. Nach mehrfachem schmerzlichem Scheitern kam sie zu mir in die Sprechstunde und wusste nicht mehr weiter. Ihren Berichten über das, was geschehen war, entnahm ich, dass die Männer anscheinend genau das Gegenteil von dem taten, was sie sich von ihnen erwünscht hatte. Sie zogen sie auf und ließen sie spüren, dass sie nicht gut genug für sie war. Sie drohten ihr mit Bloßstellung, sollte sie sich nicht ihren Wünschen beugen. Weil sie von ihren Gefühlen abgeschnitten war, konnte sie nicht erkennen, dass sie diese Männer unbewusst als ihrem Vater ähnlich wahrnahm: Sie waren wie er brutal und tranken zu viel.

Es dauerte einige Jahre, bis sie erkennen konnte, was sie fühlte. Ich habe wahrscheinlich tausend Mal gesagt – und ich habe fast nichts anderes gesagt: »Sie lösen sich schon wieder los« oder »Sie fühlen nicht«, wenn ich spürte, wie sie sich in sich zurückzog. Dann, eines Tages und ohne Vorwarnung, ging sie voller Wut auf mich los und nannte mich einen unerträglichen spießbürgerlichen Langweiler. Beide waren wir geschockt und brachen in Gelächter aus. Sie hatte begonnen, wieder Gefühle zu haben.

Neuntes Kapitel
DAS DENKEN DER ANDEREN

Realitätsverleugner

Realitätsverleugner segeln unter allen Flaggen. Sie können emotionale, kognitive, sogar ausbalancierte Interpreten sein. Was sie aber vereint, ist das Bestreben, sich um das Lesen fremden Bewusstseins zu drücken, aus Angst vor dem, was sie dabei finden könnten. Ruby Jones ist ein einschlägiger Fall. Nur für wenige schwarze Kinder im ländlichen Florida ist »Psychoanalytiker« der Traumberuf, doch als Ruby fünfzehn war, stieß sie eines Tages in der örtlichen Bücherei auf einen Zeitschriftenartikel, der buchstäblich ihr Leben veränderte. Der Artikel handelte von einem Psychoanalytiker namens Dr. Kohut aus Chicago, an dessen Namen sich Ruby noch sechzehn Jahre später erinnerte. Zwar war dieser Dr. Kohut damals von Rubys Welt so weit entfernt wie der Mann im Mond, doch die Art, wie er über Psychoanalyse sprach, als wäre sie eine Art religiöser Berufung, brachte in der Pfarrerstochter eine Saite zum Schwingen. Als sie an diesem Tag die Bücherei verließ, wusste sie, was sie für den Rest ihres Lebens tun wollte.

Ruby hatte bereits ihren Doktor in Psychologie gemacht, als ich sie kennenlernte, und befand sich im Praktikum an einem der bekanntesten psychoanalytischen Hochschulinstitute von New York. Unser Zusammentreffen war vom Dekan dieses Instituts in die Wege geleitet worden. Ruby hatte gerade ein äußerst schwieriges akademisches Jahr damit beendet, dass sie bei der für eine weitere Förderung erforderlichen Prüfung vor dem zuständigen Fachgremium durchgefallen war. Das Institut befürchtete, dass man sie womöglich aus dem Programm streichen müsste oder dass sie kündigen würde. »Das läge in niemandes Interesse«, sagte der Dekan, als er mich anrief, um mir Ruby zu überweisen. »Sie ist unsere erste afroamerikanische Studentin.« Wenige Tage später kam Ruby zu mir in die Sprechstunde, ganz verzweifelt und voller Selbstvorwürfe. Der Test, alle Misserfolge des vergangenen Jahres – ausschließlich ihre Schuld, beharrte sie. Über ihre Dozenten, die sie ihrer Meinung nach enttäuscht hatte, äußerte sich Ruby voll uneingeschränkten Lobes. Sie seien fachlich hervorragend, freundlich, hilfsbereit und sensibel – eben alles das, was Psychoanalytiker in ihrer Vorstellung schon immer waren. Bereits während der nachfolgenden Gespräche begann sich allerdings ein etwas vielschichtigeres Bild vom Lehrkörper des Instituts abzuzeichnen.

Einer der beständigsten Befunde über akademisches Leistungsverhalten ist, dass in einer Umgebung mit niedrigen Erwartungen die Studenten weniger leisten, als sie könnten. Man spricht hier von *stereotype threat*[1], der Angst vor der Bestätigung eines Vorurteils, was ein spezielles Problem für schwarze Studenten an weißen Institutionen ist, obwohl ihr auch Menschen anderer Hautfarbe sowie Frauen zum Opfer fallen können. Im Großen wie im Kleinen signalisierten Rubys Dozenten, dass sie keine großen Erwartungen in sie setzten. Da war beispielsweise der überaus hilfsbereite Dozent, der Ruby fortwährend »spezielle Intensivkurse« aufdrängte; und da war der vergessliche Lehrer, der im Nachhinein immer wieder andere Studenten für Rubys beste Unterrichtsbeiträge lobte, als halte er Ruby eines intelligenten Kommentars für unfähig. Und dann waren da das höfliche Lächeln und die herablassenden Bemerkungen von einem halben Dutzend anderer Dozenten. Die Analytiker des Instituts taten dies nicht vorsätzlich. Sie waren nicht bewusst rassistisch – im Gegenteil, manche betrachteten sich als Bürgerrechtsaktivisten; doch sie hatten wenig oder gar keine Erfahrung in der Arbeit mit schwarzen Studenten oder Patienten, und ihre Wahrnehmung von Ruby war durch ihre unbewussten Stereotype verzerrt. Sie sahen sie nicht als die, die sie war – und Ruby wollte nicht wissen, was in deren Köpfen vorging.

Als ich Ruby während unserer zweiten Sitzung fragte, ob sie es für möglich halte, dass ihre akademischen Probleme mit der Umgebung im Institut zu tun haben könnten, sah sie aufrichtig überrascht drein. »Aber die sind doch alle so nett«, sagte sie.

Es war nicht schwer, den Grund für Rubys Verleugnung herauszufinden. Hätte sie sich eingestanden, dass ihre Dozenten herablassend waren und sie abschätzig behandelten, hätte sie ihren eigenen Lebenstraum in Frage gestellt. Schwieriger war es, einen Weg zu finden, um ihr zu helfen. Ruby war so lange nicht in der Lage, der Erwartungshaltung ihrer Lehrer zu entkommen, wie sie fortfuhr, ihre Lehrer so zu idealisieren. Doch wie konnte ich ihr dabei helfen, genau dies zu tun, ohne ihr das Institut oder den erwählten Beruf zu vermiesen?

Ich fand die Antwort in drei Strategien auf ToM-Basis. Die erste, »Kontextualisierung«, sollte der Realitätsverleugnerin helfen herauszufinden, was sie wirklich dachte und fühlte, indem sie sich zwei Fragen beantwortete. Die erste lautete: »Gibt es in meiner Vergangenheit eine Erfahrung, die derjenigen gleicht, die ich gerade mache?« Die zweite: »Wie habe ich mich damals gefühlt, und warum?« Es gab eine Parallele zu Rubys aktuellen Problemen im Institut. In ihrem zweiten Studienjahr hatten sich Rubys Noten ebenfalls drastisch verschlechtert. Doch damals, an einer Prestige-Uni, hatte sie Professoren und Assistenten nicht idealisiert (ihre Hochachtung hatte ausschließlich den Psychoanalytikern gegolten, die – nach Rubys Ansicht – ja viel klüger als ordinäre Akademiker waren); folglich hatte sie kein Problem damit, eine Verbindung zwischen deren anmaßender Haltung und ihren schlechten Leistungen herzustellen.

»Ich spürte, dass man mich herablassend behandelte, und es machte mich wütend«, sagte Ruby an dem Tag, an dem wir über das Geschehen von damals sprachen. »Zum Schluss behinderte mich mein Ärger beim Lernen.«

»Vielleicht empfinden Sie ja jetzt das Gleiche und wollen es sich nur nicht eingestehen«, sagte ich.

Die zweite Strategie auf *ToM*-Basis ist das »Sich-vor-Augen-Halten«, d. h.: Halten Sie sich die Defizite der Menschen vor Augen, mit denen Sie es zu tun haben. Eine Realitätsverleugnerin hat weniger das Bedürfnis, etwas zu verbergen oder zu verleugnen, wenn ihr klar ist, dass gewisse Einstellungen und Meinungen einer Person die Unzulänglichkeiten dieser Person widerspiegeln und nicht die eigenen. Mit entsprechender Hilfestellung meinerseits begann Ruby zu erkennen, dass die Institutsdozenten, die sie wie Halbgötter verehrte, auf ihre Art genauso engstirnig waren wie die Menschen, mit denen sie in Florida aufgewachsen war. Viele ihrer Dozenten hatten eine ganz spezielle Kindheit, Jugend und Ausbildungszeit gemeinsam, hatten von daher ganz bestimmte Wertvorstellungen und eine ganz bestimmte Mentalität, eine eigene Lebensphilosophie. Diese Kultur einer eng verflochtenen Gemeinschaft machte es ihren Mitgliedern schwer, die Begabungen von jemandem, der so anders war wie Ruby, zu erfassen und anzuerkennen. Sie musste zuerst ihren Lehrern etwas beibringen, bevor diese ihr etwas beibringen konnten.

Die dritte Strategie auf *ToM*-Basis, die Ruby nützlich fand, war: »Gegen verletzende Äußerungen muss man vorgehen.« Wie die Formulierung nahelegt, zwingt die Methode zur Konfrontation. Anstatt ihren Ärger zu unterdrücken, wenn sie sich einer unabsichtlich herabsetzenden oder herablassenden Bemerkung ausgesetzt sah, ermunterte ich Ruby, etwas gegen den Ärger zu unternehmen – nicht mit Beschuldigungen und Anklagen, sondern mit höflichen, aber nachdrücklichen Feststellungen, die das geistige Bild, das der Sprecher von ihr hat, korrigieren sollten. Dementsprechend nahm Ruby – anstatt stumm vor sich hin zu leiden – den Lehrer, der einen klugen Unterrichtsbeitrag von ihr später einem anderen Studenten zubilligte, nach dem Unterricht beiseite und erinnerte ihn daran, wer der tatsächliche Verfasser des Beitrags war.

Ruby fing an, sich im Unterricht häufiger zu Wort zu melden, wobei sie nicht nur ihren scharfen Verstand demonstrierte, sondern auch Lehrern und Mitstudenten deren beschränktes Erfahrungswissen aufzeigte. Einige wussten das zu schätzen und ergriffen die Gelegenheit zu hinterfragen, wie eigene unbewusste Klischeevorstellungen ihr Urteil beeinflussten; andere ergingen sich in Rechtfertigungen und stritten auch nur den Hauch eines Vorurteils ab. Ruby erkannte mit der Zeit, dass einige lieber das Institut gemütlich abseits von den schwierigen Realitäten der heutigen Welt gehalten hätten und wenig Neigung verspürten, ihre Fähigkeiten dazu zu benutzen, sich mit der Realität von Rassismus und Unterdrückung auseinanderzusetzen. Sie erkannte außerdem, dass deren Abwehrhaltungen zum Teil aus eigenen Erfahrungen von Ausgeschlossensein und Voreingenommenheit herrührten. Manche waren Einwanderer oder Kinder von Einwanderern und hatten einiges durchgemacht; andere hatten das Gefühl, als Psychoanalytiker würden sie von der biologischen Psychiatrie und der akademischen Psychologie immer mehr an den Rand gedrängt.

Nach Beendigung des Leugnens war Ruby in der Lage, ihre Lehrer als die konfliktbeladenen Menschen zu sehen, die sie waren, und nicht als die idealisierten Persönlichkeiten, die sie sich gewünscht hatte. Jetzt konnte sie es sich erlauben, deren Bewusstsein zu lesen. Wichtiger noch: Sie erkannte, wie jene dazu kamen, ihres falsch zu lesen. Sie verabschiedete sich von dem Glauben, ihre Dozenten seien in ihren Einschätzungen von unfehlbarer Treffsicherheit. Sie musste nicht zu derjenigen werden, die sie nach Ansicht der anderen war. Sie konnte sie selbst sein. Nach wenigen Monaten mit wöchentlichen Sitzungen wiederholte Ruby den Qualifizierungstest – und bestand ihn.

Wir alle verschließen uns vor der Realität
Wir alle sind immer wieder einmal in einer Situation wie Ruby gewesen, wo wir wirklich nicht wissen wollten, was andere gerade dachten. Vielleicht in der Familie, als Ihre Eltern an Scheidung dachten

und Sie nichts davon wissen wollten, weil es nichts gab, was Sie hätten tun können. Vielleicht am Arbeitsplatz, als Sie einmal nicht Ihr Bestes gaben und nicht wissen wollten, ob das alle mitbekommen hatten. Vielleicht bei einer Party, als Sie nicht daran denken wollten oder es Ihnen egal war, was andere dachten, weil Sie sich entspannen und amüsieren wollten. Doch wir verschließen uns nicht nur in besonderen Situationen; ich habe den Verdacht, dass wir in der Regel nicht wissen wollen, was in den Köpfen anderer vor sich geht. Wir fühlen uns überfordert, wenn wir auch noch darüber nachdenken sollen. Neugeborene schreien als Antwort auf das Geschrei anderer Babys. Bis zu ihrem zweiten Geburtstag versuchen Babys, anderen in ihrer Not zu helfen.[2] Doch bis zur Einschulung hat die kindliche Anteilnahme an den Nöten anderer abgenommen; anscheinend haben sie gelernt, nichts zu bemerken oder sich nicht darum zu kümmern. Um andere zu verstehen, darf man sich nicht verschließen; um das Bewusstsein anderer zu lesen, muss man sich über das Bewusstsein anderer Gedanken machen.

Ich weiß nicht. Wenn ich einen Studenten bitte, mein momentanes Bewusstsein zu lesen, einzuschätzen, was ich wohl gerade denke und fühle, besteht die typische Antwort in einem unsicheren: »Ich weiß nicht. Woher soll ich das wissen?« Darauf antworte ich: »Ich wette, Sie wissen mehr über meine Gedanken und Gefühle, als Sie ahnen. Vielleicht zerbrechen Sie sich den Kopf, Sie könnten falsch liegen, wenn Sie es versuchen, oder dass Sie mich in Verlegenheit bringen, wenn Sie richtig liegen. Doch bin ich mir sicher, dass Sie mit größerer Wahrscheinlichkeit richtig liegen, wenn Sie *etwas* versuchen statt gar nichts. Was würden Sie an meiner Stelle jetzt fühlen?« Irgendeine Theorie ist besser als keine.

Der ist ganz nett. Fragt man jemanden, was er von einer neuen Bekanntschaft hält, lautet die gängigste Antwort: »Der ist ganz nett.« Das bedeutet: Es gab bei dem Neuen nichts krass Außergewöhnliches festzustellen, nichts offenkundig Gefährliches oder Bedrohliches. Doch oftmals wird einer, der sich als Serienmörder herausstellte, beschrieben mit: »Sah aus wie ein netter Mensch.« Überlegen Sie, wann Sie das letzte Mal gesagt haben, »er ist nett« oder »sie ist nett«. Und dann denken Sie über die Person nach, von der Sie das gesagt haben, und versuchen Sie, sie genauer zu beschreiben. Dabei brauchen Sie nicht gleich auf ihr Bewusstsein einzugehen; denken Sie an Kleidung und Verhalten: Wie war die Person angezogen? Wie stand sie da? Wie hat sie sich bewegt? Wie war die Stimme? Die Mimik? Stellen Sie sich die Person so plastisch vor, wie Sie nur können. Versuchen Sie ihre Mimik und ihre Bewegungen zu imitieren. Was fühlen Sie dabei? Ich bin mir sicher, dass Sie mehr sagen können als nur »ganz nett«.

Eine Patientin erinnerte sich, wie einmal ein nett aussehender Mann im Park auf sie zuging. Während er näher kam, fühlte sie sich zunehmend verängstigt und bekam eine Gänsehaut. Sie machte einen großen Bogen um ihn und rannte zum nächsten Ausgang zur Straße. Später erfuhr sie, dass es Ted Bundy gewesen war, der Serienmörder, dessen Opfer Studentinnen und junge Frauen waren. »Irgendwas an seiner Körperhaltung machte mich stutzig«, erinnerte sie sich schaudernd.

Verlieren Sie die Tatsachen nicht aus den Augen. Hören Sie auf Ihren Bauch, wenn er Sie vor Gefahren warnt, aber hören Sie auch auf ihn, wenn er sagt, es ist alles okay, und verlieren Sie die Tatsachen nicht aus den Augen. Denken Sie daran: Bei fehlenden Informationen ist Paranoia die Rückfallposition, weil das Bewusstsein darauf programmiert ist zu denken: Vorsicht ist besser als Nachsicht. Wir werden mit Angst einflößenden Bildern bombardiert und überprüfen allzu oft nicht die Daten, weshalb wir unnötig Distanz zu jenen halten, vor denen wir überhaupt keine Angst zu haben brauchen. Vor Jahren reisten meine Frau und ich die süditalienische Küste entlang; unser Sohn war damals fast zwei. An einem warmen Abend saßen wir in einem Lokal am Hafen beim Essen, und unser Sohn war gerade quengelig und machte Theater, als ein Mann in einem eleganten weißen Anzug ihn mir vom Schoß und in seine Arme nahm. »Ich nehm ihn mit auf mein Boot dort drüben; dann können Sie den schönen Abend genießen«, sagte er.

Meine Frau und ich sahen einander an, und obwohl wir wussten, dass wir beide eine irrationale Besorgnis verspürten, nickten wir zustimmend. Eine Viertelstunde später gingen wir hinüber und fanden unseren glücklich spielenden Sohn auf der Jacht des Mannes vor. Man hatte uns vor der Welle von Kindesentführungen in Italien gewarnt. Wir wussten aber auch, dass es in Italien in dreiundzwanzig Jahren zehn Kindesentführungen gegeben hatte, und bei den meisten hatte es sich um die Kinder reicher Eltern gehandelt, die wegen des Lösegelds entführt worden waren.[3] Auf Grund unseres Gefühls und der Fakten hatten wir keine Veranlassung, den Mann in dem weißen Anzug zu fürchten.

Vorsicht bei Gefühlstaubheit. Nichts zu fühlen ist besonders für emotionale Interpreten ein Warnsignal. Es bedeutet, an Ihren emotionalen Antennen gibt es eine Interferenz. Wie bei Nicholas im fünften Kapitel könnte dies ein Medikament wie Prozac sein, oder es könnten Müdigkeit oder Stress vorliegen. Doch jeder von uns sollte, bevor er etwas Bedeutsames unternimmt, etwas fühlen. Ist das bei Ihnen nicht der Fall, stehen Ihnen wichtige Informationen nicht zur Verfügung. Gehören Sie zu den kognitiven Interpreten, verwerfen Sie Gefühle nicht als unzuverlässig. Lauschen Sie sorgfältig auf ein noch so leises emotionales Summen. Mehrere Millionen Jahre der Evolution haben unser Herz und unseren Bauch zu nützlichen Hinweisgebern gemacht.

Überprüfung ist wichtig. Wir alle neigen dazu zu hören, was wir hören wollen, genau wie wir dazu neigen zu sehen, was wir sehen wollen. Ich rate ganz besonders denjenigen, die stark in die eine oder andere Richtung tendieren, den Ehepartner, einen Freund oder Kollegen als Überprüfer der Wirklichkeit hinzuzuziehen, bevor Sie wichtige Entscheidungen über andere treffen. Suchen Sie sich möglichst jemanden, der anders denkt als Sie – einen Bauchmenschen oder kühlen Klardenker, je nachdem – und der Ihre Erkenntnisse entweder untermauert oder anficht. Seien Sie sich Ihrer Defizite bewusst. Wir alle haben welche. Versuchen Sie nicht, alles ganz allein durchzuziehen.

Erleuchtungen verblassen

»Erleuchtungen verblassen«, heißt mein Motto. Wir alle hatten irgendwann einmal eine umwerfende Eingebung, hatten die Wahrheit geschaut, etwas Bedeutsames begriffen – nur um es bald wieder zu vergessen. Unter den Erkenntnissen, die ich regelmäßig von meinen Patienten höre, sind diese: Ich will mehr Zeit mit meiner Familie verbringen; ich will großzügiger und fürsorglicher sein; mit Geld kann man Glück nicht kaufen; ich sollte mich nicht immer gleich so aufregen; ich sollte dankbar sein; Liebe ist das Allerwichtigste. Die Patienten treffen diese Aussagen voller Überzeugung, doch sind diese meist bald vergessen. Also erinnere ich sie an das, was sie sagten. Das gehört zu meinem Job. Vor langer Zeit erkannten die Psychoanalytiker, dass es nicht ausreicht, nur Einsichten zu haben. Heureka-Momente, die das ganze Leben verändern, gibt es nur im Kino. Einsichten werden oft vergessen; man muss sie ausgraben und neu zu ihnen gelangen; sie müssen immer wieder aufs Neue formuliert werden; und wenn sie dann wirklich haften bleiben, müssen sie umgesetzt werden. Der Fachausdruck für diesen Prozess heißt »durcharbeiten«.

Aus diesem Grund würden Psychoanalytiker ihre Patienten gern mehrmals die Woche sehen. Das bietet die Gelegenheit, Einsichten umzusetzen. Keinen erstaunt es, dass das Erlernen einer neuen Sprache oder einer neuen Fertigkeit eine Menge Praxis erfordert, mindestens ein paar Stunden pro Woche. Doch scheint den Menschen die Tatsache zu schaffen zu machen, dass das Erlernen einer neuen psychologischen Problemlösung und neuer sozialer Fertigkeiten ebenfalls der Praxis bedarf. Man muss keineswegs mit einem Therapeuten üben, aber üben muss man.

Auf ähnliche Art bekennen Patienten manchmal verlegen, sie

hätten ein Selbsthilfebuch, eine CD oder einen Guru entdeckt, die sie als hilfreich empfinden und die schnelle Resultate bringen. Sie glauben dann, ich würde das missbilligen oder sie für naiv halten, weil sie einer anscheinend simplen Methode vertrauen. Ich rede ihnen das nie aus, sondern mache deutlich, dass ich an ihren Erfahrungen interessiert bin. Viele dieser Ansätze bedienen sich ähnlicher Techniken: 1. Regelmäßige ablenkungsfreie Phasen. 2. Eine Entspannungstechnik. 3. Eine Empfehlung, sich Ziele zu setzen. 4. Eine Empfehlung, wie man sich in eine größere Gruppe einbindet. – Was sollte ich dagegen haben? Das wäre, als würde ich Gymnastik oder gute Ernährung missbilligen.

Leider muss ich dann nach ein paar Wochen oder Monaten fragen: »Was ist denn jetzt mit Yoga, Tony Robbins, Meditation …? Sie haben das als hilfreich empfunden – also, warum machen Sie nicht weiter?«

»Ich habe keine Zeit«, ist die übliche Antwort, die so gut wie nie wahr ist. Warum betreiben Leute nicht die Dinge weiter, die für sie gut sind und die sie außerdem doch tun wollen? Ob das nun Gymnastik, ein Selbsthilfeprogramm, Kirchgang, eine sportliche Betätigung, genussvoller Sex oder Wohltätigkeitsarbeit ist – die Menschen empfinden es als anstrengend, dabeizubleiben. Dies ist eine der wichtigsten unbeantworteten Fragen der Psychologie. Zu diesem Thema gibt es wenige wissenschaftliche Studien, obwohl in einem jüngst erschienenen Artikel[4] der Schluss gezogen wurde, dass es den Menschen oft gar nicht auffällt, wenn sie ein Ziel nicht mehr verfolgen, und dass es ihnen nicht bewusst ist, dass es ungute Gefühle waren, die sie abbrechen ließen. Zu einem Abbruch kann es auch dann kommen, wenn sich etwas bewusst gut anfühlt, denn wie wir gesehen haben, ist es durchaus möglich, etwas Erlebtes auf zwei Arten zu empfinden: auf die eine, deren wir uns bewusst sind, und auf eine andere, deren wir uns nicht bewusst sind; und wie uns die Wissenschaft zeigt, werden Gefühle an der Peripherie der bewussten Wahrnehmung durch leicht zugängliche bewusste Informationen unterdrückt. Damit lässt sich das immer wiederkehrende Lamento erklären: »Ich weiß auch nicht, warum ich damit aufgehört habe, wo ich doch ein so gutes Gefühl hatte.«

Wir haben beim Bewusstseinlesen im Allgemeinen und beim Aufdecken von Lügen im Besonderen gesehen, dass die Angst vor dem, was wir erfahren könnten, uns hemmt, obwohl das, vor dem wir uns fürchten, oft nur in unserer Erinnerung oder Vorstellung existiert. Wir haben Angst, etwas Überwältigendes oder Unbegreifliches zu entdecken, so wie ein Kind sich davor fürchtet zu wissen, was seine Eltern möglicherweise denken. Wir haben Angst, etwas zu entdecken, das uns beschämen oder demütigen könnte, so wie ein Kind sich vor der Erkenntnis fürchtet, dass niemand seine Aufgeregtheit bemerkt oder darauf eingeht. Wir haben Angst, dass sich keiner um uns kümmert, so wie sich ein Kind davor fürchtet, allein zu sein. Ich glaube, dass es die gleichen Ängste sind, die uns daran hindern, an die Verwirklichung eines gesetzten Ziels zu glauben; das zu tun, von dem wir wissen, dass es gut für uns ist; das zu tun, von dem wir wissen, dass wir hinterher ein besseres Gefühl uns und anderen gegenüber haben werden. Je intensiver Wissenschaftler das menschliche Bewusstsein erforschen, desto klarer finden sie heraus, dass wir zu mehr fähig sind, als wir uns vorstellen. Nicht unsere Fähigkeiten begrenzen unsere Leistungen, sondern unsere Ängste.

Anmerkungen

Dank
i Koch, Sigmund: *Psychology: A Study of a Science*. 6 Bde., New York: McGraw Hill, 1959–1963.
ii ders.: *Psychology in human context: Essays in dissidence and reconstruction;* hrsg. von D. Finkelman und F. Kessel. Chicago: University of Chicago Press, 1999.

Erstes Kapitel
1 Auf Grund des technologischen Fortschritts bei den bildgebenden Verfahren (z. B. der Magnetresonanztomografie) liefern uns die Neurowissenschaften, insbesondere die mit der Hirnforschung befassten, fast täglich neue Erkenntnisse. Sie werden, in der globalen Wissenschaftssprache Englisch, in den internationalen Fachzeitschriften veröffentlicht. Zwangsläufig hinken deshalb die nationalen Fachsprachen mit ihren Übersetzungen hinterher. Zum einen übernehmen die deutschsprachigen Institute und Wissenschaftler einfach die englischen Begriffe, weil es (noch) keine inhaltlich und stilistisch akzeptablen Synonyme gibt oder weil sich in der Wissenschaftssprache wegen der Vielfalt der Bedeutungen eine Festlegung auf nur eine einzige verbietet. (»Mind« hat beispielsweise die Bedeutungen »Geist«, »Verstand«, »Bewusstsein«, »Gedanken«, »Denkweise«, »Gedächtnis«, »Neigung«, »Meinung«, »Wille«, »Sinne«, »Gemüt«, ja sogar »Seele«). Zum anderen versuchen unsere Forscher, individuelle Begriffe zu finden, was zu einem uneinheitlichen Sprachgebrauch in der deutschsprachigen Fachliteratur führt. Schließlich finden sich noch sehr direkte (»eins zu eins«) Übersetzungen aus dem Englischen, die vielleicht nur ein Provisorium darstellen, um abzuwarten, welche Begriffe sich bei uns durchsetzen werden.
2 Cringely, Robert X.: *Triumph of the Nerds: The Rise of Accidental Empires*. PBS Documentary, 1996.
3 ebd.
4 Manes, Stephen und Andrews, Paul: *Gates: How Microsoft's Mogul Reinvented an Industry and Made Himself the Richest Man in America*. New York: Touchstone, 1994, S. 162.
5 Wie viele Microsoft-Entwickler braucht es, um eine Glühbirne auszuwechseln? – Keinen. Microsoft wird den Leuten klarmachen, dass Finsternis der Industriestandard ist.

6 Wellman, Henry M.; Cross, David; Watson, Julanne (2001): *Meta-Analysis of Theory-of-Mind Development: The Truth about False Belief.* Child Development, 72 (3), S. 655–684.

7 Gallagher, H. L.; Happe, F.; Brunswick, N.; Fletcher, P. C. und Frith, C. D.: *Reading the Mind in Cartoons and Stories: An MRI Study of ›Theory of Mind‹ in Verbal and Nonverbal Tasks.* In: Neuropsychologia 2000, Bd. 38, S. 11–21.

8 Nach meiner Ansicht impliziert Chomsky, dass Theoriebildung etwas einzigartig Menschliches ist. Vgl. dazu insbesondere: Chomsky: *Equality: Language Development, Human Intelligence, and Social Organization.* In: The Chomsky Reader, New York: Pantheon Books, 1987.

9 http://www.implicit/germany/index.jsp; und: http://www.implicit.harvard.edu/implicit/germany/ und: http://www.projectimplicit.net/

10 Andersen, S. M., et al.: *Eliciting facial affect, motivation, and expectations in transference: Significant-other representations in social relations.* In: Journal of Personality and Social Psychology, 71, Dezember 1996, S. 1108–1129.

11 Gladwell, Malcolm: *Blink! Die Macht des Moments.* Campus Verlag, 2005.

12 Abagnale, Frank: *Catch Me If You Can.* Heyne TB, 2003.

13 Pennebaker, J. W.; Dyer, M. A.; Caulkins, R. S.; Litowitz, D. L.; Ackreman, P. L.; Anderson D. B. und McGraw K. M.: *Don't the Girls Get Prettier at Closing Time: A Country and Western Application to Psychology.* In: Personality and Social Psychology Bulletin 1979, Bd. 5, S. 123–125.

14 Bernsa, Gregory S., et al.: *Neurobiological Correlate of Social Conformity and Independence During Mental Rotation.* In: Biological Psychiatry, 2005.

15 Anders Ericsson, K.; Krampe R. Th. und Tesch-Römer, C.: *The role of deliberate practice in the acquisition of expert performance.* In: Psychological Review 1993, 100(3), S. 363–406.

16 *The Bill Gates Interview.* In: Playboy Magazine, 1994.

Zweites Kapitel

1 Vogel, Carol: *Rock, Paper, Payoff: Child's Play Wins Auction House an Art.* In: The New York Times, 29. April 2005.

2 Menschen können noch nicht einmal ein Computerprogramm erstellen, das Zahlen tatsächlich willkürlich aussucht. Das Programm spiegelt immer etwas aus dem Bewusstsein des Programmierers wider.

3 Gallagher, Helen L.*; Jack, Anthony I. †; Roepstorff, Andreas *‡ und Frith, Cristopher D.: *Imaging the Intentional Stance in a Competitive Game.* In: NeuroImage 16, 2002, S. 814–821.

4 Gergely, G.; Nádasdy Z.; Csibra G. und Biró S.: *Taking the Intentional Stance at 12 Months of Age.* In: Cognition 1995, Bd. 56, S. 165–193.

5 In diesem Zusammenhang können wir die Unterscheidung zwischen »Theorie« und »Hypothese« vernachlässigen.

6 Peters, Edward (Hrsg.): *Heresy and Authority in Medieval Europe.* London: Scolar Press, 1980.

7 Kelly, John: *The Great Mortality. An Intimate History of the Black Death, the Most Devastating Plague of All Time.* New York: HarperCollins Publishers Inc., 1995.

8 Einsteins Theorie wäre zutreffender, aber man würde den Unterschied nicht bemerken; außerdem ist sie mathematisch viel komplizierter.

9   Skinner habe nach einem Schlaganfall seine Ansichten über das Gehirn geändert, berichtet Temple Grandin im ersten Kapitel von *Animals in Translation: Using the Mysteries of Autism to Decode Animal Behavior.* New York: Scribner, 2004.
10 Chomsky, Noah: *A Review of B. F. Skinner's Verbal Behavior.* In: Language, 35, 1995, Nr. 1, S. 26–58.
11 Chomsky, Noah; Foucault, Michel und Rajchman, John: *The Chomsky-Foucault Debate: On Human Nature.* New York: New Press, 2006.
12 Hart, Donna und Sussman, Robert W.: *Man the Hunted: Primates, Predators and Human Evolution.* Boulder, Colorado: Westview Press, 2005.

Drittes Kapitel

1   Auch das ist eine Theorie. Kuhn, Thomas: *The Structure of Scientific Revolutions.* Chicago: University of Chicago Press, 1996.
2   Sullivan, H. S.: *The Impersonal Theory of Psychiatry.* New York: Norton, 1953, S. 32f. – Hier handelt es sich wahrscheinlich um eine Umformulierung von »Homo sum: humani nil a me alienum puto« (»Ich bin ein Mensch, nichts Menschliches achte ich mir als fremd«). Der Ausspruch wird u. a. Cicero und Terenz zugeschrieben.
3   LeDoux, Joseph E.: *Nature vs Nurture: The pendulum still swings with plenty of momentum.* In: The Chronicle of Higher Education, 11. Dezember 1998, Bd. 45, Ausg. 16, S. B 8.
4   Elliot, Lise: *What's Going on in There? How the Brain and the Mind Develop in the First Five Years of Life.* Bantam Books, 1999.
5   Fiss, Harry; Ellman, Steven J.; Klein, George S.: *Waking fantasies following interrupted and completed REM periods.* In: Archives of General Psychiatry, 21(2), 1969, S. 230–239.
6   Serra, Montserrat, Salgado-Pineda; Pilar Delaveau, Pauline M. S.; Fakra, Eric M. D.; Gasto, Cristobal Blin, Olivier: *Effects of Antidepressant Drugs on Emotion.* In: Clinical Neuropharmacology, 29(3), Mai/Juni 2006, S. 170–185.
7   Edelman, Gerald M. (1999): *Building a Picture of the Brain.* Annals of the New York Academy of Sciences, 882 (1), S. 68–89.
8   Peter Fonagy, György Gergely, Elliot L. O. Jurist und Mary Target nannten dieses Netzwerk den interpersonalen interpretiven Mechanismus, später die interpersonale interpretive Funktion (in: *Affect Regulation, Mentalization, and the Development of the Self.* Other Press, 2002).
9   Ende der 60er Jahre des vorigen Jhdts. entdeckte man Nervenbildungen im Bulbus olfactorius, jenem Teil des Gehirns, der die für die Verarbeitung von Geruchswahrnehmungen zuständigen Neuronen beherbergt. Später entdeckten Wissenschaftler, dass auch der Hippocampus seine Neuronen ersetzt. Der Hippocampus empfängt teilweise verarbeiteten sensorischen Input von den sensorischen Systemen des peripheren Nervensystems und verarbeitet sie zu winzigen Informationshäppchen, sodass sie von den für den Gedächtnisspeicher zuständigen Arealen der Hirnrinde »verdaut« werden können. Neuronen im Bulbus olfactorius werden fast monatlich ersetzt. Im Hippocampus gehen Verlust und Wiederherstellung von Gehirnzellen langsamer vor sich. Im Lauf eines Lebens werden alle Neuronen in unserem Hippocampus zwei bis drei Mal ersetzt.
10 Kudo, H. und Dunbar, R. I. M.: *Neocortex Size and Social Network Size in Primates.* In: Animal Behavior, 2001, Bd. 61.

11   Dunbar, R. I. M.: *Coevolution of Neocortical Size, Group Size and Language in Humans.* In: Behavioral and Brain Sciences, 1993, Bd. 16, Nr. 4, S. 681–735.

12   Hauser, Marc D.; Chomsky, Noah; Fitch, W. Tecumseh: *The Faculty of Language: What Is It, Who Has It, and How Did It Evolve?* In: Science, 22. November 2002, Bd. 298, Nr. 5598, S. 1569–1579.

13   McLaughlin, Judith; Osterhout, Lee und Kim, Albert: *Neural Correlates of Second-Language Word Learning: Minimal Instruction Produces Rapid Change.* In: Nature Neuroscience, 2004, Bd. 7, S. 703f.

14   Schwarz, Joel: *Parlez-vous Français? Study Shows 14 Hours to Think in French.* In: University Week, 24. Juni 2004.

15   Mechelli, Andrea: *Neurolinguistics: Structural Plasticity in the Bilingual Brain.* In: Nature, 24. Oktober 2004, Bd. 431, Nr. 7010, S. 757.

16   Coyle, Daniel: *How to Grow a Super-Athlete.* The New York Times, 4. März 2007.

17   *University of Chicago Researchers Find Human Brain Still Evolving.* In: Science Daily, 9. September 2005. http://www.sciencedaily.com/releases/2005/09/050909221043.htm

18   Antoine Bechara 1, 2, Hanna Damasio 1, 3, Antonio R. Damasio 1, 3, und Gregory P. Lee: *Different Contributions of the Human Amygdala and Ventromedial Prefrontral Cortex to Decision Making.* In: Journal of Neuroscience, Juli 1999, Bd. 19, Nr. 13, S. 5473–5481.

19   Zusammenfassung aus drei Interviews: Jim Doyle, *Bodega Bay,* San Francisco Chronicle, 21. Oktober 2005; Ben Marcus, *Interview with a Shark Attack Victim: Megan Halavais' Close Encounter with Mr. White,* Surfer Magazine: Online Exclusives (2005), http://www.surfermag.com/features/onlineexclusives/sharkmegan05; Jeff Dudas, *Surfer's Quick Thinking Saved Her From Shark,* Underwater Times.com, 31. Oktober 2005, http://www.underwatertimes.com/forum/viewtopic.php?p=1918

20   Riechen funktioniert ein wenig anders.

21   Rizzolatti, Giacomo, et al.: *Premotor cortex and the recognition of motor actions.* In: Cognitive Brain Research 3, 1999, S. 131–141.

22   Werner, Elizabeth A.; M. A.; Myers, Michael M., Ph. D.; Fifer, William P., Ph. D.; Bin Cheng, Ph. D.; Allen, Rhiannon, Ph. D. und Monk, Catherine, Ph. D.: *Prenatal Predictors of Infant Temperament.* Im Druck.

23   Schwartz, Carl E.; Wright, Christopher I.; Shin, Lisa M.; Kagan, Jerome; Rauch, Scott L.: *Inhibited and Uninhibited Infants »Grown Up«: Adult Amygdalar Response to Novelty.* In: Science, 20. Juni 2004, 00368075, Bd. 300, Nr. 5627.

24   De Bellis, M. D.; Casey, B.J.; Dahl, R. E.; Birmaher, B.; Williamson, D. E.; Thomas, K. M.; Axelson, D. A.; Frustaci, K.; Boring, A. M.; Hall, J.; Ryan, N. D.: *A Pilot Study of Amygdala Volumes in Pediatric Generalized Anxiety Disorder.* In: Biological Psychiatry, 2000, Bd. 48, S. 51–57.

25   l. c.

26   Bei autistischen Kindern ist auch der Hippocampus vergrößert. Ähnliche Befunde haben sich bei Londoner Taxifahrern ergeben, die das gesamte komplizierte Straßennetz der Stadt im Kopf haben müssen. – Maguire, Eleanor A. *†; Gadian, David G.†; Johnsrude, Ingrid S.†; Good, Catriona D.†; Ashburner, John†; Frackowiak, Richard S. J.† und Frith, Christopher D.: *Navigation-related structural change in the hippocampi of taxi drivers.* In: Proceedings of the National Academy of Sciences of the United States of America. Bd. 97, Ausgabe 8, S. 4398–4403, 11. April 2000. – Maguire, Eleanor A.*; Burgess, Neil; Donnett, James G.;

Frackowiak, Richard S. J.; Frith, Christopher D.; O'Keefe, John: *Knwoing Where and Getting There: A Human Navigation Network*. In: Science, 8. Mai 1998, Bd. 280, Nr. 5365, S. 921–924.

Sollte die überdurchschnittliche Größe des Hippocampus ein Indiz für eine gebrauchsabhängige Vergrößerung sein, könnte man bei Autisten eine gesteigerte Leistung des räumlichen oder episodischen Gedächtnisses erwarten. – Schumann, Cynthia Mills; Hamstra, Julia; Goodlin-Jones, Beth L.; Lotspeich, Linda J.; Kwon, Hower; Buonocore, Michael H.; Lammers, Cathy R.; Reiss, Allan L. und Amaral, David G.: *The Amygdala Is Enlarged in Children But Not Adolescents with Autism; the Hippocampus Is Enlarged at All Ages*. In: Journal of Neuroscience, Juli 2004, Bd. 24, S. 6392–6401.

[27] Baron-Cohen, S. et al: *Does the autistic child have a »theory of mind«?* In: Cognition, 21. Oktober 1985, (1):37-46.

[28] Mahler, M.; Pine, F. und Bergman, A.: *The Psychological Birth of the Human Infant*. Basic Books, 1975.

[29] Im Unterschied zu anderen neuropsychiatrischen Störungen wie Schizophrenie, bei denen Forschungsergebnisse auf einen Schaden oder eine ungenügende Entwicklung in bestimmten Gehirnregionen hinzuweisen scheinen, ist bei Autismus und anderen auf Angst beruhenden Störungen ein Teil des Gehirns größer als normal.

[30] Harmon, Amy: *How About Not ›Curing‹ Us, Some Autistics Are Pleading*. In: The New York Times, 20. Dezember 2004.

[31] Institute for the Study of the Neurologically Typical (1998–2002), http://www.isnt.autistics.org/index.html

[32] The National Autistic Society. London: 2007. http://www.nas.org.uk/

[33] Pierce, Karen; Haist, Frank; Sedaghat, Farshad und Courchesne, Eric: *The Brain Response to Personally Familiar Faces in Autism: Findings of Fusiform Activity and Beyond Brain Advance Access*. In: Brain, 1. Dezember 2004, Bd. 127, S. 2703–2716.

[34] Attwood, Tony: *The Complete Guide to Asperger Syndrome*. London: Jessica Kingley Publishers Ltd., 2007, S. 77.

[35] Grandin, Temple und Johnson, Catherine: *Animals in Translation: Using the Mysteries of Autism to Decode Animal Behavior*. Harcourt 2005, S. 2. Dt. Titel: »Ich sehe die Welt wie ein frohes Tier. Eine Autistin entdeckt die Sprache der Tiere.« Ullstein TB, 2006.

[36] Tammet, Daniel: *Born on a Blue Day: Inside the Extraordinary Mind of an Autistic Savant*. Free Press, 2007, S. 142–143. – Dt. Titel: »Elf ist freundlich und Fünf ist laut. Ein genialer Autist erklärt seine Welt.« Patmos Verlag, 2007.

[37] Sacks, Oliver: *The Man Who Mistook His Wife For A Hat: And Other Clinical Tales*. New York: Touchstone, 1998, Zitate S. 178–185. – Dt. Titel: »Der Mann, der seine Frau mit einem Hut verwechselte.« Rowohlt TB, 1998.

Viertes Kapitel

[1] Pawlow hat in Wirklichkeit eine Vielzahl von Reizauslösern benutzt, und ob er jemals eine Klingel verwendete, ist unklar. Die Klingel wurde jedoch zum allgemein akzeptierten Stimulus.

[2] Pawlow, Iwan: Nobelpreisrede am 12. Dezember 1904. Aus: *Nobel Lectures, Physiology or Medicine 1901–1921*. Elsevier Publishing Company, Amsterdam, 1967.

http://nobelprize.org/nobel_prizes/medicine/laureates/1904/pavlov-lecture.html

3 »Sollten die zu Ende geführten und noch beabsichtigten Forschungen einen Beitrag leisten, werde ich dankbar sein; doch habe ich auch gründlich über mögliche praktische Anwendungen nachgedacht. Die sozioökonomischen Anforderungen der Gegenwart und die auf uns zukommenden sozioökonomischen Anforderungen der Zukunft haben die amerikanische Frau in eine Position gebracht, wo sie den amerikanischen Mann in Wissenschaft und Industrie ersetzen kann oder zumindest könnte. Sollte sich dieser Prozess fortsetzen, bekommen wir es mit erschreckender Deutlichkeit mit der Frage zu tun, wie man im praktischen Alltag Kinder richtig großzieht. Angesichts dieses Trends ist es beglückend zu erkennen, dass der amerikanische Mann mit allen wirklich wesentlichen Eigenschaften ausgestattet ist, um gleichrangig mit der amerikanischen Frau auf einem sehr wichtigen Gebiet zu konkurrieren: dem Aufziehen von Kleinkindern. Wir wissen heute, dass Frauen der Unterschicht nicht wegen ihrer primären mütterlichen Fähigkeiten zu Hause benötigt werden; und es ist möglich, dass in absehbarer Zukunft das Stillen der Neugeborenen nicht als Notwendigkeit, sondern als Luxus angesehen werden wird, als – um Veblens Begriff zu verwenden – eine Art elitäres Statussymbol, das vielleicht der Oberschicht vorbehalten bleibt. Doch welchen Verlauf auch immer die Geschichte nehmen wird: Es ist tröstlich zu wissen, dass wir jetzt den Kontakt zur Natur der Liebe aufgenommen haben.« – Harlow, Harry F.: *The Nature of Love*. In: American Psychologist, 1958, Bd. 13, S. 573–685.

4 Harlow, H. F.; Harlow, M. K.; Dodsworth, R. O.; Arling, G. L.: *Maternal Behavior of Rhesus Monkeys Deprived of Mothering and Peer Associations in Infancy*. In: Proceedings of the American Philosophical Society, 18. Februar 1966, Bd. 110, Nr. 1, S. 58–66.

5 McKinney, W. T. Jr.; Suomi, S. J.; Harlow, H. F.: *Depression in Primates*. In: American Journal of Psychiatry, April 1971, Bd. 127, S. 1313–1320.

6 McKinney, W. T. Jr.; Suomi, S. J.; Harlow, H. F.: *Monkey Psychiatrists*. In: American Journal of Psychiatry, Feb 1972, Bd. 128, Nr. 8, S. 927–932.

7 Suomi, Stephen J.: *Early Determinants of Behaviour: Evidence from Primate Studies*. In: British Medical Bulletin, 1997, Bd. 53, Nr. 1, S. 170–184.

8 *Mother's Nurturing: Medicine for Life*. In: Facts of Life: Issue Briefings for Health Reporters; Bd. 4, Nr. 4, Mai 1999.

9 Bowlby, J.: *Attachment and Loss*. New York: Basic Books, 1982.

10 Die psychiatrische Diagnose einer antisozialen Persönlichkeitsstörung schließt Psychopathie und andere Befunde ein, doch halten dies die meisten Wissenschaftler für eine allzu weit gefasste Kategorie.

11 Babiak, Paul und Hare, Robert D.: *Snakes In Suits: When Psychopaths Go To Work*. New York: HarperCollins, 2006.

12 Board, Belinda und Fritzon, Katarina: *Psychology, Crime & Law*, Bd. 11, Ausgabe vom 1. März 2005, S. 17–32.

13 Steele, Miriam; Hodges, Jill; Kaniuk, Jeanne; Hillman, Saul; Henderson, Kay: *Attachment Representations and Adoption: Associations Between Maternal States of Mind and Emotion Narratives in Previously Maltreated Children*. In: Journal of Child Psychotherapy, August 2003, Bd. 29, Nr. 2, S. 187–205.

14 *Unconditional love*. In: This American Life, 9/15/06, Episode 317.

15 Roisman, G. L.: *Earned-Secure Attachment Status in Retrospect and Prospect.* In: Child Development, Juli/August 2002, Bd. 73, Nr. 4, S. 1204–1219.
16 Aus keinem ersichtlichen Grund sind die Kategorien für Erwachsenen-Bindung unterschiedlich: sicher-autonom *(secure-autonomous)*, unsicher-distanzierend *(dismissing)*, unsicher-präokkupiert *(preoccupied)*.
17 Hazan, C. und Shaver, P.: *Romantic love conceptualized as an attachment process.* In: Journal of Personality and Social Psychology, 1987, 52, S. 511–524.
18 Fraley, R. Chris; Fazzari, David A.; Bonanno, George A.; Dekel, Sharon: *Attachment and Psychological Adaptation in High Exposure Survivors of the September 11th Attack on the World Trade Center.* In: Personality and Social Psychology Bulletin, 2006, Bd. 32, Nr. 4, S. 538–551.
19 Linley, P. Alex und Joseph, Stephen: *Positive Change Following Trauma and Adversity: A Review.* In: Journal of Traumatic Stress 17, Nr. 1, Februar 2004.
20 Van Willigen, Marieke: *Differential benefits of volunteering across the life course.* In: The Journals of Gerontology, Washington: September 2000, Bd. 55B, Ausgabe 5; S. S308.

Fünftes Kapitel

1 Bragg, Melvyn: *A Talk With John Le Carré.* In: The New York Times, 13. März 1983.
2 Wootton, Adrian: *John Le Carré at the NFT.* In: The Guardian Unlimited, 5. Oktober 2002. http://film.guardian.co.uk/interview/interviewpages/0,,809419,00.html
3 Wilson-Smith, Anthony: *Maclean's*, The Canadian Encyclopedia Historical Foundation of Canada, 5. April 1999.
4 Radio-Interview mit John Le Carré: *Fresh Air*, mit Terri Gross, 30. Mai 1989; aus dem Gedächtnis wiedergegeben.
5 ebd.
6 Aus Ausführungen John Le Carrés vor dem Vertreterstab des New Yorker Verlags Knopf, am 12. August 1996.
7 Wilson-Smith, Anthony: *Maclean's*; s. o. ³.
8 Kramer, Peter: *Listening to Prozac.* DIANE Publishing Company, 1998.

Sechstes Kapitel

1 Schachter, S. und Singer, J.: *Cognitive, Social, and Physiological Determinants of Emotional State.* In: Psychological Review, 1962, Bd. 69, S. 379–399.
2 Manche wurden auch falsch über die Wirkungen informiert.
3 Wer wegen eines Aufmerksamkeits-Defizit-Syndroms Medikamente nimmt, sollte sich dieser Wirkungen bewusst sein. Der Zeitpunkt der Einnahme ist von größter Wichtigkeit. Setzt die Wirkung (Erregung) ein, wenn Sie gerade über den Hausaufgaben sitzen, können diese plötzlich interessant werden. Setzt sie während des Hausputzes ein, kann es geschehen, dass Sie stundenlang den Schrank aus- und einräumen.
4 Mezzacappa, Elizabeth S.; Katkin, Edward S. und Palmer Stephen N.: *Epinephrine, Arousal, and Emotion: A New Look at Two-factor Theory.* In: Cognition and Emotion, 1999, Bd. 13, Nr. 2, S. 181–199.
5 Jolij, Jacob und Lamme, Victor A. F.: *Repression of Unconscious Information by Conscious Processing: Evidence from Affective Blindsight Induced by Transcranial Magnetic*

<small>Stimulation.</small> In: Proceedings of the National Academy of Sciences, 26. Juli 2006, Bd. 102, Nr. 30, S. 10747–10751.

6 De Gelder, B.; Morris, J. S.; Dolan, R. J.: *Unconscious Fear Influences Emotional Awareness of Faces and Voices*. In: Proceedings of the National Academy of Sciences, 2005, Bd. 102, Nr. 51, S. 18682–18687.

7 USDA Forest Service and The North Central Research Station; http://www.ncrs.fs.fed.us/epubs/ht66.html

8 Lerner, J. S.; Gonzalez, R. M.; Small, D. A.; Fischhoff, B.: *Effects of Fear and Anger on Perceived Risks of Terrorism: A National Field Experiment*. In: Psychological Science, März 2003, Bd. 14, Nr. 2, S. 144–150.

9 Gigerenzer, Gerd: *Commentary Dread Risk, September 11, and Fatal Traffic Accidents*. In: Psychological Science, April 2004, Bd. 15, Nr. 4, S. 286–287.

10 Tronick, E.; Als, H.; Adamson, L.; Wise, S. und Brazelton, B.: *The Infant's Response to Entrapment Between Contradictory Messages in Face-to-Face Interaction*. In: American Academy of Child Psychiatry, 1978, Bd. 1, S. 1–13.

11 ebd., S. 12.

12 Andere zum Lachen zu bringen ist ein großes Talent; wir wissen aber, dass ein erfolgreicher Entertainer zu sein nicht immer bedeutet, frei von Depressionen und suizidaler Scham zu sein. Es ist mehr als beklagenswert, wenn ein depressiver Zyklus nicht durchbrochen wird, weil sich normalerweise etwas dagegen tun lässt. Eine Depression in der Schwangerschaft zu diagnostizieren und zu behandeln ist nicht schwierig; oft genügt es einfach, Verständnis zu zeigen und Unterstützung anzubieten. Die meisten Kinder depressiver Eltern schaffen es natürlich ganz gut; vielleicht weil es andere wichtige Personen in ihrem Umfeld gibt.

13 Schore, Allan N.: *Affect Regulation and the Origin of Self: The Neurobiology of Emotional Development*. Hillsdale: Lawrence Erlbaum Associates, 1994.

14 Kohut, Heinz: *Analysis of the Self: Systematic Approach to Treatment of Narcissistic Personality Disorders*. International Universities Press.

15 Die Fachbegriffe für abhängig und selbstkritisch sind »anaklitisch« und »introjektiv«. – Blatt, S. J.: *Contributions of Psychoanalysis to the Understanding and Treatment of Depression*. In: Journal of the American Psychoanalytic Association, 1998, Bd. 46, S. 723–752.

16 Lee, Lisa, M. A.: *Theory of Mind and Clinical Depression: The Relationship Between Depression Severity and Mental State Recognition*. Queens University at Kingston, 2003, 96 Seiten.

17 De Gelder, B.; Morris, J. S.; Dolan, R. J.: *Unconscious Fear Influences Emotional Awareness of Faces and Voices*. In: Proceedings of the National Academy of Sciences, 2005, Bd. 102, Nr. 51, S. 18682–18687.

Siebtes Kapitel

1 Vgl. McBride, James: *The Color of Water – A Black Man's Tribute to His White Mother* (dt. Titel: »Die Farbe von Wasser«; Knaur TB). Großartige Geschichte von einer weißen Frau, die sich als Schwarze ausgab.

2 Feldman, R. S.; Forrest, J. A. und Happ, B. R.: *Self-presentation and Verbal Deception: Do Self-presenters Lie More?* In: Basic and Applied Social Psychology, 2002, Bd. 24, S. 163–170.

³ LeTourneau, Nicole: *Umass Researcher Finds Most People Lie in Everyday Conversation.* http://www.eurekalert.org (10. Juni 2002). http://www.eurekalert.org/pub_releases/2002-06/uoma-urf061002.php

⁴ Wilson, Anne E.; Smith, Melissa D.; Ross, Hildy S.: *The Nature and Effects of Young Children's Lies.* In: Social Development, 2003, Bd. 12, Nr. 1, S. 21–45.

⁵ Stouthamer-Loeber, M.: *Lying as a Problem Behavior in Children: A Review.* In: Clinical Psychology Review, 1986, Bd. 6, S. 267–289.

⁶ Piaget, J.: *The Moral Judgment of the Child (1932)*, Übersetzung von M. Gabain, Glencoe, Illinois: Free Press, 1960, S. 135. (Dt.: »Das moralische Urteil beim Kinde«).

⁷ DePaulo, B. M.; Kashy, D. A.; Kirkendol, S. E.; Wyer, M. M. und Epstein, J. A.: *Lying in Everyday Life.* In: Journal of Personality and Social Psychology, 1996, Bd. 70, S. 979–995.

⁸ Radio-Interview mit Frank Abagnale, in: *Life Matters* mit Norman Swan, 17. März 2000. http://anlimara.tripod.com/abagnaleintervw.html

⁹ Es dürfte nicht weiter überraschen, dass Abagnale in diversen Interviews seine Lebensgeschichte in unterschiedlichen Versionen präsentierte, doch der Tenor blieb der gleiche. – Vgl. Pulfer, Laura: *Frank Abagnale Jr.: Felon Tells Moral of his Story.* In: The Enquirer Online, 27. Februar 2003. http://www.enquirer.com/editions/2003/02/27/loc_pulfer27.html

¹⁰ ebd.

¹¹ Freud, Sigmund: *Einige Charaktertypen aus der psychoanalytischen Arbeit.* In: ders.: *Bildende Kunst und Literatur,* Freud-Studienausgabe Bd. X, S. Fischer Verlag, ⁴/1969, S. 252.

¹² Forer, B. R.: *The Fallacy of Personal Validation: A Classroom Study of Gullibility.* In: Journal of Abnormal and Social Psychology, 1949, Bd. 44 , S. 118–123.

¹³ MacDonald, Danny J. und Standing, Lionel G.: *Does Self-serving Bias Cancel the Barnum Effect?* In: Social Behavior and Personality, 2002, Bd. 30, Nr. 6, S. 625–630.

¹⁴ Zwei Beiträge von Fonagy und Target diskutieren diese Themen sehr schön: Fonagy, P. und Target, M.: *Playing With Reality: I. Theory Of Mind And The Normal Development Of Psychic Reality.* In: International Journal of Psycho-Analysis, 1996, Bd. 77, S. 217–233. – Und dieselben: *Playing With Reality.* In: International Journal of Psycho-Analysis, 2000, Bd. 81, S. 853–873.

¹⁵ Ekman, P.: *Telling Lies.* Norton, 1985.

¹⁶ Ekman, P.; O'Sullivan, M.: *Who Can Catch a Liar?* In: American Psychologist, 1991, Bd. 46, Nr. 9, S. 913–920.

¹⁷ Ecoff, N. L.; Ekman, P.; Mage, J. J. und Frank, M. G.: *Lie Detection and Language Loss.* In: Nature, 2000, Bd. 405, S. 139.

¹⁸ Bugental, D. B.; Shennum, W.; Frank, M. und Ekman, P.: *True Lies: Children's Abuse History and Power Attributions as Influences on Deception Detection.* In: V. Manusov und J. H. Harvey (Hrsg.): Attribution, Communication Behavior, and Close Relationships, Cambridge: Cambridge University Press, 2000, S. 248–265.

¹⁹ Pollak, S. D.: *Recognizing Emotion in Faces: Developmental Effects of Child Abuse and Neglect.* In: Developmental Psychology, 2000, Bd. 36, S. 679–688.

²⁰ Ekman, P.; O'Sullivan, M.; Frank, M.: *A Few Can Catch a Liar.* In: Psychological Science, 1999, Bd. 10, S. 263–266.

²¹ Pryor, Bert; Buchanan, Raymond W.: *The Effects of a Defendant's Demeanor on Juror Perceptions of Credibility and Guilt.* In: Journal of Communication, 1984, Bd. 34, Nr. 3, S. 92–99.

22 Ekman, P.: *Emotions Revealed: Recognizing Faces and Feelings to Improve Communication and Emotional Life*. In: Times Books, Henry Holt and Co., 2003, S. 67.

23 Ekman, P.: *Why Don't We Catch Liars?* In: Social Research, 1996, Bd. 63, S. 801–817.

24 Kassin, Saul M. und Fong, Christina T.: ›I'm Innocent!‹: *Effects of Training on Judgments of Truth and Deception in the Interrogation Room*. In: Law and Human Behavior, 1999, Bd. 23, Nr. 5, S. 499–516.

25 Elfenbein, H. A.; Marsh, A. A. und Ambady, N.: *Emotional Intelligence and the Recognition of Emotion from Facial Expressions*. In: L. Feldman Barrett und P. Salovey (Hrsg.): *The Wisdom of Feelings: Psychological Processes in Emotional Intelligence*. New York: Guilford Press, 2002.

26 Winston, J. S.; Strange, B. A.; O'Doherty, J. und Dolan, R. J.: *Automatic and Intentional Brain Responses During Evaluation of Trustworthiness of Faces*. In: Nature Neuroscience, 2002, Bd. 5, S. 277–283.

27 DePaulo, Bella M.; Kashy, Deborah A.: *Everyday Lies in Close and Casual Relationships*. In: Journal of Personality and Social Psychology, 1998, Bd. 74, Nr. 1, S. 63–79.

28 Die Wissenschaftler mutmaßten, dass die Menschen ihren Liebespartnern etwas vorlügen, um sie zu beeindrucken, und dass der Student seine Mutter belügt, um etwas zu vertuschen.

29 Ekman, P.; O'Sullivan, M.; Friesen, W. V. und Scherer, K. R.: *Face, Voice and Body in Detecting Deception*. In: Journal of Nonverbal Behavior, 1991, Bd. 15, S. 125–135.

30 In dieser Studie zeigten die Forscher computergenerierte Bilder mit widersprüchlichen Emotionen, z. B. ein ängstliches Gesicht auf einem wütenden Körper. Die Betrachter wurden dann aufgefordert, den jeweiligen Gesichtsausdruck zu beurteilen. Gehirnscans signalisierten Verwirrung, und die Beurteilungen nahmen mehr Zeit in Anspruch. Die Ergebnisse zeigten, dass die Beurteilungen von emotionalem Mienenspiel durch die Körpersprache beeinflusst wurden, ohne dass die Personen sich dessen bewusst waren.
Meeren, Hanneke K. M.; van Heijnsbergen, Corné C. R. J. und de Gelder, Beatrice: *Rapid Perceptual Integration of Facial Expression and Emotional Body Language*. In: Proceedings of the National Academy of Sciences, 2005, Bd. 102, Nr. 45, S. 16519.

Achtes Kapitel

1 Duden, Das große Wörterbuch der dt. Sprache, ³/1999.

2 Andersen, S. M., et al.: *Eliciting facial affect, motivation, and expectations in transference: Significant-other representations in social relations*. In: Journal of Personality and Social Psychology, Bd. 71, Dezember 1996, S. 1108–1129.

3 Kenny, D. A.; Horner, C.; Kashy, D. A. und Chu, L.: *Consensus at zero acquaintance: Replication, behavioral cues, and stability*. In: Journal of Personality and Social Psychology, 1992, Bd. 62, S. 88–97.

4 http://www.sciencedaily.com/upi/index.php?feed=Science&article=UPI-1-2007 0705-16363500-bc-us-talkers.xml

5 Singleton, N.; Meltzer, H. und Gatward, R.: *Psychiatric morbidity among prisoners in England and Wales*. The Stationery Office, London, 1997.

6 Høglend, Per, et al.: *Moderators of the effects of transference interpretations in brief dynamic psychotherapy*. In: Psychotherapy Research, 17. März 2007, S. 162–174.

7 Zanarini, Mary C., Ed. D.; Frankenburg, Frances R., M. D.; Reich, D. Bradford, M.

D.; Silk, Kenneth R., M. D.; Hudson, James I., M. D., Sc. D. und McSweeney, Lauren B., B. A.: *The Subsyndromal Phenomenology of Borderline Personality Disorder: A 10-Year Follow-Up Study*. In: American Journal of Psychiatry, 164, June 2007, S. 929–935.

[8] http://www.abc.net.au/rn/science/mind/stories/s1244802.htm

[9] Platon, *Das Gastmahl*, Kap. 14, Schleiermacher-Übersetzung, 1807.

[10] Stoléru, S.; Redouté, J.; Costes, N.; Lavenne, F.; Le Bars, D.; Dechaud, H.; Forest, M. G.; Pugeat, M.; Cinotti L. und Pujol, J. F.: *Brain Processing of Visual Sexual Stimuli in Men with Hypoactive Sexual Desire Disorder*. In: Psychiatry Research, 2003, 124-2; S. 67–86.

[11] Hamann, S.: *Nature Neuroscience*, 7. März 2004.

[12] Penton-Voak, I. S.; Perrett, D. I.; Peirce, J. W.: *Computer Graphic Studies of the Role of Facial Similarity in Judgments of Attractiveness*. In: Current Psychology, Frühjahr 1999, Bd. 18, Ausgabe 1, S. 104.

[13] Felmlee, Diane; Flynn, Heather und Bahr, Peter: ›*Too Much of a Good Thing*‹: *Fatal Attraction in Adult Intimate Relationships*. Bei der Jahreshauptversammlung der American Sociological Society Association im Hilton San Francisco & Renaissance Parc 55 Hotel, San Francisco, am 14. Aug. 2004 vorgelegtes Paper.

[14] Bei einigen Studien wurde nur der Text verwendet. Im Süden der USA wurde »*mommy*« durch »*mamma*« ersetzt.

Neuntes Kapitel

[1] Steele, C. M. und Aronson, J.: *Stereotype threat and the intellectual test performance of African Americans*. In: Journal of Personality and Social Psychology, 1995, Bd. 69, S. 797–811.

[2] Zahn-Waxler, C.; Radke-Yarrow, M.; Wagner, E. und Chapman, M.: *Development of concern for others*. In: Developmental Psychology, 1992, Bd. 28, S. 126–136.

[3] http://www.guardian.co.uk/italy/story/0,,1724296,00.html

[4] Aarts, Henk; Custers, Ruud und Holland, Rob W.: *The Nonconscious Cessation of Goal Pursuit: When Goals and Negative Affect Are Coactivated*. In: Journal of Personality and Social Psychology, 2007, Bd. 92, Nr. 2, S. 165–178.

Jay Ingram

Das Gedächtnis der Kellnerin

Kuriose Geschichten aus der Wissenschaft. Aus dem Englischen von Jürgen Neubauer. 288 Seiten.
Piper Taschenbuch

Wie schaffen es Kellnerinnen, hunderte von Getränken den richtigen Personen zu servieren? Weshalb kann es gut sein, Parasiten zu haben? Und was passiert mit uns, wenn wir lachen müssen? Diesen und vielen weiteren kuriosen Fragen geht der Erfolgsautor Jay Ingram mit Witz und Sachverstand auf die Spur und präsentiert verrückte Forschungen und Entdeckungen, die wissenswert, lehrreich und spannend sind.

»Ingram erzählt mit lakonischem Witz und viel Liebe fürs Detail. So werden die Forscher richtig sympathisch.«
Die Zeit

Hans J. Markowitsch, Werner Siefer

Tatort Gehirn

Auf der Suche nach dem Ursprung des Verbrechens. 272 Seiten.
Piper Taschenbuch

Gibt es den »Fingerabdruck« eines Verbrechens im Gehirn? Hat das Böse eine biologische Basis? Von der Beantwortung dieser Frage hängt viel ab – neue Möglichkeiten in der Verbrechensprävention oder der Terroristenfahndung etwa, nicht zuletzt aber auch unser Verständnis von Schuldfähigkeit und Strafe. Mit vielen spannenden Fallbeispielen führt dieses Buch an die Front der neurowissenschaftlichen Verbrechensforschung und zeigt die faszinierende dunkle Seite des Gehirns.

»Interessanter als jeder Krimi und besser geschrieben als viele Krimis.«
Kurier

Felix R. Paturi

Die letzten Rätsel der Wissenschaft

368 Seiten mit 8 Abbildungen.
Piper Taschenbuch

Ist das Weltall endlich? Gab es die Sintflut wirklich? Und was hat es mit den geheimnisvollen Erdzeichen im peruanischen Hochland auf sich? Der Fortschritt in den Wissenschaften ist unaufhaltsam – und doch sind bis heute zahlreiche Fragen unbeantwortet geblieben. Unterhaltsam, leicht verständlich und sehr kompetent vermittelt Felix R. Paturi einen atemberaubenden Einblick in die letzten Mysterien der Wissenschaft und zeigt uns die Welt aus überraschenden Blickwinkeln.

»Paturi schreibt präzise, anschaulich und elegant – und er argumentiert mit einer Logik, die unbestechlich ist. Ein brillantes Buch.«
Ostthüringer Zeitung

Richard P. Feynman

Absolut vernünftige Abweichungen vom ausgetretenen Pfad

Briefe eines Lebens. Herausgegeben, eingeleitet und kommentiert von Michelle Feynman.
Vorwort von Timothy Ferris.
Aus dem Amerikanischen von Inge Leipold und Helmut Reuter.
512 Seiten mit 62 Abbildungen.
Piper Taschenbuch

Feynman war ein großer, wunderbarer Briefschreiber – an seine Familie, seine Freunde, Wissenschaftskollegen und an Laien sind zahlreiche Briefe erhalten. Seine Tochter Michelle hat sie für dieses Buch gesammelt und kommentiert. Zum ersten Mal erschließen sich Persönlichkeit, Denken und Werk des Jahrhundertphysikers Richard P. Feynman aus seinen Briefen. Es sind bewegende Dokumente zum Leben eines außergewöhnlichen Menschen, die mit Gewinn und Vergnügen zu lesen sind.

»Dieses Buch kann uneingeschränkt zur Lektüre empfohlen werden.«
Physik Journal